"十四五"职业教育国家规划教材

21世纪高等职业教育精品教材·人力资源管理专业

人力资源管理综合实训演练

（第五版）

鲍立刚 ｜ 主　编

刘佩东　宋林佳　朱倩倩　王　英 ｜ 副主编

东北财经大学出版社 ｜ 大连
Dongbei University of Finance & Economics Press

图书在版编目（CIP）数据

人力资源管理综合实训演练 / 鲍立刚主编 . —5 版 . —大连：东北财经大学出版社，2024.5（2025.3重印）

（21世纪高等职业教育精品教材·人力资源管理专业）

ISBN 978-7-5654-5244-4

Ⅰ．人… Ⅱ．鲍… Ⅲ．人力资源管理-高等职业教育-教材 Ⅳ．F243

中国国家版本馆CIP数据核字（2024）第081813号

东北财经大学出版社出版

（大连市黑石礁尖山街217号　邮政编码　116025）

网　　址：http://www.dufep.cn

读者信箱：dufep@dufe.edu.cn

大连天骄彩色印刷有限公司印刷　　东北财经大学出版社发行

幅面尺寸：185mm×260mm　　　　字数：334千字　　　　印张：15

2024年5月第5版　　　　　　　　　2025年3月第2次印刷

责任编辑：郭海雷　张爱华　李　丹　　　责任校对：刘贤恩

封面设计：原　皓　　　　　　　　　　版式设计：原　皓

定价：45.00元

推荐序一

广西民族师范学院鲍立刚教授是2011—2012年在中国人民大学劳动人事学院深造的高等学校青年骨干教师国内访问学者。记得他来到劳动人事学院听我的课时，我感觉似曾相识，原来当年他在一家股份公司任人力资源部经理时曾在广州参加过我主讲的企业培训课程。之后他在劳动人事学院访学期间，更坚定了我对他的评价：鲍立刚是一位人力资源管理实践和理论双栖的优秀学者。他在中外企业从事人力资源和生产销售管理10年，其中包括在世界500强杜邦公司和印度尼西亚PT.KAHATEX集团出任中高级管理职务，并专职从事高等教育人力资源管理教学19年。因此，他不仅在企业人力资源管理实践与咨询方面颇有想法和成绩，而且在高等教育人力资源管理应用性研究方面成果丰硕，也是广西高校优秀人才的资助对象。

2005—2007年，鲍立刚应用其实践和理论双重经验，在两次编写《人力资源管理综合实训》内部教材和主讲该课程3年的基础上，以企业人力资源管理的实际工作流程为指引，以岗位任务需要为导向，在2008年编写完成并出版了国内第一本高等职业教育人力资源管理综合实训教材——《人力资源管理综合实训演练》。当他把书稿送到我面前时，我的眼前为之一亮。众所周知，人力资源管理专业由于自身职位特点和社会实践岗位容量极其有限，不可能像理工科专业一样，轻而易举地在实验室环境中通过硬件进行模拟教学，特别是人力资源管理活动的情境涉及面广而复杂，并且难以复制和模拟。而鲍立刚编写的这本教材提供了一套"校政企行生"产教融合教学运作模式，最大限度地再现企业人力资源管理的真实情境，把企业需要和行业标准融入实训课堂，把实训课堂搬进企业。这样，既克服了人力资源管理实训教学"虚无"情境、缺乏氛围的瓶颈问题，又为实训教师提供了生动活泼、引领学生积极主动参与实训教学的组织方法和技巧。该教材经过全国高职高专院校历时16年的教学使用，获得广泛好评，2020年和2023年分别入选"十三五"和"十四五"职业教育国家规划教材。

鲍立刚一边应用第1~4版教材的课程改革成果，一边将课程改革成果加以深化和完善，组成以他为主编的教材修订小组，并邀请来自高校、政府、企业、行业的人力资源管理专业人士对第四版教材进行修订。通过修订，教材第四版根据党的二十大关于"全面贯彻党的教育方针，落实立德树人根本任务，培养德智体美劳全面发展的社会主义建设者和接班人"的精神，全面推行实训成绩评分表与"课程思政"要求深度融合，逐步适应1+X证书试点要求，将现代化产业职业技能等级证书和专业技术资格证书考试等相关要求融入教材。

我们有理由相信，第五版教材不仅能使企业人力资源管理技术得到较好的应用，而且对党的二十大报告提出的"推进产教融合、科教融汇，优化职业教育类型定位"将起到示范作用。第五版教材将具有更高的出版价值、更好的应用效果以及更积极的社会效应。

彭剑锋

注：彭剑锋，男，中国人民大学劳动人事学院教授，博士生导师，中国著名管理咨询专家，华夏基石咨询集团董事长，中国企业联合会第六届管理咨询委员会副主任委员。他曾被中国企业联合会评选为值得尊敬的管理咨询专家十强之一，被亚太人力资源研究协会授予2004年中国人力资源"年度人物"称号，曾被评为中国管理咨询业坐标性人物、中国十大优秀管理培训师和中国十大咨询师之一。

推荐序二

当我看完由鲍立刚老师主编的《人力资源管理综合实训演练》一书后，我的印象是这本实训教材有很多创新点。

新就新在它摒弃了学科结构系统的原则，在党的二十大关于"全面贯彻党的教育方针，落实立德树人根本任务"的精神指导下，以工作过程为导向、以职业工作过程和岗位任务为基础，将全部职业行动领域导向相关的学习领域，通过适合教学的学习情境，使之具体化，这正是高职课程改革的核心。

新就新在该书选择了高职课程改革的重点和难点——实践教学体系，开发了新兴课程"人力资源管理综合实训"的实训教材，这正是高职课程改革所期待的。

新就新在实训过程以学生为中心，提供了教师轻松教学和学生有兴趣学习的丰富多彩的教学组织形式与手段，将工作岗位及工作过程转移到教学环境及学习领域中，这正是强调"以生为本"的理念。

新就新在实训教材的编写贯彻落实了党的二十大报告提出的"推进产教融合、科教融汇，优化职业教育类型定位"，通过"校政企行生"五方结合形成的"共同体"，将企业的需求和行业标准融入教材中。这也贯彻落实了党的二十大关于"建设现代化产业体系"精神，将现代化产业职业技能等级证书和专业技术资格证书考试等相关要求融入教材。

作者鲍立刚是有着10年企业人力资源管理实践经验和19年高校实训教学经历的教师，他与具有多年高职教学改革经验的教师以及多名来自政府、企业和行业的人力资源管理行家和专家合作，为编写该教材奠定了理论与实践基础。该教材于2008年出版第一版、2013年出版第二版、2017年出版第三版、2021年出版第四版，经过16年在全国高职高专院校的使用和总结，由鲍立刚为主编组成教材修订小组，对教材内容进行修改和完善，使该教材第五版更好地体现了职业性和实用性。

综上所述，本人认为该教材对高职高专的课程改革起到了示范作用，具有很强的应用和出版价值。我亦期待着我们的教师与企事业单位合作编写并出版更多高职课程改革急需的实训教材。

彭民璋

注：彭民璋，女，广西职业技术学院原院长，教授，享受国务院政府特殊津贴的专家，广西高校"教学名师"。

第五版前言

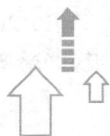

在《新闻联播》人物专访栏目中，任正非曾经表示："一个人一辈子能做成一件事已经很不简单。"不搞金融、不炒房地产的华为能够以实业发展至今天的地步，很大程度上得益于其一条路走到底的坚持，几十年来"对准一个城墙口持续冲锋"。虽然编者无法与任正非相提并论，但是编者在人力资源管理实训教学方面取得的一点成绩，确实得益于一条路走到底的坚持；编者也没有做类似于"搞金融、炒房地产"等短平快、效益高的急功近利事情。以下是编者20多年来始终如一地"以学生为中心、设置各类人力资源管理工作情境进行实训教学研究和实践"的经历与取得的一点成绩。

1.2001年开始，鲍立刚还在中外上市公司和世界500强企业担任人力资源部主管与经理的时候，就响应国家校企合作共建高职高专人力资源管理专业的号召，利用业余时间参与高职高专院校人力资源管理专业实训教学研究和实践。

2.2005年9月，鲍立刚离开世界500强企业杜邦应用面材（广州）有限公司人力资源部，进入广东岭南职业技术学院担任工商管理教研室副主任，正式执教人力资源管理专业，并于2005年在国内首批开设和主讲人力资源管理综合实训课程。

3.初入高校执教之时，由于国内还没有相应的人力资源管理综合实训课程教材，鲍立刚结合企业对人力资源管理从业者的需要自行编写内部教材试用3年。

4.2007年9月，鲍立刚响应"西部大开发"的号召，进入广西职业技术学院担任人力资源管理专业带头人，执教人力资源管理专业，并于2008年在国内率先出版了适用于高职高专教学的教材《人力资源管理综合实训演练》（带教学光盘）。

5.2009年8月，鲍立刚主编的《人力资源管理综合实训演练》教材获广西高等教育学会第七次优秀高等教育研究成果二等奖。

6.2011年11月，本教材相关成果《高职高专管理类专业实训教学体系四级评估的探讨》，获教育部职业技术教育中心研究所、中国职业技术教育学会颁发的第十三届（2011年）全国职业教育优秀论文评选二等奖。

7.2012年7月，鲍立刚执笔的《人力资源管理综合实训课程建设实践教学设计方案》，获中国商业联合会第四届全国商科教育实践教学大赛课程建设教学方案一等奖。

8.2012年8月，本教材相关成果获2012年度广西高等学校优秀人才资助计划项目《企业人力资源管理技术应用与高校人力资源管理专业实训教学研究》的资助。

9.2012年12月，本教材相关成果《高职高专管理类专业实训教学及评估体系》获2012年广西高等教育自治区级教学成果奖三等奖。

10.2013年4月，本教材相关成果《广西高职人力资源管理综合实训课程教学研究》获"十一五"广西教育科学研究优秀成果奖一等奖。

11.2013年9月，鲍立刚主编和修订的教材《人力资源管理综合实训演练》（第二版）（带教学光盘）由东北财经大学出版社出版。

12.2014年8月，本教材相关成果《分组实训教学多重角色交叉立体式成绩评估探讨》获中国人力资源开发教学与实践研究会第十五届年会二十大优秀论文称号。

13.2016年8月，本教材相关成果《人力资源管理专业"校企行政生"五方共同体实训教学体系探讨》获中国人力资源开发教学与实践研究会第十七届年会年度优秀论文三等奖。

14.2016年9月，鲍立刚主编的教材《人力资源管理综合实训演练》（第二版）获东北财经大学出版社2016年度优秀教材奖。

15.2017年8月，鲍立刚主编和修订的教材《人力资源管理综合实训演练》（第三版）（带教学光盘）由东北财经大学出版社出版。

16.2020年12月，教育部办公厅发布了《教育部办公厅关于公布"十三五"职业教育国家规划教材书目的通知》（教职成厅函〔2020〕20号），鲍立刚主编的高职高专教材《人力资源管理综合实训演练》（第三版）成功入选。

17.2021年9月，鲍志刚主编和修订的教材《人力资源管理综合实训演练》（第四版）由东北财经大学出版社出版。

18.2023年6月，教育部办公厅发布了《教育部办公厅关于公布首批"十四五"职业教育国家规划教材书目的通知》（教职成厅函〔2023〕19号），鲍立刚主编的《人力资源管理综合实训演练》（第四版）成功入选。

虽然本教材的上述奖励算不上"高大上"，但至少反映了编者贯彻落实党的二十大报告中提出的"推进职普融通、产教融合、科教融汇，优化职业教育类型定位"，通过"校政企行生"五方结合形成的"共同体"，将企业的需求和行业标准融入教材中，从部门工作需要和岗位任务需要出发构建逼真的工作情境，引领学生积极主动参与实训活动；贯彻落实党的二十大关于"建设现代化产业体系"精神，将现代化产业职业技能等级证书和专业技术资格证书考试等相关要求融入教材中，使学生所学所用的知识、技能和素养零距离契合社会对人力资源管理专业高素质应用型人才的需求。

《人力资源管理综合实训演练》（第五版）的修订内容主要包括：（1）把党的二十大精神有机融入实训教学和思政元素中。（2）把课程思政、产教融合和新文科建设要求融入实训教学过程和学生成绩评分表，并在部分成绩评分表中设定初级、中级和高级职业技术等级的评分标准与相应得分范围。（3）删除高校人力资源模拟公司操练，增加职业生涯规划技能大赛内容，落实了岗课赛证综合育人的任务。（4）对教材中相关企业文件范例、表格、方案和教学图片等进行更新。（5）增加了多媒体教学内容的视频网络链接。历经半年多时间的研讨和修订，《人力资源管理综合实训演练》（第五版）主要具有如下特色：

1."校政企行生"产教协同育人共建了高质量的五方共同体应用型实训教学体系

本教材从企业实际运作的角度、部门和岗位工作任务需要出发，结合行业标准和政府规制，设立不同的工作情境，由"校政企行生"五方协作形成团队竞技训练、角色扮演、体验式训练、技能竞赛、数据计算分析和作品设计六大类实训教学方法。每种实训教学方法都能最大限度地再现人力资源管理活动的真实情境，有效克服人力资源管理实训教学"虚无"情境、缺乏氛围的瓶颈问题。此外，本教材以学生为中心，通过生动活泼的教学方法，引领学生积极参与实训活动，把课堂交给学生去施展和体验。

2.把实训教学内容涉及的课程思政元素融入学生言行，创建了课程思政"全链条培养"新模式

根据党的二十大关于"全面贯彻党的教育方针，落实立德树人根本任务"的精神，在生动活泼的情境教学中，引导学生把专业知识、技能与课程思政融入小组课外的作品设计中、课中的口语表达中和角色扮演行动中，营造一种人人出谋划策、积极学习课程思政的良好氛围，在教学全过程构建课程思政"全链条培养"新模式。

3.创建了"课程思政+新文科"的产教融合多角色多元化成绩评估体系

本教材六大类实训教学方法当中的每类实训方法都提供一套评价成绩的评分表，每个评分表都有"课程思政+新文科"的考核指标。教师、学生助教和"政企行"产教融合多角色对学习小组的表现进行"团队成绩"的评分，小组队长对本组队员在每次实训中的贡献程度进行排名，然后教师结合排名在"团队成绩"的基础上进行分数的上下调节，得出每个学生的个人成绩。考核方式多元化，包括作品式、报告式、竞赛式、扮演式等。把实训活动和作品设计作为平时成绩（占总成绩的70%），把平时设计的作品整理和编辑成期末作品集作为期末成绩（占总成绩的30%），这样破除了传统考试期末"一考定终身"的顽疾。

本教材由广西民族师范学院人力资源管理专业鲍立刚教授主笔，主要负责模块一、二、三、四、五的编写，并对全书进行设计、修改和定稿。安琪酵母（崇左）有限公司总经理助理刘佩东、宜宾职业技术学院人力资源管理专业主任宋林佳、山东劳动职业技术学院朱倩倩、长江职业学院王英合作进行模块六、七的编写。

在本教材的编写过程中，编者得到了中国人民大学劳动人事学院彭剑锋教授、广西职业技术学院原院长彭民璋教授的指导和推荐，在此特别表示感谢！安琪酵母（崇左）有限公司人力资源主管农春花、广西外国语学院的鲍子吟同学参与了本教材部分内容的编写和材料收集整理，还有十多位企业家、企业人力资源部负责人、政府专业人士、行业专家和高校教师通过各种方式参与了本教材相关内容的教学研讨和实训教学效果验证，本教材的顺利出版有赖于他们的大力支持和帮助！在此向他们表示衷心的感谢！

此外，编者在本书的编写过程中还参考了一些教材、公司资料、网络资料，借鉴并吸收了一些人力资源管理实务界人士的经验和成果，限于篇幅和出处不明，只有部分在文中和书末列出，在此表示真诚感谢和歉意！

由于相关教材鲜有先例、少有借鉴，本教材是原创加首创的作品，加上时间仓促、编者水平有限，如有不妥之处，恳请广大读者朋友和人力资源管理专业人士批评指正，也欢迎人力资源管理实务界人士一起与我们探讨（邮箱1870469152@qq.com/微信15977474085）。

鲍立刚于思可睿书斋
2024年3月

目录 ⇧ ⇧

模块一 组织结构设计和岗位分类演练

▶ 知识要点 ◀

1.管理幅度的确定，管理层次的确定
2.部门划分，岗位设置
3.组织结构的基本类型
4.组织结构的实例分析

▶ 演练任务 ◀

1.团队竞技训练实训，分小组，选队长，分组讨论
2.设计柏美公司组织结构图并进行岗位设置和岗位分类
3.小游戏"循环相克令"，魅力展示
4.上台分享本队作品，回答其他队队友的提问，学生助教点评

　　人力资源管理专业人员，除了要掌握人力资源管理专业技术以外，必须首先熟悉人力资源的组织载体设计和定位，即熟悉组织结构设计、部门划分、岗位设置和分类。通过对企业组织结构设计、岗位分类进行剖析和操练，使学生在未来的职业生涯中更好地进行战略人力资源管理和人岗匹配，更好地挖掘人力资源管理的潜能。

项目一 组织结构设计和岗位分类剖析

一、组织结构设计的流程及步骤

　　组织结构需要按照管理幅度的确定、管理层次的确定、部门划分和岗位设置四个主要流程进行设计。图1-1为组织结构设计的流程及步骤。

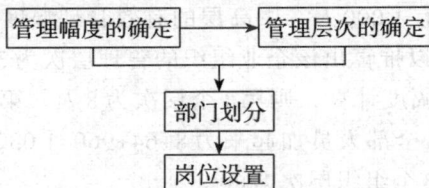

图1-1 组织结构设计的流程及步骤

流程一：管理幅度的确定

步骤一：管理幅度的设计思路

管理层次和管理幅度是决定组织结构的两个重要参数，而且管理层次与管理幅度是密切相关的。大部分企业的组织结构都应是一种金字塔形结构，即上级指挥机构少，下级指挥机构多。根据管理的需要，企业从上到下通常设有若干指挥和管理层次，这些层次之间是一种隶属关系，从而形成职权上的等级链，管理层次设计就是确定等级链的级数。管理幅度是指组织中的一个上级直接指挥下级的数量。显然，在组织规模一定的情况下，如果不考虑其他因素，管理幅度越大，管理层次就越少；否则，管理层次就越多。

步骤二：掌握影响管理幅度的因素

（1）主观方面的因素，即由领导者的素质决定的因素。在其他条件不变的情况下，领导者素质越高、越信任下属、越愿意花时间在下属身上等，其管理幅度越大，否则越小。

（2）客观方面的因素，即由客观环境和现实条件决定的因素。在其他条件不变的情况下，下属人员素质越高、条件越优越、环境越简单、职务越低等，其管理幅度越大，否则越小。

步骤三：确定管理幅度

目前，人们主要还是采取定性的方法来确定管理幅度。一般认为，上层的管理幅度应窄一些，5～10人为宜；下层的管理幅度应宽一些，15～20人为宜；中层的管理幅度应介于二者之间。这是因为，上层的管理工作复杂，属于非结构化决策的问题较多。实际上，中层的管理幅度比上层还要窄，这是因为中层管理者担负着较多的承上启下的工作职能。必须说明的是，以上这些管理幅度的数值仅供参考，现实中还必须根据自身情况做调整。

流程二：管理层次的确定

步骤一：按照企业的纵向职能分工确定基本的管理层次

（1）对于集中经营、集中管理的企业。如果企业的规模较小，采用的技术简单，通常只需要设置经营决策层、专业管理层和作业管理层；如果企业的规模较大，采用的技术较复杂，管理层次就要多一些。

（2）对于分散经营、分散管理的企业。总公司和分公司是两大管理层次，总公司和分公司中，还分别存在各自的管理层次，如总公司的战略决策层、专业管理层，分公司的经营决策层、专业管理层和作业管理层。

步骤二：按照有效的管理幅度推算管理层次

假设某一企业的员工有1 000人，中高层的有效管理幅度为5～8人，基层的有效管理幅度为10～15人，则可以推算出该企业组织的管理层次为3～4层。

（1）若按较大的管理幅度计算，则第1个层次为8人，第2个层次为8×8=64人，第3个层次为64×15=960人，全部人员加起来为8+64+960=1 032人，这3个层次已经包含了组织的所有成员，故设3个组织层次即可。

（2）若按较小的管理幅度计算，则第1个层次为5人，第2个层次为5×5=25人，第

3个层次为25×5=125人，第4个层次为125×10=1 250人。由于前3个层次只包含了155人，因此必须设置第4个层次才能包含所有的组织成员。

流程三：部门划分

所谓部门，是指企业组织结构中一个管理人员有权执行所规定活动的一个明确区分的范围。划分部门就是确定这些范围。这些部门实际上是承担某些工作职能的组织机构，所以部门划分也可以称为组织机构的设置。一个部门通常是由若干个工作岗位组成的。

划分业务部门的具体方法通常有按职能划分、按地域划分、按产品划分、按业务环节划分等。各企业可以根据自己的特点选择采用其中的一种，也可以同时采用几种方法。我们以一家中型股份制民营企业为例进行部门划分。

1.公司介绍

广州洁雅材料科技股份有限公司（以下简称"洁雅公司"）是一家由留美博士回国创办的集产品开发、生产、销售为一体的高新技术复合材料专业厂家，产品主要有实体面材和星盆。洁雅公司总部设在广州市芳村区茶滘工业园，在广州市、河南省和湖北省分别设有生产基地，在世界各地设有12家分支经营机构。

洁雅公司的实体面材产品是一种新型的建筑装饰材料，兼容了木材的可塑性与天然石材的坚硬性，可做到无缝拼接，结构细密而无毛细孔，其弯曲和异形加工特性超越了其他材料。实体面材在商业服务（银行、酒店等）柜台、浴室洗手台、茶几、餐桌、楼梯扶手、工艺品等应用方面可以取代传统的木材、石材、塑料、不锈钢等。星盆又称洗脸盆，由高分子实体面材制成。

洁雅公司计划在5年内建成一个占地面积达38亩的"洁雅新材料研究开发中心"。公司未来5年将发展成为全球最大的实体面材生产基地和国内最具实力的高性能复合材料研发生产基地。

2.洁雅公司部门划分操作

洁雅公司的部门按业务性质和职能可以划分为5大类：第1大类为生产运作类部门，包括物流部、品质部、设备工程部、生产部（下设第1分厂、第2分厂、第3分厂）；第2大类为市场销售类部门，包括国内市场部、销售部、国际市场部、项目部、客户服务部；第3大类为技术开发类部门，包括产品开发部、新材料研发中心；第4大类为行政管理类部门，包括总经理办公室（行政部）、人力资源部、总务部、电脑部、审计部、采购信息中心；第5大类为财务管理部门，即财务部。另外，在董事会下设秘书室。

在外地则按地域设置部门，如生产运作部门类，还设立了生产型的河南分公司、湖北分公司；市场销售部门类，还设立了深圳、厦门、成都、武汉、西安、上海、北京、济南、沈阳、杭州销售分公司以及中国香港地区销售分公司和美国销售分公司。

3.洁雅公司部门划分思路

（1）以上部门大类以业务和职能类似为依据进行划分与归类。

（2）各部门向相同类别的大部门负责。

（3）分厂相当于车间向生产部负责，河南分公司、湖北分公司向生产运作部门负责。

（4）深圳、厦门、成都、武汉、西安、上海、北京、济南、沈阳、杭州销售分公司向市场销售部门负责；中国香港地区销售分公司和美国销售分公司向总经理负责，由秘书室代行业务上的管理。

流程四：岗位设置

工作岗位是根据专业化分工原则，按工作职能划分而成的工作职位。工作岗位是构成企业组织结构的基本单位。从亚当·斯密的分工理论可知，专业化分工有利于提高技术水平，可以缩短作业时间，减少培训费用，有利于提高机械化程度。总之，专业化分工可以降低成本，提高工作效率和经济效益。如果分工过细，一方面会使工作人员感到工作单调而厌烦；另一方面会增加内部协调的工作量，使沟通成本上升。因此，进行工作岗位设计时，既要进行合理分工，又要适当扩展工作内容，使工作人员感到内容丰富充实，具有一定挑战性。

1.岗位设置要求

不同类型的企业可以根据自身经营业务特点和企业内部条件，或把岗位分得更细，或设计出具有综合性的工作岗位。必须强调的是，工作岗位是根据企业经营目标的需要来设计的，不能设计出与经营目标无关的岗位。

2.洁雅公司岗位设置操作

洁雅公司的5大类部门设立好以后，我们再看看如何在部门内设置岗位。洁雅公司根据其实际情况和未来需要，设置了如下岗位：

（1）董事长、董事、监事会主席、监事；总经理兼技术开发部副总经理；董事会秘书兼总经理秘书；国际市场部经理、国际业务代表、会计、出纳。

（2）生产运作部门副总经理；生产部厂长（经理），下设厂长助理、分厂厂长（车间主任）、班组长、技术工人、生产工人、杂工；物流部经理，下设采购员、送货员、仓管员、货车司机；品质部经理，下设质检员；设备工程部经理，下设工程师、助理工程师、电工、焊工、修理工；生产型分公司经理，下设生产主管、行政人事主管、财务主管、文员、会计、出纳、班组长、生产工人。

（3）市场销售部门副总经理；国内市场部经理、平面设计师、市场代表；销售部经理、销售主管、销售代表；项目部经理、项目代表；客户服务部经理、客户代表；各销售分公司经理、销售主管、会计、出纳、销售代表。

（4）技术开发部门副总经理由总经理兼任；产品开发部主管；新材料研发中心主任、化学师、助理化学师、技术员。

（5）行政管理部门副总经理；总经理办公室主任（行政部经理）、法律顾问、行政部助理、前台文员；人力资源部经理、人事助理；总务部经理、总务助理、车队队长、司机、司务长、厨师、厨工、清洁工；电脑部工程师；审计部经理兼采购信息中心主任。

（6）财务管理部门副总经理；财务部经理、会计、出纳。

3.洁雅公司岗位设置思路

（1）尽量将相同或相似的工作内容和任务设置为一个岗位。

（2）使一些工作量比较小的不同工作由一个岗位的人来做，但选择具有不同工作经验的人来担任。

（3）根据高层管理人员的个人特长来兼任一些重要岗位，如总经理兼任技术开发部门副总经理。

（4）河南分公司、湖北分公司会计和出纳，行政上受分公司经理管理，但业务上受总部财务部经理指导并向其负责。

（5）深圳、厦门、成都、武汉、西安、上海、北京、济南、沈阳、杭州销售分公司会计和出纳行政上受分公司经理管理，但业务上受总部财务部经理指导并向其负责。

（6）中国香港地区销售分公司、美国销售分公司会计和出纳行政上受分公司经理管理，但业务上受总部财务管理部门副总经理指导并向其负责。

（7）中国香港地区销售分公司、美国销售分公司招聘须经总经理批准，人力资源管理业务受当地人事部门指导；其他部门和分公司招聘须经行政管理部门副总经理批准，人力资源管理业务受人力资源部经理指导。

二、组织结构的基本类型

企业的组织结构是指企业内部的机构设置和权力的分配方式，企业组织结构的基本类型主要有直线制、职能制、直线职能制（垂直功能型）、事业部制、矩阵制。

（一）直线制

直线制组织结构是一种实行直线领导、不设职能机构的管理组织形式。这种组织形式中，各层领导机构都是综合性的，由厂长（总经理）实行没有职能机构的集中管理，厂长集直线指挥与职能管理于一身。

1.表现形式

直线制组织结构如图1-2所示。

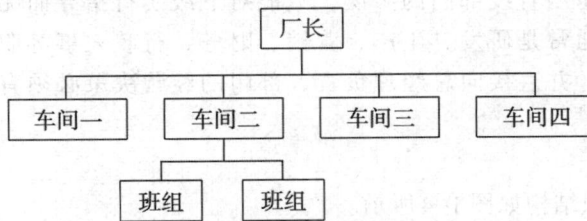

图1-2　直线制组织结构图

2.优点

直线制组织结构的优点为：简单，权力集中，指挥统一，决策迅速。

3.缺点

（1）由于直线指挥与职能管理不分，因此对领导者的知识和能力要求较高。

（2）领导机构实行综合管理，无专业化分工，不容易提高专业管理水平。

（3）横向联系差，无助于管理者解决重大问题。

这种组织结构由于受领导者能力的限制，管理幅度不可能过宽，因而企业的规模不可能大，只适用于小型企业。

（二）职能制

职能制组织结构是在直线制组织结构的基础上，为领导设置职能机构和人员的一种形式。各职能机构和人员既协助领导的指挥工作，又在各自管理的范围内有权指挥下级机构的人员；而下级机构既要服从上级指挥，又要听从各职能机构的指挥。

1.表现形式

职能制组织结构如图1-3所示。

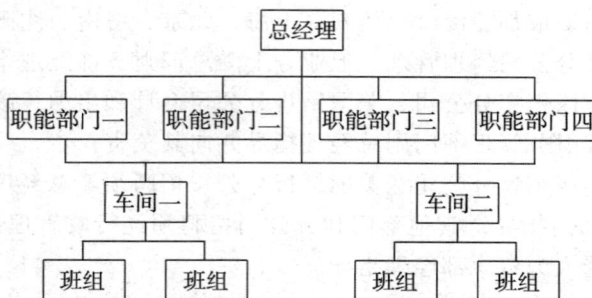

图1-3　职能制组织结构图

2.优点

职能制组织结构的优点为：能发挥管理分工的作用，减轻领导的工作负担。

3.缺点

职能制组织结构的缺点为：容易造成多头指挥，职权不明，从而使下属无所适从。

（三）直线职能制（垂直功能型）

直线职能制组织结构是直线制组织结构和职能制组织结构的综合应用，是按经营活动的功能划分职能部门的。一类是直线部门，其拥有对下级的直接指挥权力；另一类是参谋部门，其担当直线部门的参谋，只能对下级实行指导而无权发布命令。企业按功能划分的部门通常是研发、生产、营销、财务、行政人事等职能部门，各部门经理直接受高层领导，并直接向总经理负责，部门的经营决策必须有高层人员的介入才能做出。

1.表现形式

直线职能制组织结构如图1-4所示。

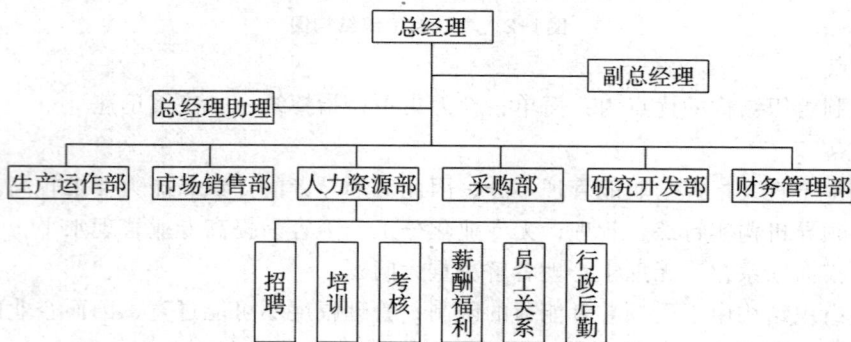

图1-4　直线职能制组织结构图

2.优点

（1）既能够保证统一指挥，又可以发挥职能部门的参谋指导作用。

（2）效率较高。

3.缺点

（1）按功能划分部门容易导致有关人员重视方法和手段而忽视目的与成果。

（2）集权式管理增加了高层管理人员的协调工作量，不能很好地发挥中层管理者的积极性。

（3）大型企业横向联系和协调将变得非常困难，高层管理人员会无暇顾及企业面临的重大问题。

（四）事业部制

事业部制组织结构也称 M 形结构（multidivisional structure），是一种在大型企业中，实行分权式的多分支单位的组织结构形式，即在总经理的领导下，按地区、市场或商品设立事业部，各事业部有相对独立的责任和权利。事业部内部通常又是一个 U 形结构。事业部具有 3 个特征[①]：（1）具有独立的产品和市场，是产品责任或市场责任单位；（2）具有独立的利益，实行独立的财务核算，是一个利益责任单位；（3）是一个分权单位，具有一定的自主经营权。

事业部与总部的关系：把政策制定与行政管理分开，政策管制集权化（总部集中决策），业务运营分权化（事业部独立经营），即所谓"集中决策，分散经营"。由于企业具体条件不同，集权与分权的程度各有大小，事业部的性质也就有所区别。从我国企业的现实情况看，大体分为两种情况：一是事业部没有法人资格，受到总公司较多的控制；二是具备法人资格，享有高度的经营自主权。

1.表现形式

事业部制组织结构如图 1-5 所示。

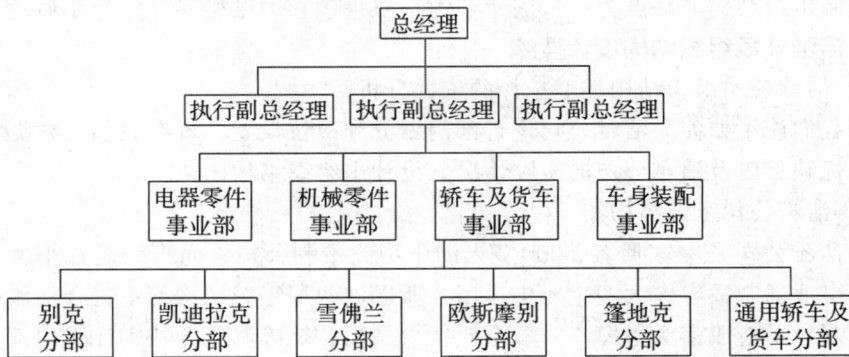

图1-5　事业部制组织结构图

2.优点

事业部制组织结构使统一管理和专业化分工更好地结合起来，集中决策和分散经营使高层领导者摆脱了日常经营管理事务，又调动了各经营部门的积极性。

---

① 汪建坤.工商经济学（经典案例评析）［M］.北京：中国对外翻译出版公司，2000.

3.缺点

事业部制组织结构的缺点为：集权与分权的程度有时难以掌握，处理不好会削弱统一性，协调难度大。

（五）矩阵制

上述4种组织结构形式还有2个共同的弱点，就是横向信息沟通比较困难，缺乏弹性。为了减弱这些弊端，在企业中根据产品项目或某些专门任务成立跨部门的专门机构，这样形成的组织结构即为矩阵制组织结构。专门机构的成员由各部门抽调，在项目活动期间专门机构成员在业务上由直属项目组经理领导，但在行政和组织关系上隶属原部门管理。有些专门机构是临时设置的，任务完成后即撤销。

1.表现形式

矩阵制组织结构如图1-6所示。

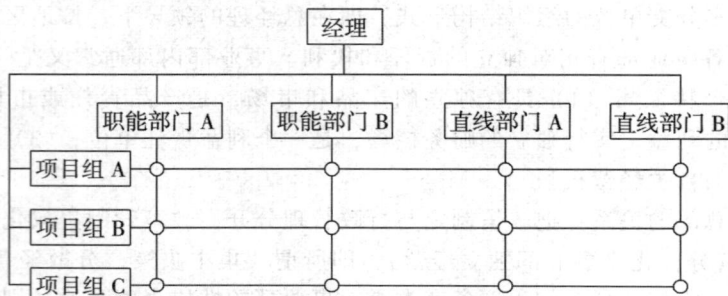

图1-6　矩阵制组织结构图

2.优点

矩阵制组织结构的优点为：有弹性，适应性好，横向信息沟通容易，协调配合好。

3.缺点

矩阵制组织结构的缺点为：缺乏稳定性，双重领导的结构容易产生矛盾。

三、洁雅公司组织结构设计操练

（一）洁雅公司组织结构类型选择的依据分析

前面我们谈了如何为洁雅公司进行部门划分和岗位设置，现在我们再根据各组织结构类型的优缺点以及洁雅公司的实际情况，设计出组织结构图。

（二）洁雅公司组织结构图

由于洁雅公司是一家拥有2 000多人的中型股份制公司，而直线制是小型公司的结构类型，事业部制适合在大型企业中运用，所以这两种组织结构都不符合洁雅公司的要求。职能制容易造成多头指挥，一般企业很少采用；矩阵制适合特别注重内部横向信息沟通的情况，并且多数情况下属于临时性的结构形式。

根据上述分析，我们决定洁雅公司采用直线职能制组织结构类型，实际上大多数公司都是如此。考虑洁雅公司是一家上市公司，所以我们在组织结构图中设立董事会和监事会。再根据前面谈到的洁雅公司部门划分情况和分析，还有岗位设置情况和分析，我们就很容易画出如图1-7所示的洁雅公司组织结构图了。

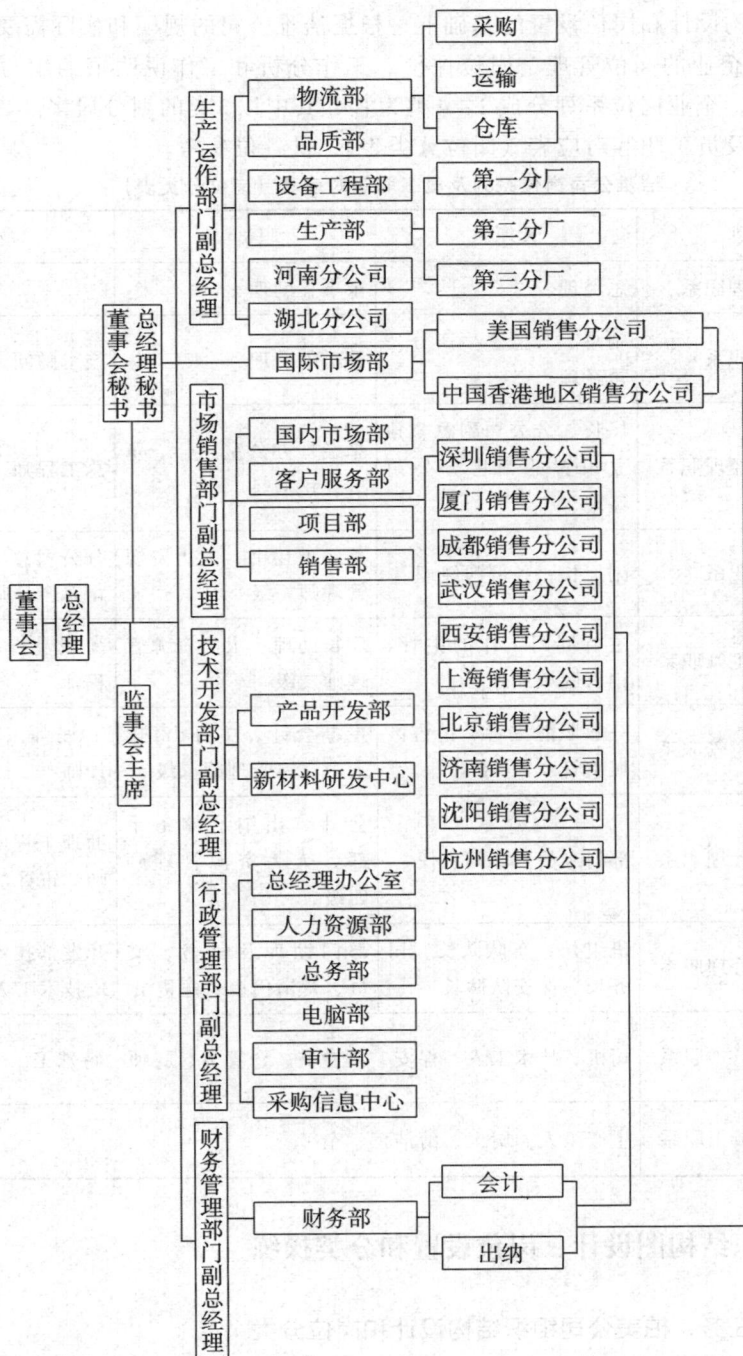

图1-7　洁雅公司组织结构图

（三）洁雅公司岗位分类

在组织结构设计和岗位设置的基础上，根据洁雅公司的规模和实际需要划分出岗位系列，从而为企业的岗位管理、岗位评价、工作分析和工作说明书的编写打下良好基础。一般来讲，企业岗位系列分成2～4类为宜，其中以3类的划分居多。表1-1是洁雅公司岗位系列及员工职等对应表（岗位分类表），供各位参考。

表1-1　　　　　　　　洁雅公司岗位系列及员工职等对应表（岗位分类表）

职等类型		管理类	职员类	技术类
高层管理	一等总经理职系	总经理	董事长助理	
	二等副总职系	副总、总监、生产分公司经理	总经理助理	技术顾问
	三等高级经理职系	厂长、分公司副总、独立设置的销售分公司经理	总经理办公室主任、董事会秘书	总工程师、总会计师
中层管理	四等经理职系	副厂长、各部门经理	总经理秘书、人力资源管理师一级	分公司总工程师、分公司总会计师
	五等部门主管职系	主持部门工作的主管、销售区域经理	厂长助理、人力资源管理师二级	高级化学师、高级工程师
基层管理	六等职能主管职系	一般职能主管、销售区域主管	主办会计、主办出纳、人力资源管理师三级	工程师、化学师、审计师
	七等普通管理职系	部门专员、车间主任	会计、出纳、储备干部、人力资源管理师四级	助理工程师、助理化学师、审计员
	八等一线管理职系	班组长、车队队长、司务长、保安队队长	部门助理及秘书、文员、营销代表、送货员	开发部技术员、特殊岗位技术工人
基层员工	九等技术员工职系	司机、技术工人、保安、质检员、仓管员、厨师、特殊工		
	十等普通员工职系	生产工人、厨工、清洁工、杂工		

项目二　组织结构图设计、岗位设置和分类操练

一、操练任务：柏美公司组织结构设计和岗位分类

（一）操练背景材料及目标

柏美国际（清远）化妆品制造有限公司（以下简称"柏美公司"）系德国柏美（中国香港）生物科技发展有限公司与广东大荣实业发展有限公司联合兴建的大型国际化妆

品制造公司，年总产值将达到30亿元人民币，位于素有"广州后花园"之称的广东清远高新技术产业开发区内，有广清高速公路与其相连，距广州新白云国际机场仅30分钟车程。

柏美公司按GMP标准修建生产厂房，严格按照ISO 9001：2015质量管理体系及ISO 14001环境管理体系进行质量和环境管理。公司拥有独立的进出口权，可为国内外客户提供美发用品（洗发、护发、染发、烫发、发饰）以及洗涤类（沐浴露）、护肤类、香水类、彩妆类产品的研发、生产、检测和包装服务。

筹建中的新工厂占地面积为236亩，美发用品、洗涤类及护肤类产品的生产、包装车间为9 000多平方米，另预留7 000平方米作为彩妆及香水类产品的生产区及扩容区。公司拥有10万级、30万级净化灌装车间以及30万级净化的静置间，并拥有从500升到6 000升不同容量的生产设备，日班可生产180吨各类产品。标准检验室和300平方米的研发中心拥有整套检测及检验设备，可以对原料、包装材料及各生产阶段的产品进行立体式检测。

在化妆品行业发展的"春秋战国"年代，柏美公司以"服务顾客、提高品质、优化流程、提高效率"为目标，以"满足需要、奉献美丽"为宗旨，战胜众多竞争对手，脱颖而出，最终占据了中国市场的主导地位。

（1）将学生分成3～6组，请各小组学生根据自己的理解，结合相关专业知识及柏美公司的具体情况，为柏美公司设计组织结构图，并进行岗位设置和岗位分类；设计完成后，各小组进行讨论和完善，将小组审核通过的结果画在大白纸上或做成PPT文档，每组选出1～2位代表上台说明设计的思路、理由及结果，并接受其他小组成员的提问。

（2）老师针对各小组的设计思路、理由及结果，进行点评和评分。

（二）操练参考程序和方法

1.小组讨论桌椅摆放要求（如图1-8所示）

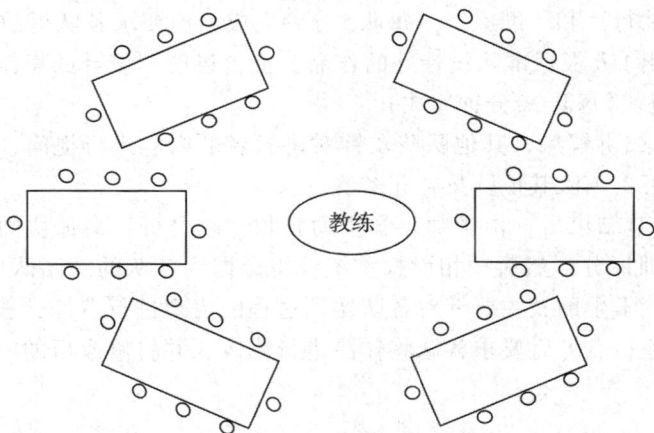

图1-8　小组讨论桌椅摆放图

2.操练程序

（1）分小组（队）：操练总人数以30～60人为宜，分组以3～6组为宜，每组人数以8～15人为宜。如果人数太少，可以合班进行；如果人多则可拆班进行，或安排部分同学做助教。小组分好以后，最好不要随意调动人员，以免影响后续课程小组成员评分的公正性。在高校实训时，分组时最好要求男女人数、学习好坏、活跃程度、口才状况、班干多寡等情况在每组的比例差不多，以保证小组之间有良好的竞争氛围，也保证实训成绩不会相差太大。但是在企业培训时，分组的方式就很灵活了。（课外完成，见模块五项目二中的分组方法）

（2）选队长：采用万众归一法。（课外完成，见模块五项目二中的选队长方法）

（3）布置课外作业：由队长组织本队队员设计柏美公司组织结构图，并进行岗位设置和岗位分类。作品必须注明本队队员的分工和参与情况，如总体设计者、内容执笔者、讲解者、补充讲解者、资料收集者、作品制作者、服务者等，并对本队队员的贡献度按先后顺序进行排名，从而在评分时拉开距离，避免"搭便车"和吃"大锅饭"。（课外完成）

（4）从人数较多的小组里选出2~4人作为教师的助教，1人负责记录各小组上台讲解的时间，1人负责照相或录像，其他人主要配合教师为各小组评分，计时和照相或录像者也可协助评分。为保证公正性，助教可独立于各小组之外，其成绩由教师另计。（课外完成）

（5）队长组织队员，为自己的队起一个队名，并写出口号。（课外完成）

（6）由队长组织队员进行课堂讨论和修改，讨论和修改的主题是：设计柏美公司组织结构图，并进行岗位设置和岗位分类。各队一边修改，一边将组织结构图和岗位分类表分别画在大白纸上或修改预先做好的PPT文档。（20分钟完成，也可课外完成）

（7）上台顺序的确定：由小游戏"循环相克令"的结果而定。（5分钟完成，见模块五项目二中的培训游戏组织技巧）

（8）魅力展示：各队在上台讲解作品之前高呼口号，并摆出独具个性的pose，为本队上台讲解者"壮行"和"助威"。（每队5分钟完成，但要求各队提前课外排练）

（9）每队选出1人根据本队设计好的作品，上台讲解"设计的思路、理由及结果"，另选1人补充讲解。（每队20分钟完成）

（10）每队完成讲解后，其他队队友针对讲解者的内容进行提问，主要由讲解者负责现场解答，也可由本队其他队员补充解答。

（11）问答环节结束后，由教师、学生助教和"政企行"参加协同育人的专业人员联合进行现场实训评分，然后按相应权重统计得分即为各队的"团队成绩"。点评可现场或者隔天进行，学生助教主要针对各队实训过程的表现进行点评，教师主要针对各队作品水平进行点评；点评后要求各队将作品进行修改，并将修改后的内容放进本队的作品集。

3.评分标准

组织结构设计和岗位分类操练小组绩效评分表见表1-2。

表1-2　　　　　　　　　组织结构设计和岗位分类操练小组绩效评分表

评分指标	评分标准	__队	__队	__队
到课率（2分）				
团队魅力（10分）：队名口号（2分）、魅力展示状况（8分）				
课程思政（12分） 高级得分等级标准（11~12分）： （1）做到组织结构图遵循中国环保要求、法治要求、以人为本的原则，实现中国本土化管理（指案例为外资企业时，下同），展现中国管理模式的自信等（4~5类思政元素） （2）做到岗位分类表遵循中国环保要求、法治要求、以人为本的原则，按民族文化习惯设置岗位、进行岗位管理，有利于各民族交往交流交融，展现中华文化和中华民族的自信等（6~7类思政元素） （3）实训作品上、口头上和行动上均已体现上述要求 中级得分等级标准（9~10.5分）： （1）做到组织结构图遵循中国环保要求、法治要求、以人为本的原则等（2~3类思政元素） （2）做到岗位分类表遵循中国环保要求、法治要求、以人为本的原则，按民族文化习惯设置岗位、进行岗位管理等（4~5类思政元素） （3）实训作品上、口头上均已体现上述要求 初级得分等级标准（7.5~8.5分）： （1）做到组织结构图遵循中国环保要求、法治要求等（1~2类思政元素） （2）做到岗位分类表遵循中国环保要求、法治要求、以人为本的原则等（2~3类思政元素） （3）实训作品上或口头上体现上述要求				
实训手段（6分）：互动、举例、信息化技术应用等				
上台讲解表现（22分）	时间控制（2分）			
	高级得分等级标准（18~20分） 表达流畅；基本脱稿；PPT讲解时衔接和过渡自然；中间插入案例、视频、图片等辅助内容时，导入和总结能很好地融入主体内容；讲解详略得当、重点突出、专业到位；动作表情得体；讲解时气氛融洽或热烈，能带动和控制现场气氛；总结起到画龙点睛的作用；开头结尾问候或致谢、鞠躬得体；要有新文科思维下的跨学科跨专业知识、企业技能和行业要求融合的表述，具有产教融合的知识融通能力和实践能力 中级得分等级标准（15.5~17.5分） 表达基本流畅；脱稿较好；PPT讲解时衔接和过渡时生硬；中间插入案例、视频、图片等辅助内容，导入和总结与主体内容有别；讲解详略可控、重点可见、专业性不够；动作表情生硬；讲解时气氛不冷不热，难以带动和控制现场气氛；总结基本能说到重点；开头结尾问候或致谢、鞠躬基本得体；要有企业技能和行业要求融合的表述，具有产教融合的实践能力 初级得分等级标准（12~15分） 表达不流畅；讲解时照本宣科；PPT讲解时没有衔接和过渡；中间插入案例、视频、图片等辅助内容时，导入和总结与主体内容无关；讲解详略不当、没有重点、专业性较差；无动作表情或不当；讲解时气氛沉闷紧张、现场比较混乱；总结没有说到重点；开头结尾没有问候或致谢、鞠躬或者失当			
问答表现（14分）	主动向其他队提问情况（6分）			
	回答其他队队友问题的态度（3分）			
	回答其他队队友问题的水平（2分）			
	协助本队回答状况（3分）			

评分指标	评分标准	___队	___队	___队
组织结构图和岗位分类表PPT或手画图纸作品得分（34分）：PPT或手画图纸外观、组织结构、岗位设置和分类、课程思政				
总计（满分100）				

____队 评语	
____队 评语	
____队 评语	

说明

（1）学生能够把工商管理专业的管理幅度和层次、部门和岗位职责等知识技能要求，与人力资源管理专业的人力资源规划、岗位分析和评价、专业技术等级界定等进行融合，与企业不同部门业务职能进行融合，更好地进行组织结构设计和岗位分类。在组织结构设计、岗位分类及讲解等中均要体现上述要求，培养学生新文科思维下产教融合的知识融通能力和实践能力。做到用简洁语言，说出所选组织结构的核心特点及适合公司的理由，并能阐述对外资企业进行中国本土化管理的思维。实训的口头和行动上都必须体现上述要求

（2）问答环节结束后，由教师、学生助教和"政企行"参加协同育人的专业人员联合进行现场评分，然后按相应权重统计得分即为各队的"团队成绩"

（3）队长在本队作品上必须注明队员在作品编写和上台实训中的分工与参与情况，并对参与作品编写和上台实训中的贡献大小进行排名；教师结合排名在各组"团队成绩"的基础上进行分数的上下调节，得出本队所有成员的个人成绩，避免成员成绩"搭便车"

（4）点评可现场或者隔天进行，学生助教主要针对各队实训过程的表现进行点评，教师主要针对各队作品水平进行点评；点评后要求各队将作品进行修改，并将修改后的内容放进本队的作品集

（5）组织结构设计和岗位分类操练视频链接：https：//v.youku.com/v_show/id_XNTk3ODU1Mzk5Ng==.html

评分者：_____

二、操练展示：组织结构设计和岗位分类操练图例

"组织结构设计及岗位分类"实训现场

老师进行知识回顾、实训要求说明

确定上台顺序的小游戏"循环相克令"

魅力展示为本组上台讲解者"助威"

学生讲解岗位分类的课程思政设计思路

上台小组的组员补充回答老师的提问

学生助教协助老师对各小组实训进行评分

三、学生助教在实训中对各小组的点评报告

◆◆◆◆➡ 企业文件范例1-1

助教点评报告

对于本次实训，总体来说可以概括为8个字：各有千秋，略有瑕疵。下面分别对各组进行简单的点评。

精英队

• 他们队的口号为："精英队，聚精英，精益求精石变金。"这个口号体现了追求完美、严谨认真的管理思想，突出了人才和管理的特点。口号中的"精英""精益求精""石变金"这些词浑厚而形成一体，"精"和"金"字押韵，读起来有韵味且朗朗上口，气势恢宏。"石变金"表现出他们强烈的决心与信心。

• 魅力展示方面，组织水平略显不足，口号喊得不够大声、整齐，队伍和动作略显不一致，但服装做到了统一整齐。

• 授课方面，时间控制得比较好，主讲讲解内容的时间为8分钟，提问与解释的时间为6分10秒，表达流畅，口齿清晰，但在肢体动作、表情与幽默风趣上略有欠缺；PPT制作清楚明了，但主讲授课方式单一，不能完全脱稿讲授；主讲对教材内容比较熟悉，但对其他队队友提出的问题的解释稍有欠缺。本队队员在实训任务完成过程中参与度较高；在其他队队友授课时认真听讲，态度友好，现场气氛非常活跃。

梦之队

• 他们队的口号为："团队铸梦想，梦想聚团队。"这个口号体现了建设团队、依靠团队力量的管理思想，读起来很有气势，但似乎犯了逻辑颠倒的错误。

• 魅力展示方面，该队展现出了极高的组织水平，其队形与动作整齐有序，口号喊得非常响亮，有振聋发聩之势！

• 授课方面，时间控制得还不够好，主讲讲解内容的时间为7分38秒，不到要求的时间，提问与解释时间为9分钟，略显得长；主讲表达清晰流畅，注意礼节，不过肢体动作、表情、幽默风趣方面也略显欠缺；PPT字体较小，且内容比较密集，主讲授课方式单一，不能完全脱稿讲授；主讲对授课内容较熟悉，但在职等定位问题上不够明确。本队队员对其他队队友的授课态度友好，也积极问答。

自信一族

• 他们队的口号为："因为相信，所以成功。"这个口号体现了"自信影响成功"的成功学理论，采用因果句式，独树一帜，但缺乏一定的韵味与深度。

• 魅力展示方面，组织水平很不错，口号也喊得很响亮、整齐、铿锵有力，队形摆得很整齐，就如队名一样，表现出该队的自信与活力。

• 授课方面，时间控制得不够好，主讲讲解内容的时间为5分14秒，与要求的时间相差较大，提问与解释的时间为10分19秒，比较长；主讲在表述方面清晰流畅，且表

现出了一定的幽默风格与独特个性；主讲授课方式比较单一，不能完全脱稿讲授；主讲对授课内容不够了解，不能及时回答其他队队友提出的问题，组织结构图也存在较多的疑问。本队队员对其他队队友提出的问题能积极应对，也积极提出问题，比较活跃。

以上所有的点评内容，仅代表助教个人的观点，同学们可能会有其他不同的看法，希望在将来的学习中与大家一起共同努力进步。

人力专科班学生助教：刘高才

唐艳娇

田丽芳

20××年 9 月 18 日

模块二　人力资源规划和工作说明书演练

▶ **知识要点** ▮▮▮

1.人力资源规划制订与实施的流程图
2.人力资源调查分析
3.人力资源需求预测，人力资源供给预测
4.制订人力资源规划
5.编写工作说明书的步骤
6.工作说明书的术语、内容及编写要求

▶ **演练任务** ▮▮▮

1.分组编写、讨论和讲解柏美公司人力资源部经理工作说明书
2.分组编写柏美公司年度人力资源总体规划

项目一　人力资源规划剖析

一、人力资源规划制订与实施的流程图

从企业实际运作的角度来讲，人力资源规划制订与实施的流程如图2-1所示。

二、人力资源规划制订与实施的操作流程

流程一：调查分析

步骤一：调查分析企业的经营战略

弄清企业经营战略是制订人力资源规划的前提，只有与企业经营战略紧密结合的人力资源规划才是有效的。

影响企业经营战略决策的内部信息包括：一是组织环境的内部信息，包括产品结构、消费者结构、企业产品的市场占有率、技术水平状况、生产设备状况、生产状况、销售状况等；二是管理环境的内部信息，包括企业的组织架构、企业文化、管理风格、管理结构以及人力资源政策等。

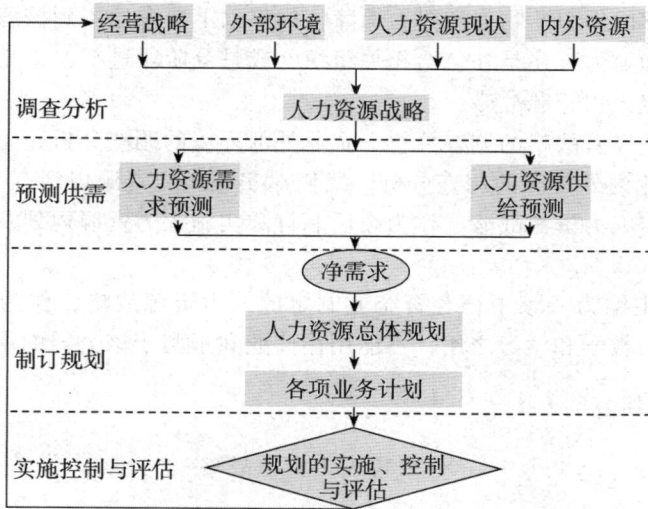

图2-1　人力资源规划制订与实施的流程图

步骤二：调查分析外部环境

企业的外部环境信息包括：一是间接影响人力资源规划的企业经营外部环境信息，包括社会、政治、经济、文化、法律等环境状况。由于人力资源规划同企业生产经营活动是紧密相连的，所以这些影响企业生产经营的因素也会影响人力资源规划。二是直接影响人力资源供给和需求的外部信息，包括外部人才、劳动力市场的供求状况，政府的招工、就业和培训政策，国家的教育政策，竞争对手的人力资源政策等。例如，《中华人民共和国劳动法》规定：禁止用人单位招用未满16周岁的未成年人。企业在制订具体的招聘计划时，就应遵循这一原则。

步骤三：调查分析人力资源现状

在没有摸清自身人力资源"家底"的情况下进行所谓的人力资源规划，其结果要么预测不准，要么会造成资源的浪费。利用调查表（包括姓名、最高学历、所受培训、以前就业情况、所说语种、能力和专长等栏目）进行人力资源盘点，可以帮助管理层评价组织中现有人力资源结构（各部门人员比例，各层级人员比例，员工年龄、学历、职称、经验等结构比例）是否合理、员工技能是否能满足企业发展的要求等。

最好将本次盘点与工作分析结合起来进行，因为工作分析要判定各个工作岗位的职责以及履行职责所需的任职资格，这样能够更准确地进行人力资源规划。如果本公司已经进行过工作分析，也可以趁此机会将员工与相应岗位的工作说明书进行比对，一来可以将人力资源盘点进行得更加深入；二来可以发现一些问题，便于今后工作说明书的修正。

步骤四：调查分析内外资源

企业的内外资源信息包括：一是现在进行人力资源规划时，人力资源部现有的人力和物力是否能保证人力资源规划的正常与有效进行？如果人力不够是否考虑从其他部门抽调人员？是否可以借用外部组织所提供的数据和资料？是否有必要请专业顾问来进行人力资源规划？二是今后执行人力资源规划的具体计划时，执行者的执行能力怎样？执行部门有没有足够的人力、物力和财力保障？如果以上要求达不到该怎么办？是筹集足够的人力、物力和财力，还是外包给相关组织？或是分阶段进行？或是实行替代方案？

步骤五：制定人力资源战略

根据以上企业经营战略的调查分析、企业外部环境的调查分析、企业人力资源现状的调查分析、企业内外资源的调查分析，我们对实施人力资源规划有了一个基本看法，据此我们可以制定人力资源战略，作为今后制订和实施人力资源规划及各种业务计划的指导。

以下是本书主编为一家中德合资企业制定的人力资源战略，作为本环节的教学案例，读者只能作为教学和学习之用，不能用作商业和不利于该公司的用途。

◆◆◆◆➡ **企业文件范例 2-1**

××公司人力资源战略

（一）目的

调动员工的积极性，发挥员工的潜能；确保企业战略目标的实现，为企业创造价值，为制订公司人力资源规划及各种业务计划提供指导。

（二）范围

××国际化妆品制造公司全体员工。

（三）权责

人力资源部编写，厂长和××集团公司人力资源总监审核，总经理批准。

（四）内容

1.××人才战略

（1）以人为本。

①不仅要造就有成就的人才个体，还应培育人才团队，发挥人力资源团队的规模效应。

②不仅要发挥人力资源体力劳动密集型功能，更应发挥人才的智力密集型功能。

③不仅要发挥人才自身功能，还要充分利用与其连带的社会关系网络功能。

④不仅要利用"内脑"，还要利用"外脑"。

（2）用人原则。

①知人：了解人、理解人、尊重人，不但知人之表，更要知人潜力。

②容人：创造宽松环境，使人心情舒畅，不求全责备，允许犯错，但要改进自律。

③用人：为每个员工提供施展才能的舞台，创造学习、发展、升迁的机会。

④做人：以诚相待，与人为善，宽容人、体谅人，不搞内耗，敬业乐业，忠于职守，以公司为家，与公司共荣辱。

⑤持续开发人力资源，将人才作为取之不尽、用之不竭、具有倍增放大效应的资本。

⑥人尽其才，人人都是人才。

（3）公平竞争。

①不拘一格、机会均等、任人唯贤，不让老实人吃亏。

②没有性别、籍贯、身体特征的偏见，不让有缺陷者吃亏。

③没有校友派系、出身门户等偏见，不让独立者吃亏。

④没有领导个人用人偏好，不让绩优者吃亏。

（4）人才个体职业生涯成长规划与公司人力资源发展目标相匹配，员工与公司一同成长。

（5）公司保持一定的员工流动性。

①过于稳定，容易形成一潭死水，没有竞争压力。

②流动过于频繁，容易造成队伍不稳、技术没有积累。

（6）实施工作多样性和工作丰富性。

打破员工岗位固定化和单一专长化模式，适时调换员工工作岗位和地点，或建立工作小组制，使员工做到一专多能或全能发展，保持员工的工作热情、新鲜感和挑战性。

（7）建立员工正常晋升机制，使普通员工具有因努力敬业而被提拔的权利和机会。

（8）大力开展制度化的合理化建议活动，从中发现、挖掘人才。

（9）对能够突破常规机制脱颖而出的尖子人才，要委以重任。

2.组织结构的设置与调整

（1）组织结构的设置。

①组织结构设置的原则：根据集团公司的战略，结合××公司的实际需要，实施直线职能制的运作模式，以保证在厂长直线统一指挥的前提下，充分发挥各专业职能机构的参谋指导作用。

②××组织架构，详见"××公司组织架构"。

（2）组织结构的调整与分析。

①组织结构调整依据：组织架构、工作说明书、业务流程图。

②××组织结构分析要素：

组织结构现状与分析：企业经营战略和目标的变化产生岗位职能的变化。

组织决策分析：决策影响的时间较短和影响面较窄可交由下级部门处理，否则由较高层次的部门处理；常规性和重复性的决策可交由下级部门处理，复杂的和战略性决策须放在较高层次的部门处理。

3.人力需求依据

（1）集团公司及××公司发展战略。

（2）××公司各职能部门的岗位需要。

（3）××公司产能的提高。

（4）××公司生产班组的增设。

（5）××公司增加人才储备的需要。

（6）××公司人力资源战略。

4.人力供给渠道

（1）高级人才采用猎头寻访、网络招聘、人才市场招聘和行业推荐等方式，注重与国际接轨，寻求留学生或外籍管理者及专家的支持。

（2）中级人才和储备人才采用人才市场招聘、网络招聘、登报招聘、校园招聘等方式，面向全国，吸纳高层次人才。

（3）普通员工采用劳动力市场招聘、人才中介招聘、张贴海报招聘等方式，立足区域，充分发挥本地人力资源的主渠道作用。

5.对人力资源规划的要求

（1）对公司内部人力资源状况进行系统性清查。

①对明显不合格的人员予以调整。

②运用评价中心或其他测评技术对重点人员（或全体员工）进行评估。

③对公司内部人力资源状况进行总体或分类统计。

（2）与其他战略及经营、财务规划协调。

①根据公司每年的经营、财务计划指标，结合公司现有员工状况，尤其是员工流动率，来测算年度人力资源总量和按工种、岗位、职务等分类的结构性指标。

②提出年度需新增招募、压缩辞退、下岗分流、转岗调配的具体计划。

③提出人力需求计划，应包括所需的数量、质量及人才素质要求。

（3）人力资源规划的实施计划。

人力资源规划的实施计划要一次规划、分期流动实施，并根据实际情况，经常性调整和进行动态评估，必要时建立高级或稀缺专业人才储备系统。

（4）公司实行员工总数控制。

由公司定级定编，其原则为精简机构、节约用人、提高效率、一人多岗，由各部门定员。

6.在三个层面上开发人力资源

（1）公司高层形成职业经理人精英团队。

（2）公司内部实施全员培训。

（3）公司外部正面影响客户、公众。

7.人力资源管理业务计划的分类

（1）组织结构设计、岗位设置。

（2）工作分析、岗位评价。

（3）招聘与测评。

（4）培训与发展。

（5）薪酬与福利。

（6）考核与激励。

（7）员工关系管理。

（8）人事管理。

资料来源　由××国际化妆品制造公司人力资源部提供.

流程二：人力资源需求预测

1.人力资源需求预测的步骤

步骤一：预测企业未来的生产经营状况

企业未来的生产经营状况从根本上决定着企业的人员需求。显示企业未来生产经营状况的资料有生产、销售、管理等方面的各种计划、报表和数据资料，职能岗位的增减资料，产品结构改变的资料，新技术的引进资料，生产率变化的资料等。一般来说，从企业发展战略的规划资料中，我们可以直接看到未来生产、销售、管理等方面的数据而不用我们费力去预测。根据以上资料中的数据，我们就可以知道为了完成以上任务至少需要多少人力资源。

如果公司没有以上资料，就只能根据"流程一"当中调查分析的数据进行预测，但是这种可能性很小，即使暂时没有这些资料，我们也可以口头去问，然后记录下来。

步骤二：估计各职能活动的总量

未来生产经营目标的实现，依赖于各职能活动，因而必须估算各职能活动的工作总量，以及不同活动在不同层次岗位上的工作量的分布状况。

例如，我们可以将销售总目标（总工作量）分配到销售经理、销售代表、市场策划经理、市场策划代表等岗位上，从而为确定以上岗位需要多少人提供参考。

步骤三：确定不同人员的工作负荷

各职能人员由于层次不同、水平不同、类别不同，工作负荷自然也不同，所以必须确定不同人员能做多少事情。由于生产技术和设备的改善，工作效率是不断提高的，因此必须考虑各种因素变化对工作效率的影响，以及对工作负荷的大小造成的影响。

工作效率与工作负荷在不同条件下其相关性是不同的。例如，生产员工的工作效率会因为新技术的引进等而提高，同时减少工作负荷（劳动强度）；还有可能因为要求做出更多的产品，工作负荷（劳动强度）保持不变。销售人员尽管提高了工作效率，而公司要求销售人员不断提高销售量，导致销售人员工作负荷（劳动强度）不断提高。

2.人力资源需求预测的方法

人力资源需求预测的方法有很多，如经验推断法、德尔菲法、比率分析预测法、工作负荷预测法、人力资源成本分析预测法、人力资源学习曲线分析预测法、回归分析预测法等。我们这里仅对前四种常用的方法进行讲解，其中经验推断法和德尔菲法是定性分析预测方法，比率分析预测法和工作负荷预测法是定量分析预测方法。

（1）经验推断法。

经验推断法是指企业各级管理者根据自己工作的经验和企业业务量的增减情况，结合员工的生产能力、销售能力和管理能力等进行自上而下的分析预测。

需要注意的是，做出预测的不同管理者的经验是有所差别的，被预测的员工的能力大小也是不同的，因而预测的结果可能有所不同，需要做适当调整。这种方法主要适用于短期预测和规模小的企业，但是生产经营稳定的企业可采用此方法进行中长期预测。

（2）德尔菲法。

德尔菲法也称专家意见法，是由有经验的专家在充分掌握与问题相关的资料的状态下，完全独立地对人才需求进行直觉判断并不断修正的方法。

德尔菲法的基本流程是：将有关人才需求的问题及相关资料分别寄给不同专家单独回答，意见回收后，将专家们的意见归纳在一起并将综合结果反馈给所有的专家。如果专家重新修正自己的观点或不同意其中的观点，可以再回收、再归纳反馈、再修正等，直到专家的意见趋于一致。这种方法适用于短期预测。

（3）比率分析预测法。

比率分析预测法的实施步骤为：先估计企业所需要的掌握关键技能的员工数量，然后根据这一数量来估计辅助人员的数量。

理想状态的计算方法为（假设生产率不变）：

人力资源的数量=业务总量÷人均业务量（生产率）

实际状态的计算方法为（考虑生产率的变化）：

人力资源的数量＝（目前业务量＋业务增长量）÷［人均业务量×（1＋生产率的增长率）］

案例2-1：某学校学生数量达到了4 000人，由于教师参加了培训，教学效率在人均承担40名学生的基础上提高了20%，请问需要多少教师？

答案：4 000÷［40×（1＋20%）］＝84（人）

（4）工作负荷预测法。

工作负荷预测法的实施步骤为：根据历史数据，先算出某一特定的工作每单位时间（如每天）每人的工作负荷（如产量），再根据未来的生产量目标计算出所要完成的总工作量，最后根据前面的工作负荷标准折算所需的人力资源数量。其计算公式为：

人力资源的数量＝每年工作的总工作量÷每年每人的工作量

案例2-2：某厂新设立一个车间，其中有4类工作，这4类工作的劳动定额分别为0.5小时/件、2.0小时/件、1.5小时/件、1.0小时/件，公司预测未来3年每一类工作的产量见表2-1。如果以每位员工每年工作250天，每天工作8小时，出勤率为90%计算，请预测未来3年所需的最低人数。

表2-1   某新设车间的产量估计

工作类别	劳动定额（小时/件）	第一年工作量（件）	第二年工作量（件）	第三年工作量（件）
第一类工作	0.5	12 000	12 000	10 000
第二类工作	2.0	95 000	100 000	120 000
第三类工作	1.5	29 000	34 000	38 000
第四类工作	1.0	8 000	6 000	5 000

答案：第一步：根据公司现有资料得知，这4类工作的劳动定额分别为0.5小时/件、2.0小时/件、1.5小时/件、1.0小时/件。

第二步：公司预测未来3年每一类工作的产量见表2-1。

第三步：将以上产量折算为4类工作的时数，时数＝产量（件）×劳动定额（小时/件），结果见表2-2。

表2-2   某新设车间的工作时数估计

工作类别	劳动定额（小时/件）	第一年时数（小时）	第二年时数（小时）	第三年时数（小时）
第一类工作	0.5	6 000	6 000	5 000
第二类工作	2.0	190 000	200 000	240 000
第三类工作	1.5	43 500	51 000	57 000
第四类工作	1.0	8 000	6 000	5 000
每一年合计总工作时数（小时）		247 500	263 000	307 000

第四步：根据公式"人力资源的数量＝每年所需工作总时数÷每年每位员工所工作的时数"计算。

因为每位员工每年工作250天（即365天减去104天双休日和11天法定节假日），每天工作8小时，出勤率为90%，因此第一年所需的人数为：

247 500÷（250×90%×8）=138（人）

同理可得，第二年所需的人数为147人，第三年所需的人数为171人。

流程三：人力资源供给预测

1.外部人力资源的供给预测

（1）各类失业人员。

（2）学校毕业生。

（3）转业退伍军人。

（4）其他组织流出人员。

2.内部人力资源的供给预测

（1）技能清单法。

技能清单的定义：技能清单描述的是个人的知识、技能、经验，是用来反映员工能力特征的列表。

技能清单编制的种类：公司内部的员工档案、员工技能调查表。

技能清单的作用：技能清单是对员工竞争力的反映，用于决定哪些员工可补充企业当前空缺，反映员工调换工作的可能性大小；用于晋升、接班、分配、调动、奖励和分析。

（2）人员替代法。

人员替代法也称管理人员置换图法或管理人员接替图法，是通过一张人员替代图来预测组织内的人力资源供给的方法。IBM公司、GE公司自20世纪60年代以来均采用这类方法来进行内部人力资源的供给预测和着重培养。人员替代图举例如图2-2所示。

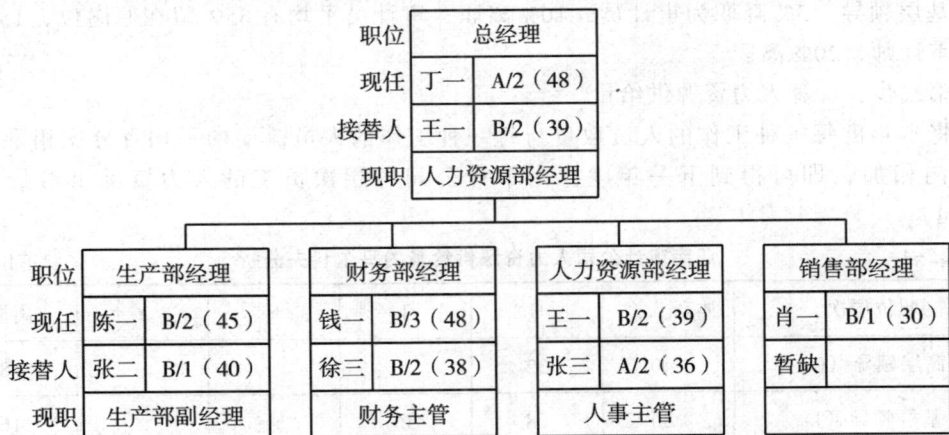

职位	总经理	
现任	丁一	A/2（48）
接替人	王一	B/2（39）
现职	人力资源部经理	

职位	生产部经理		财务部经理		人力资源部经理		销售部经理	
现任	陈一	B/2（45）	钱一	B/3（48）	王一	B/2（39）	肖一	B/1（30）
接替人	张二	B/1（40）	徐三	B/2（38）	张三	A/2（36）	暂缺	
现职	生产部副经理		财务主管		人事主管			

图2-2　人员替代图举例

其中：A——现在就可提升。

B——还需要一定的开发。

1——绩效突出。

2——优秀。

3——中等。

注：括号里的数字为年龄。

资料来源　根据亚洲网资料整理.

（3）马尔科夫分析法。

马尔科夫分析法也称转换矩阵法，这种方法是通过找出过去人事变动的规律，来预测未来的人事变动趋势和人员供给量（留在公司的员工）。

案例2-3：表2-3所示内容是江南审计公司10年内各层次员工的人事变动情况，请根据表2-3中的数据计算下一年度江南审计公司各层次员工的人力资源供给量。

表2-3　　　　　　　　　　　　**江南审计公司人事变动情况表**

职位层次	本年人数（人）	10年内人员流动的平均百分比（%）				
		G	J	S	Y	离职
高层领导（G）	40	80				20
基层领导（J）	80	10	70			20
审计师（S）	120		5	80	5	10
审计员（Y）	160			15	65	20

答案：第一步：图表解析。

表2-3是江南审计公司人事变动情况表，表中的数据显示了10年内人员流动的平均百分比。10年内高层领导平均有80%留在该组织，20%离职；基层领导平均有70%留在原岗位，10%晋升为高层领导，20%离职；审计师平均有80%留在原岗位，5%晋升为基层领导，5%降职为审计员，10%离职；审计员平均有65%留在原岗位，15%晋升为审计师，20%离职。

第二步：计算人力资源供给量。

将本年度每一种工作的人员数量与每一种工作的人员流动的平均百分比相乘，然后纵向相加，即可得到下一年度江南审计公司各层次员工的人力资源供给量（见表2-4）。

表2-4　　　　　**江南审计公司人力资源供给量的马尔科夫分析**　　　　单位：人

职位层次	本年人数	G	J	S	Y	离职
高层领导（G）	40	32				8
基层领导（J）	80	8	56			16
审计师（S）	120		6	96	6	12
审计员（Y）	160			24	104	32
预计下一年度的人员供给量		40	62	120	110	68

例如，在表2-3所示的纵向G表格内，用本年人数40乘以80%，即得到表2-4中的有32人留在高层岗位；同理，得到表2-4中的有8人（80有高层岗）由基层领导晋升为高层领导，因此下一年度高层领导岗位的供给量为40人（32+8）。用同样的方法，我们可以算出，基层领导、审计师、审计员下一年度的供给量分别为62人、120

人、110人。

第三步：数据应用。

这些人员变动的数据与正常的人员扩编、缩减或维持不变的计划相结合，就可以用来决策怎样使预计的劳动力供给与需求相匹配。

流程四：制订规划

步骤一：确定净需求

将本企业人力资源需求的预测数量与同期内企业本身可提供的人力资源供给数量进行对比分析，从中测算出各类人员的净需求数量。如果所得净需求数量是正数，表示需要招聘新的员工或对员工进行有针对性的培训，以提高工作效率；如果所得净需求数量是负数，表示人员数量过剩，需要精减或对员工进行调配。需要特别说明的是，净需求既包括人员的数量，又包括人员的结构和素质。

步骤二：制订人力资源总体规划

人力资源规划包括总体规划和业务计划，要在企业战略、人力资源战略的政策指导下和内外环境、内外资源条件等的限定下进行制订。企业所称的人力资源规划，一般是指人力资源总体规划（下同）。按照人力资源规划期的长短不同，人力资源规划可以分为一年期的短期规划、5年及以上的长期规划，以及时间介于两者之间的中期规划。

企业一般很少进行长期的人力资源规划，长期规划的内容一般放在人力资源战略、政策里面（见【企业文件范例2-1】××公司人力资源战略）。人力资源战略的内容应包括人力资源管理总目标、总政策、基本理念、基本程序等；而人力资源总体规划则应包括人力资源管理的年度目标、年度政策、实施步骤及年度预算等。这一点可能与其他教科书描述的不完全一样，但大多数企业的实际状况就是如此。

◆◆◆◆➡ 企业文件范例2-2

某公司2024年度人力资源（总体）规划

本规划实施自2024年1月1日始至2024年12月31日止。

根据公司2024年发展计划和经营目标，经总经理授权，人力资源部协同各部门研讨制订了公司2024年度人力资源（总体）规划，重点是职位设置与人员配置调整、人员招聘、人事政策调整。（本书注解：规划内容包括并不限于如下内容，可根据企业要求调整）

一、公司职位设置与人员配置调整计划

2024年，公司拟新增产品开发二部和销售二部，由原来的8个部门发展为10个部门，其中总经理主要负责人力资源部和财务部，并负责全面领导公司的工作；行政副总经理负责行政部和工程维修部；营销副总经理负责销售一部、销售二部和生产部；技术副总经理负责产品开发一部和产品开发二部。各部门职位与人员配置暂拟定如下：

1.总经理办公室（5人）

总经理1人，行政副总经理1人，营销副总经理1人，技术副总经理1人，文秘1人。

2.行政部（14人）

行政部经理1人，行政部文员2人，司机5人，总务主管1人，总务员工5人。

3.财务部（4人）

财务经理1人，会计2人，出纳1人。

4.人力资源部（3人）

人力资源部经理1人，福利薪酬专员1人，招聘培训专员1人。

5.工程维修部（3人）

工程维修部经理1人，维修技工2人。

6.销售一部（19人）

销售一部经理1人，销售组长3人，销售代表12人，销售文员3人。

7.销售二部（13人）

销售二部经理1人，销售组长2人，销售代表8人，销售文员2人。

8.产品开发一部（18人）

产品开发一部经理1人，项目经理4人，项目工程师8人，项目技术助理4人，绘图资料文员1人。

9.产品开发二部（13人）

产品开发二部经理1人，项目经理2人，项目工程师6人，项目技术助理3人，绘图资料文员1人。

10.生产部（133人）

生产部经理1人，生产部副经理2人，值班长2人，统计文员2人，半成品仓库主管1人，成品仓库主管1人，生产部员工120人，半成品仓库员工2人，成品仓库员工2人。

二、人员招聘计划

1.员工增补需求

根据2024年职位设置与人员配置调整计划，公司人员数拟发展到225人，公司至2023年年底在册员工数为180人，需增补45人，具体增补职位和人数如下：

产品开发二部经理1人、项目经理2人、项目工程师6人、项目技术助理3人、绘图资料文员1人、销售二部经理1人、销售组长2人、销售代表8人、销售文员2人、总务员工等其他员工19人。

2.招聘方式

产品开发二部经理：内部晋升和社会招聘。

项目经理：内部晋升和社会招聘。

项目工程师：从项目技术助理中选拔和社会招聘。

销售二部经理：内部晋升和社会招聘。

项目技术助理：社会招聘和学校招聘。

销售组长：从销售代表中选拔和社会招聘。

销售代表：社会招聘和学校招聘。

绘图资料文员：社会招聘和学校招聘。

销售人员：社会招聘和学校招聘。

总务员工等其他员工：社会招聘。

3.招聘策略

社会招聘主要采取在《人才市场报》上发布招聘信息，请与公司长期保持良好合作的上海海纳人力资源有限公司（以下简称海纳公司）人才中介推荐，参加由海纳公司组织的人才交流洽谈会，在《人才市场报》电子版上发布招聘信息，以及在专业性刊物上发布招聘信息5种形式。

学校招聘主要通过应届毕业生洽谈会招聘，并准备在2024年第一季度在学校举办招聘讲座，发布招聘信息。

总务员工等其他员工可以请市、区职业介绍所免费推荐。

4.招聘人事政策

新进公司员工原则上试用3个月，试用合格后双方签订正式劳动合同，办理社会保险等并调整薪资。薪资等级按公司岗位等级工资制度执行。

5.招聘风险预测

由于应届毕业生人数呈上升态势，文员等的招聘应该没有问题。2024年中高级人才招聘竞争比往年更为激烈，产品开发部经理和销售经理等人才在社会上比较紧缺，由于本公司在同行业中薪资福利处于偏上水平，所以基本可以排除风险。优秀应届毕业生的招聘对于本企业来说将比较困难，因为2024年将有数家大型跨国公司进入本市并且报名参加国家公务员考试的人数在增加。高级技工由于社会拥有量呈下降趋势，2024年公司请海纳公司以猎头方式来排除风险。

三、人事政策调整

1.薪资福利政策调整

经公司总经理提议，董事会批准，自2024年1月起增加员工工龄津贴，为公司连续服务每满一年者每月增加20元的工龄津贴。

经公司总经理提议，董事会批准，2024年起完成公司规定的生产、销售、利润目标，组织员工春游、秋游各一次，费用为每人200～500元，视完成利润情况决定。

2.招聘政策调整

2024年起，公司内部员工推荐中高级人才，经公司考核录用为正式员工的，每成功一名，奖励推荐员工500元。招聘信息公司张榜公布，届时希望公司全体员工积极参与。

3.考核政策调整

废除公司原制定的半年度和年终部门考核成绩末位员工提前终止劳动关系的条例，调整为考核不合格提前终止劳动关系的新条例，目的是使考核更能反映员工实际工作表现，激励员工争创优秀部门、争当优秀员工。

建立部门经理对下属员工的书面评语，每季度一次，让员工及时了解上级对自己的评价，发挥优点，克服缺点，增加沟通的渠道。

2024年，加强对考核组人员的专业培训，减少考核误差，提高考评的可靠性和有效性。

4.员工培训政策调整

2024年起，对新进公司员工的上岗培训，除了公司制度培训外，增加岗位操作技能培训和安全培训，并实行笔试，考试合格方可上岗。

2024年起，公司为了激励员工在业余时间参加专业学习培训，经公司审核批准，凡愿意与公司签订服务年限协议的，公司予以部分报销或全部报销培训学费。

四、人力资源成本预测

因公司2024年发展较快，全年人力资源成本增长幅度在20%左右，具体预算如下：

1.招聘费用预算（36 600元）

参加人才交流会，全年2次，合计2 000元。

在高校举办应届毕业生洽谈会2次，每次300元，合计600元。

在《人才市场报》和其网站上发布招聘信息，全年4次，每次拟3 000元，合计12 000元。

请海纳公司采用猎头方式招聘：产品开发二部经理1人、销售二部经理1人、销售组长2人，预算20 000元。

宣传资料费：2 000元。

2.培训费用（36 000元）

因员工业余培训学费报销政策出台，公司全年的培训费用比2023年拟增加30%，全年为36 000元。

3.员工工资预算（6 720 000元）

按公司每年为员工提高工资5%和2024年增加员工45人计算，全年工资支出预算为6 720 000元。

4.员工福利预算（2 630 000元）

增加春游、秋游预算费用180 000元（由行政部做预算并组织），为员工缴纳社会保险等费用预算为2 450 000元。

五、结语

2024年度人力资源（总体）规划分步落实，不断调整完善。

人力资源部
2023年12月

资料来源　根据互联网资料整理.

步骤三：制订各项业务计划

各项业务计划是在人力资源总体规划的基础上制订的，是总体规划内容的具体化和专业化，也是对人力资源管理各项工作的计划安排。各业务计划的内容如下：

（1）组织计划：确定组织架构、岗位设置、岗位分析和定员定编。

（2）人力盘点计划：确定各部门人员比例、各层级人员比例，以及员工年龄、学历、职称、经验、地区结构比例等。

（3）晋升计划：根据组织人员分布和层级结构，拟订晋升方案。

（4）配置计划：包括借用、调动、晋升、降职、复职。

（5）培养计划：拟订培训方案，为企业培养当前和未来所需人才。

（6）补充计划：使岗位空缺从质和量上得到补充。

（7）考评计划：包括录用考核、转正考核、配置考核、培训考核、绩效考核。

（8）薪酬福利计划：包括薪酬结构、薪酬等级、薪酬总额、福利项目。

（9）职业生涯规划：员工在企业的发展计划。

（10）员工关系计划：合同管理、劳动保护、劳动争议、退休政策、解聘政策等。

流程五：实施控制

1.资本控制

资本控制的内容包括员工薪酬福利、办公用品成本、辅助设施成本、培训与开发成本、招聘与选拔成本、重置成本、特殊雇用成本等，我们在制订和实施人力资源规划的时候要充分考虑这些方面。

2.执行控制

执行控制是人力资源控制的核心部分，主要指人力资源供给与需求协调的策略，具体可用图2-3来表示。

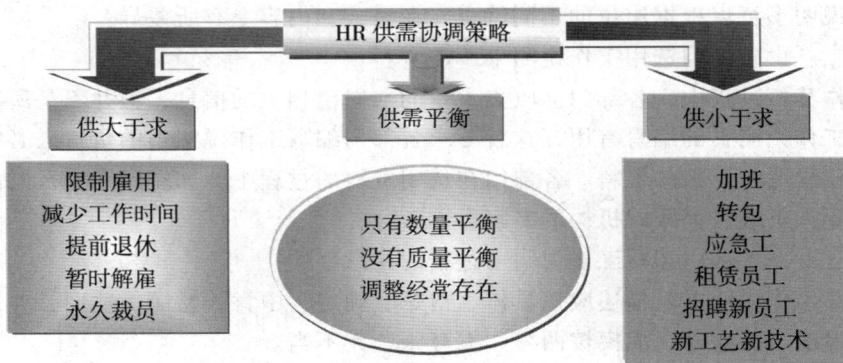

图2-3　HR供需协调策略

流程六：评估反馈

1.人力资源规划的评估

（1）需要考虑人力资源规划目标本身的合理性。

（2）需要将行动的结果与人力资源规划进行比照。

2.人力资源规划的反馈与审核

（1）建立人力资源预算来反映HRM活动对资源的使用情况。

（2）人力资源审计只是考察人力资源活动是否在按照规划执行，但不一定能够告诉我们这些活动是否有效。

（3）把人力资源审计和人力资源预算结合起来，可以运用一些人均指标来反映组织的人力资源管理状况，然后针对相应的情况采取相应的措施。

项目二　工作说明书编写剖析

一、编写工作说明书的步骤

步骤一：由人力资源部统一工作说明书的格式和内容

工作说明书格式和内容的统一是相对而言的，其实在不同的企业之间，工作说明书没有统一固定的内容和格式，而且有些内容的名称叫法不尽相同。目前企业使用的格式版本非常多，可根据企业自身需要来决定。但就内容而言，绝大多数企业的工作说明书包括工作描述和任职资格两大部分，这两大部分的具体内容将在后面阐述。

一个企业内部可以使用一种格式的工作说明书，然后根据岗位的不同有针对性地选填其中的有关内容，如果某个岗位没有涉及其中的内容可以不填。工作说明书模板预设的备填栏目应尽可能全面，最好在不同栏目里预留补充或备注的空间，这种大一统的做法在企业的工作说明书里比较普遍。当然，在同一个企业内，还可以在基本格式统一的前提下，将企业的工作说明书分成几大类，如高层管理人员工作说明书、中层管理者工作说明书、基层管理者工作说明书、技术人员工作说明书、普通员工工作说明书等。这几类工作说明书可以根据岗位的不同特点，在格式和内容上有所差异。

步骤二：由各部门选用工作说明书所需资料

在工作分析过程中，各部门会收集大量的与岗位相关的信息，但并不是所有的岗位信息都对工作说明书的编写有用，这就要求各部门编写工作说明书的负责人必须会鉴别和选用工作说明书所需的资料。各部门在选用资料的过程中，如有问题要及时向人力资源部的专业人员或咨询顾问机构的专家咨询。

步骤三：由各部门编写工作说明书过程的注意事项

在编写工作说明书时描述应该具体、清楚、确定、中肯、易懂、适用，并且用词要准确、无遗漏、无含糊、无模棱两可、无夸张、无不当。

步骤四：由各部门对相关工作说明书进行讨论、修改

各部门按要求编写好工作说明书以后，由本部门经理组织相关人员进行讨论、修改和审核，最好人力资源部派相关人员参与讨论、修改和审核。

步骤五：由人力资源部或工作分析委员会对部门工作说明书进行复核

各部门编写好工作说明书以后，应交人力资源部或工作分析委员会进行复核，主要是复核各部门工作说明书之间的关联部分、衔接部分、重叠部分和真空部分。

步骤六：总经理或工作分析委员会对部门工作说明书进行批准和颁布

一般而言，人力资源部经理负责各部门中高层工作说明书的复核、基层工作说明书的批准，总经理或工作分析委员会主任、副主任负责中高层工作说明书的批准、公司所有工作说明书的颁布。

二、工作说明书的术语、内容及编写要求

目前人力资源管理界对工作说明书的名称界定没有统一，有的叫岗位说明书，有的叫职务说明书，还有的叫职位说明书，但是从企业运作的角度以及工作分析的实质和对象来看，叫工作说明书比较恰当，因此本书统一称之为工作说明书。绝大多数企业的工

作说明书包括"工作描述"和"任职资格"两大部分。

其实名称的混乱还体现在工作说明书的内部，目前人力资源管理学者对相关术语的叫法五花八门，有的人将工作描述称为岗位描述、职务描述、工作说明，还有人称工作描述为工作说明书、工作描述书；另外，有人将任职资格称为工作规范、职务规范，这样就把本来很复杂的问题更加复杂化、混乱化了，这与孔乙己的茴香豆的"茴"字有四种写法一样。其实界定"工作描述"和"任职资格"的相关内涵很明确，何必还要写上其他叫法呢？如果纯粹是为了研究，我们不反对，但作为一门基于实际运用的普通教材来讲没有必要，否则危害很大，容易造成困惑。

综上所述，从词义本身的确切表达需要、从企业实际运作的角度来看，工作说明书包括"工作描述"和"任职资格"两大部分。其中"工作描述"包括工作标识、工作设计目的、工作职责和权利、工作关系、工作环境、关键业绩指标等；"任职资格"包括基本素质、生理素质、综合素质等。当然企业可以根据实际需要、自身情况对以上内容进行增减，没有必要强求一致、整齐划一。

（一）工作描述

1.工作标识

工作标识包括职务名称、职务编号、职务等级、工资等级、所属部门、涵盖岗位、定员人数、制定人、审核人、批准人、制定日期等。

2.工作设计目的

用简练而准确的语言来描述本工作在单位及部门中存在的目的和作用。

（1）格式：工作依据+工作内容+工作成果。

（2）工作依据：根据……。

（3）工作内容：动词+工作对象。

（4）工作成果：描述岗位工作达到的目的。

（5）工作设计目的的陈述不包括完成任务的过程。

3.工作职责和权利

这是工作说明书最核心、最重要的内容。

（1）职责内容界定：从事该工作的人所负有的职责以及工作所要求的最终结果；是长期及经常性的工作，而不是短期或临时性的工作；按照工作职责的重要性顺序填写，重要的职责填写在前面。

（2）职责的分类分条要求：紧密相关的（如用于完成一项任务的几个步骤）或类似的职责可以归为一条职责来描述，除此之外，尽量避免把几个职责合并在一个小标题下做概要描述。

（3）职责描述句式规范：一份好的工作说明书包含了准确描述"需要做什么"的以动词开头的语句，如可用"起草""审核""执行""指导"等具体动词的，尽量避免用"负责"等笼统的词。例如，每季度起草报告，倾听客户的买卖指令，比较部门实际费用与预算费用的差别……用动词描述岗位的具体职责时，对每一项职责尽可能提供具体的例子，避免只使用"管理""监控"等字眼，应描述出"管理""监控"等的具体事项。职责描述的字数要求为：每条职责描述最好不超过50个字。

4.工作关系

（1）用于记录该工作对内和对外联系的主要机构与部门，以及该工作的直接上下级。

（2）受谁监督、监督谁，此工作可晋升的职位、可转换的职位以及可以升迁至此的职位。

5.工作环境

这部分包括工作场所和工作环境的危险、职业病、工作时间、工作忙闲的均衡性、工作环境的舒适程度等。

6.关键业绩指标

关键业绩指标（key performance indicators，KPI）是指决定与衡量企业经营管理实际效果的重要绩效指标。它由企业宏观战略目标决策经过层层分解产生，表现为一组具有可操作性的战术指标，是能体现其工作价值的指标。KPI并不一定能直接用于或适合所有岗位的人员考核，但因为KPI能在相当程度上反映组织的经营重点和阶段性方向，所以成为绩效考核的基础。

（二）任职资格

1.编写要求

任职资格即对胜任工作所需的任职基本要求做出判断，该任职基本要求未必与岗位目前任职者的情况相同，而应该着重考虑以下因素：

（1）从事该工作所必备的最低要求；

（2）胜任该工作的新员工的资历；

（3）从事该工作所有员工的通用标准。

2.基本素质

基本素质包括要求的最低学历、接受的教育培训、技术专长、工作经验、特殊才能等。

3.生理素质

生理素质包括体能要求、健康状况、感觉器官和手脚的灵敏性等。

4.综合素质

综合素质包括语言表达能力、合作能力、进取心、职业道德素质、人际交往能力、团队合作能力、性格、气质、兴趣等。

三、工作说明书的应用

（一）工作说明书的使用培训

工作说明书是由专业人员或经过专业培训的人员编写的，但工作说明书的使用者大多是实际从事具体工作的普通员工，所以要对使用工作说明书的人员进行培训。在进行工作说明书的使用培训时，一方面要让使用者了解工作说明书的意义与内容；另一方面要通过培训让使用者了解如何在工作中运用工作说明书的内容。例如，如何在招聘中使用工作说明书的任职资格，如何根据工作说明书的工作描述对员工进行培训，如何利用工作说明书中的关键绩效指标来考核员工等。

（二）工作说明书的实例

笔者从本人及同行所在的美资、德资、国有和优秀民营等企业，选用具有代表性的不同职位、不同类别、不同风格的工作说明书，其相关术语的表达互有差异，稍加修改以飨读者。以下资料部分来源于互联网相关人力资源网站，但无法得知作者姓名，在此致谢。同时声明：本资料只应用于教学，相关权益归原作者所有。

1.××IT公司总经理工作说明书

◆◆◆◆➡ 企业文件范例2-3

××IT公司总经理工作说明书

职务名称	总经理	直接上级	董事会	部门	公司经营层
定员	1人	所辖人员		工资水平	
分析日期		分析人		批准人	

工作概要：	
	有效地对公司经营诸要素实现最佳组合
工作 职责	1.确定公司的经营目标和制定公司的经营方针 2.建立实现公司经营目标和方针的运行系统，包括决策系统、指挥系统、执行系统、监督系统、信息系统 3.制定各种合理有效的、带有全局性的管理制度和条例，以保证经营目标和方针的实现 4.严格考核、奖罚分明，凡偏离公司经营目标的事和人，都应追究责任 5.维护客户的利益 6.接受上级机构的宏观控制 7.接受公司员工的监督 8.调动员工的积极性
工作 权限	1.经营决策权 总经理有权对经营方针、长期规划、年度计划、重大技术改造计划在公司权限范围内做出决定，或提出方案报公司决策机构讨论 2.指挥权 总经理有权对规章制度的建立、修改和废除做出决定或提出建议；有权对管理机构的设置、调整或撤销做出决定 3.行政管理权 总经理有权提名副总经理级干部，任免、管理、考核中层干部 4.员工奖惩权 总经理有权依照公司的规章制度，对员工进行奖惩 5.公司资金调拨权 6.对财务部门所有资料及报告的审查、审核权 7.对限额资金使用的批准权 8.对财务秘密安全的保护权 9.向董事会如实汇报公司经营状况的报告权

续表

因素	子因素	等级	限定资料
知识	受教育		计算机或相关专业大学本科及以上学历；具备 IT 专业、数据库、项目管理、产品开发管理、企业管理方面的知识
	经验		5 年及以上软件开发经验，2 年及以上软件工程管理经验
	技能		必须在软件工程管理、企业管理方面有很高的技能，并具有良好的协调管理能力，熟知国家标准和各种开发工具
资格要求 解决问题的能力	分析		具备分析评价技术理论方面、资源分配方面和人事管理方面的问题的能力
	指导		根据下属的业务能力，把复杂的任务转化为可理解的指令和程序
决策能力	人际关系		能经常运用正式或非正式的方法，指导、辅导、劝说和培养下属，紧密结合下属工作和其他管理人员的活动
	管理方面		分配任务时上级只说明要达成的任务或目标，工作的方法和程序均由下级自己决定，工作结果仅受上级审核；对员工有分配工作、监督指导和考核的责任
	财务方面		有 500 万元以下的财产处理权力和 100 万元以下的现金处理权力，并在此限定下参与计划和控制

2.××公司财务经理工作说明书

◆◆◆◆➡ 企业文件范例2-4

××公司财务经理工作说明书

ORGANIZATION：Shen Zhen Ao Tian　　　　　　　　　UNIT：Finance
机构：深圳傲天　　　　　　　　　　　　　　　　　　部门：财务部
POSITION：Chief Financial Officer　　　　　　PERSON　　APPROVAL
职位：财务总监（财务经理）　　　　　　　　　任职者　　核准
SUPERVISOR'S POSITION：Chief Executive Officer　SUPERVISOR　APPROVAL
主管职位：行政总裁　　　　　　　　　　　　　主管　　　核准

PURPOSE（Why the position exists，within what limits and according to what objectives）
目的　　　　（职位存在的理由、限制和目标）

依从法律规定，通过安排和调动有限的财务资源，领导、管理和控制深圳傲天的财务活动，使持股人得到最高的利润

```
┌─────────────────────────────────────────────────────────────┐
│ OPERATING NETWORK 操作网络                                     │
│                    INTERNAL 内部                              │
│   EXTERNAL 外部       行政总裁        EXTERNAL 外部             │
│                                                              │
│   放款机构                            董事会                   │
│   存款人          ╭──────────╮        持股人                   │
│   银行           (  财务总监  )        业主                    │
│   法定机关        ╰──────────╯        监事会                   │
│   权力机关    财务部员工    其他部门                           │
│   审计员                                                      │
└─────────────────────────────────────────────────────────────┘
```

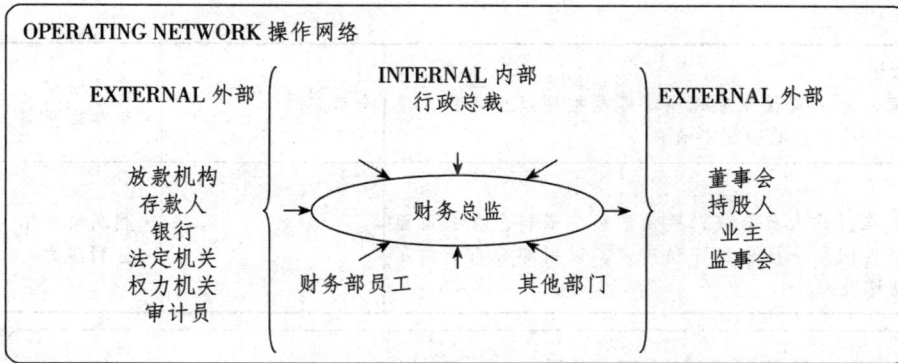

AREAS OF RESPONSIBILITY 职责范围 HEADER 名称 DEFINITION 定义 IN ORDER TO WHAT RESULTS 想达到什么结果	LEVEL OF RESPONSIBILITIES 责任级别 FULL 全部 PARTIAL 部分 SUPPORTING 协助	MEASUREMENT CRITERIA 衡量标准 QUANTITATIVE 数量 QUALITATIVE 质量
1.计划 建立与管理计划、预算过程和形式，以分散业务风险，增加持股人回报及保障税务责任	全部	• 持股人的回报
2.筹集资金 与银行和投资者谈判及安排筹集资金，以最短时间和最低成本获得资金，以充分实现成本效益和增加可动用资金	全部	• 成本效益 • 可动用资金
3.预算 根据各部门提供的数据预备预算，讨论和分析资金运用的条件和整个营运过程所需的现金，监控和突显机构的绩效表现	全部	• 实际与计划的比较 • 可靠性
4.人事管理 领导、指导和激励财务部员工，确保财务和会计功能的义务得以完成	全部	• 员工工作表现 • 员工士气
5.现金管理 建立指引，确保实施适当的A/R、A/P惯例和步骤，以确保公司最具效益地运用现金	全部	• 可动用现金 • 利息
6.报告/报表 为管理层、政府及其他汇报目的发展、监控报告预备过程和提交报告，确保所有报告合乎法律及为管理层提供可靠的数据	全部	• 准确性 • 准时性

续表

7.税务计划 设定政策，为个人及业务税项演绎及控制报税条件，使其合乎法律及尽量减少税务责任	全部	• 遵从法律 • 税务曝光率
8.战略 主动地参与行政人员会议，提供数据、资料；在公司面对的战略性问题上提出批评和建议，以引导公司走向高利润、高增长	部分	• 利润增长率 • 盈利能力

MINIMUM REQUIREMENTS 最低要求
EDUCATION/EXPERIENCE 受教育程度／经验
● 具有 CPA 或财务专业的 MBA 的资格
● 最少 10 年工作经验，其中有 3~5 年是财务部的领导
● 具有管理市场导向的基金和具有创造性的金融的经验
SPECIFIC KNOWLEDGE 特别知识
● 通晓计算器
BUSINESS UNDERSTANDING 业务认识

3.××公司人力资源部经理工作说明书

◆◆◆◆◆➡ 企业文件范例 2-5

××公司人力资源部经理工作说明书

基本信息	职位名称：人力资源部经理			职位编号：SSHY-HR-1
	所属部门：人力资源部			编制日期：

工作关系	内部工作关系 1.各职能部门 2.公司各下属单位 3.基层各党支部等	总经理 ↓ 分管人事副总经理 ↓ 人力资源部经理 ↓ 人力资源部门所属员工	外部工作关系 1.省、市人力资源和社会保障局 2.省、市职称评审机构 3.市考试中心 4.咨询顾问公司 5.省、市人才交流中心 6.省、市劳动力市场 7.各大、中专院校 8.地方政府、组织部门等
职位目的	提升企业的人力资源质量，制定和运行人才吸纳、激励、开发、流动的机制		

一、主要职责

（一）平台管理：制定及实施人力资源战略、规划和管理体系方案；搭建人力资源管理平台，组织、汇总、编制企业各项规章制度。

1.人力资源管理平台。

人力规划：制订人力资源部的年、季、月工作计划及跟踪检查落实完成情况；拟

定、审核人力资源各项管理制度，建立各级人力储备库。

人力成本：汇总、核算人力成本。

沟通协调：汇报工作，处理与地方政府、主管部门的关系，联络疏通对内、对外的各机构。

控制、使用部门内各项承包费用。

2.规章制度平台。

组织设计：进行组织机构设计和工作设计，组织、落实机构设置，监督定岗、定员、定薪等情况。

规章制度：组织编制基本管理制度及具体操作办法。

监控管理：设计、运行管理流程和制度的监控管理体系。

（二）制定政策和制度，建设和运行人力资源管理体系，储备人力，计算人力成本，监督、审核、指导各个人力资源主管和其主办的工作。

1.开发管理：组织实施企业人才招聘工作，安排、调配新员工；控制、协调、组织企业内部人员竞争上岗；实施绩效管理，组织职称评定；管理劳动合同和员工档案；调配员工。开发管理包括聘用管理、绩效管理、异动管理、档案管理、计算开发成本等。

2.培训管理：进行培训经费预算，组织实施员工的培训及专业技术管理工作；审批员工继续教育、送外培训；接待外单位的培训、实习人员。培训管理包括组织培训、培训效果管理、信息管理、计算培训成本等。

3.薪酬管理：编制薪酬计划，提出薪酬控制方案，申报工资总额和计划；审批薪酬发放，签发薪酬报表。薪酬管理包括考勤管理、制订薪酬计划、薪酬核定、薪酬核算、罚款管理、计算薪酬成本等。

4.福利管理：统筹员工保险方案；审批员工假别；监督管理劳动纪律，处理劳动争议，监督管理再就业服务中心和劳务市场。福利管理包括社会统筹、企业福利、劳动保护、福利成本、员工奖惩、日常事务等的管理。

5.退休管理：统筹员工退休方案，组织和管理离退休人员的文体、娱乐活动，以及工伤、疾病、死亡的探视和善后工作。退休管理包括退休薪酬、退休福利、退休档案、行政后勤等的管理。

（三）基础管理。

1.机构建设：提供决策支持信息，参与制订相关战略规划；制订本机构计划及工作标准，完善内部管理制度；召集内部会议，部署及分解工作任务，跟踪落实和反馈；传达和执行上级指令，检查、总结、汇报工作成果，并提出改进方案和工作建议。

2.团队建设：组织学习，培训下属员工并与之沟通；监督、指导、支持下属员工开展工作，监督各项标准、制度的执行和落实；检查、考核下属员工的工作绩效；参与、协助下属员工的职业生涯发展。

3.关系协调：协调内外部、上下级的关系；处理突发事件。

（四）上级布置的其他临时性工作。

二、职务权限

（一）工作权限：

1. 人力资源规划权。

2. 劳动合同履行权。

3. 违纪处理的建议权。

4. 各类假别的审核、批准权。

5. 部门内部工作考核权。

6. 三类文件的批准权。

（二）费用权限：

1. 培训经费使用管理权。

2. 工资总额管理控制权。

3. 经济责任制承包费用使用权。

4. 部门内经费二次分配权。

（三）人事权限：

1. 人力资源调配使用权。

2. 中层管理人员监督考核权。

3. 部门内人员调配权。

4. 部门内员工奖惩权。

5. 部门内人员提升建议权和聘用权。

6. 员工内退审核、建议权。

7. 中专学生招用考核、建议权。

	内容	必备条件	期望条件
任职资格	一、受教育水平	大学本科学历	人力资源管理、心理学或相关专业硕士及以上学历
	二、工作经验	年龄在40岁以下，具有5年及以上相关工作经验，其中3年及以上主管（或以上）职位工作经验	合资企业人力资源管理工作经验
	三、技能与能力	基本能力：准确把握劳动法规 核心能力：沟通、协调能力，人力资源管理能力，熟悉国家的相关法律、法规	创新能力强，对人力资源管理工作有深刻的理解
	四、个性与品质	忠于公司、为人正直、清正廉洁、思维敏捷、性格沉稳、善于沟通和决断、办事公正、心态平和、理智	有强烈的事业心和开拓创新意识，具备管理理念，沉着、稳健、成熟，富有人格魅力，能承受巨大的心理压力
职务等级	中层	薪酬标准	部门经理级基础工资
工作环境	工作地点：人力资源部办公室 工作时间：按照规定工作时间出勤		

4.××公司销售经理工作说明书

◆◆◆◆━━▶ **企业文件范例2-6**

××公司销售经理工作说明书

一、岗位资料

岗位名称：<u>销售经理</u>　　　　岗位编号：_____

岗位人数：<u>1人</u>　　　　　　职位等级：_____

所属部门/科室：<u>营销总部</u>　　直属上司职位：<u>营销总部经理</u>

临时替代岗位：<u>营销总部经理</u>

可轮调岗位：<u>大区经理、客户服务部经理</u>

可升迁岗位：<u>营销总部经理</u>

二、在组织中的位置

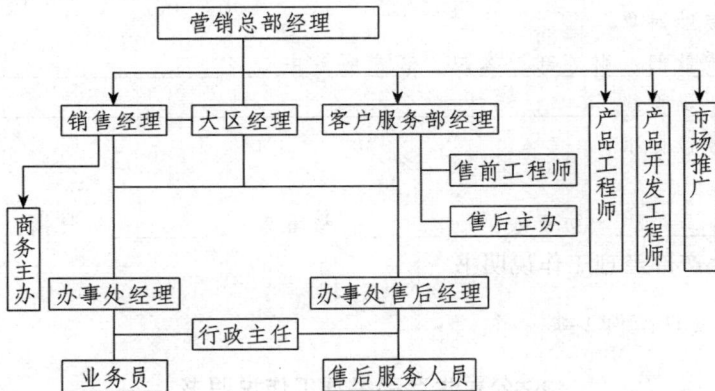

三、汇报对象及督导范围

直接汇报对象：<u>营销总部经理</u>

直接督导_____个岗位，共_____人

间接督导_____个岗位，共_____人

四、岗位职责

1.参与公司营销策略的制定

2.制订公司年度、季度销售计划

3.组织完成公司年度销售目标

4.制订公司销售预测计划，参与公司生产计划的制订

5.考核直属下级并协助制订绩效改善计划

6.监督并控制销售费用开支

7.制订销售系统年度培训计划并督导实施

8.客户投诉处理

9.回款管理

10.销售特殊情况处理

五、权限范围

·考核权 _____

·部门内人事任免建议权 _____

·稽核权 _____

六、使用设备

电脑 _____

七、任用资格

受教育程度：大专及以上学历　　　　年龄：28岁以上 _____

经验：3年及以上相关工作经验 _____

基本技能：组织能力、沟通能力、文字处理能力、管理能力 ____

基本素质：敬业、自立、自觉、严谨、公正 _____

特殊要求：有较丰富的销售经验、熟悉 CRM 系统 _____

八、业务接触对象

部门外：质量部、财务部、客户、客户服务中心 _____

部门内：所属下级 _____

九、绩效考核标准

……

撰写人：_____　初审人：_____　核准人：_____　日期：_____

5.××公司生产部经理工作说明书

◆◆◆◆➡ **企业文件范例2-7**

××公司生产部经理工作说明书

企业名称	××公司		文件编号	BM-SC-280
			版本/修改号	A/0
文件名称	生产部经理工作说明书		生效日期	
			页次	
编写		审核	批准	

1.目的

根据公司章程的基本规定以及公司的组织架构，将管理岗位的职责分工予以明确化，力求责权分明、高效协调，以适应现阶段经营管理和发展的客观需要。

2.适用范围

适用于生产部经理岗位。

3.管理归属

××公司人力资源部。

4.岗位概述

4.1　职务名称：生产部经理。

4.2　职务等级：二级。

4.3　直接上级：副厂长。

4.4　所属部门：生产部。

4.5　直接下属：生产部计划科科长、乳化车间主管、灌装车间主管、包装车间主管、辅助车间主管。

4.6　监督对象：物流部、品管部、技术部。

4.7　合作对象：公司其他平行部门。

4.8　对外机构：无。

5.主要职责

根据要求，按时、保质、保量、经济地生产出使客户满意的产品。

6.工作内容

6.1　组织现场生产活动，制订生产计划并进行综合协调，经批准后实施。

6.2　与营销部（或OEM）变更需求计划，进行协调沟通，以达到公司成本控制、产品数量及质量等方面的要求。

6.3　生产任务的调配，订单的审核、登记与分发。

6.4　根据产能负荷分析资料，对生产作业计划进行调整。

6.5　准确控制生产进度，对物料供应、质量控制、技术支持等相关生产作业进度事项进行督促。

6.6　与科研开发、技术、品管等其他相关部门密切合作进行新产品的开发、技术和工艺流程的革新以及产品质量的改进。

6.7　分析生产制造、质量控制、设备维护及其他相关工作报告，及时发现并解决问题。

6.8　生产进度与计划进度不相符时，及时主动地与有关部门商量对策，协调和制定解决办法。

6.9　对生产异常情况进行综合协调和跟进。

6.10　制订本部门员工的培训计划并组织实施，特别是安全生产检查、处理及安全教育培训。

6.11　生产预算的控制及管理。

6.12　生产效率的管理与完善。

6.13　部门人员需求计划的制订。

6.14　定期召开月生产例会、周生产例会。

6.15　部门月度资金使用计划的制订。

6.16　组织建立、健全部门管理制度及作业指导书。

6.17　组织生产物料的盘点工作，分析解决物料损耗存在的问题。

6.18　定期组织学习生产设备的一级保养。

6.19　依据个人能力合理分配本部门人员的工作，并促进所属员工间的联系与配合。

6.20　制造成本及品质控制。

6.21　其他相关工作。

7. 主要责任

7.1 对生产计划的完成负组织和领导责任。

7.2 对产品的供应进度负组织和领导责任。

7.3 对产品制造品质的控制负组织和领导责任。

7.4 对生产成本的控制负组织和领导责任。

7.5 对生产效率的提高负组织和领导责任。

7.6 控制人员定编，达到或超过额定生产量。

7.7 制定并持续改进生产工人计件工资指标。

7.8 对安全生产负组织和领导责任。

8. 主要权力

8.1 公司生产政策制定的参与权。

8.2 公司年度、季度、月度生产计划制订的参与权。

8.3 生产部发布的各类生产计划的审批权。

8.4 生产计划实施情况的检查、监督权。

8.5 本部门内的人事调动以及人事招聘、任免建议权。

8.6 本部门内的日常工作检查、监督权。

8.7 本部门员工违纪处罚建议权。

8.8 本部门员工绩效考核权。

9. 任职条件

9.1 学历要求：化工专业（应用或精细化工方向）本科及以上学历。

9.2 培训及资历：受过化妆品产品设计、产品制造、管理等方面的培训。

9.3 工作经历：5 年及以上生产计划与产品制造管理工作，其中 2 年及以上生产经理及以上职位经历。

9.4 基本技能和素质要求：

9.4.1 具有较强的组织、计划、控制、协调能力。

9.4.2 具有较高的领导管理能力及较强的执行力。

9.4.3 熟悉化妆品生产制造流程、生产设备、生产状况、生产操作规程及质量标准。

9.4.4 具有较强的号召力、人际交往能力和协作精神。

9.4.5 具有较强的团队建设能力并善于表达自己及团队的思想。

9.4.6 熟悉公司的各项规章制度。

9.5 个性特征：性格稳重、意志坚强、细致严谨、富有奉献精神。

9.6 年龄：30 岁以上 45 岁以下。

9.7 具有良好的团队协作精神、良好的沟通能力和平衡能力，以及处理复杂问题的能力，能领导 400 人以上的团队工作。

9.8 身体健康，能承受高强度的工作压力，能承受较大的精神压力。

10. 工作条件

10.1 工作场所：生产办公室。

10.2　环境状态：舒适。

10.3　危险性：无。

10.4　劳保用品：无。

11. 发展方向

11.1　纵向发展：以副厂长为目标。

11.2　横向发展：以品管部经理、物流部经理为目标。

12. 工作义务

12.1　值班、加班、巡岗。

12.2　自然灾害的补救及突发事件的处理。

12.3　困难人员的慰问。

6. ××公司采购部经理工作说明书

◆◆◆◆➡ **企业文件范例2-8**

××公司采购部经理工作说明书

部门/车间：<u>采购部</u>　　　岗位名称：<u>采购部经理</u>　　　岗位人数：<u>1人</u>

职务/工种：<u>经理</u>　　　　工作地点：<u>采购部</u>

直接上级的职务：<u>总经理</u>　　　直接下属的职务：<u>采购员、采购文员</u>

工作目标：

1. 确保公司采购部的正常运作

2. 及时满足公司各部门所需物料的需求

3. 保证供应商体系的优良性

工作内容说明：

定期性工作：

1. 公司供应链的总体规划、部门工作总结报告

2. 采购计划的编排，物料的订购与交货期的控制

3. 部门员工的管理与培训

4. 与供应商以及公司内部其他部门的沟通、协调

5. 新产品、新材料供应商的寻找

6. 供应商体系状况的综合评估及认证

7. 与供应商的比价、议价、谈判

8. 跟踪原材料市场行情变化及品质情况

非定期性工作：<u>公司领导交办的其他工作</u>

负责的设备及资料：<u>各种采购资料、办公设备、办公用品</u>

职责概要：<u>全面负责公司供应链的开发与管理，分派和处理本部门的日常工作</u>

通常每天工作时数：<u>　8小时（适当加班）　</u>　是否轮班：<u>　否　</u>

工作环境：←户外工作____↑外地工作____→海外工作____↓室内一般办公室____

工作中容易引致的危险，如↑机器____↑举重物____↑高温____↑高压____↑毒

气____↑高空工作____其他_____

工作中需接触的部门：<u>公司内所有部门、所有供应商、部分运输商</u>

担任此职位需具备的资格或条件：

个人特征：<u>诚实、正直、热情、耐心、办事严谨、坚持原则、服从安排</u>

受教育程度：<u>大学本科及以上文化程度，化工类专业优先</u>

工作经验：<u>有 3 年及以上的化工原料采购、销售经验，善于谈判、议价</u>

知识和技能：

<u>1.具有较强的书面和口头表达能力</u>

<u>2.熟悉各种合同的编写</u>

<u>3.熟练操作计算机办公软件</u>

<u>4.具有较完善的物资供应链思想</u>

特殊培训：<u>供应链开发与管理培训、ISO 体系培训</u>

适应力：<u>能适应公司的企业文化，能担负公司供应链的开发与管理的重任</u>

判断力：<u>能把握原材料的市场行情，能对原材料的采购做正确的决策</u>

体力（如身高、机敏程度、健康状况等）：<u>身体健康、反应敏捷</u>

仪表及谈吐：<u>良好的仪态，得体的着装，礼貌的用语，友善的态度，温和而有耐心</u>

人际交往能力：<u>良好的亲和力，较强的沟通协调能力</u>

其他：<u>严格按公司规定的权限处理采购事务，特例事件呈报直属上级处理</u>

（岗位直接上级拟写，部门负责人审核，人力资源部复核，总经理批准）

批准		复核		审核		拟写	
日期		日期		日期		日期	

7.××公司人事助理工作说明书

◆◆◆◆➡ **企业文件范例 2-9**

××公司人事助理工作说明书

部门/车间：<u>人力资源部</u>　　岗位名称：<u>人事助理</u>　　岗位人数：<u>1 人/200 人</u>

职务/工种：<u>助理</u>　　工作地点：<u>人力资源部</u>

直接上级的职务：<u>人力资源部经理</u>　　直接下属的职务：<u>无</u>

工作目标：

<u>1.文件编写和表格制作：及时、完整、简洁、流畅、美观</u>

<u>2.工作完成：有效、及时、完整</u>

<u>3.报表上交时限：每月 28 日社保缴费报表、每月月底人事变更通告、每月 5 日出勤</u>
<u>奖惩考核月报表、每月 8 日生日费用报表、每季第一个月的 10 日人事报表</u>

<u>4.确保人事事务性管理工作的正常进行</u>

工作内容说明：

定期性工作：

<u>1.建立和维护人事档案及人才资料库，并保证资料正确和提取便利</u>

<u>2.及时按规定办理人事变更手续并追踪变更结果</u>

　3.及时编写各种人事报表呈报相关主管签字后复印存档，并在规定期限内将原件上交相关部门

　4.招聘、培训、考核的准备、通知、跟踪和建档

　5.及时办理社会保险，并跟踪收费情况

　6.严格执行考勤、奖惩和福利制度，并要求相关单据齐全

　7.制作员工证件，收集、整理、申报各种劳动证件

　8.《劳动合同》及《保守商业秘密协议》的发放、整理、归档

　9.协助人力资源部经理推行心理辅导、企业论坛及其他活动

非定期性工作：

1.企业文化活动的有关工作

2.经理交代的其他工作

负责的设备及资料：各种人事资料、办公设备、办公用品

职责概要：协助人力资源部经理进行人事管理及日常事务的处理，并完成例行的人事工作

　通常每天工作时数：8小时（适当加班）　　　　是否轮班：　否

　工作环境：←户外工作＿＿＿↑外地工作＿＿＿→海外工作＿＿＿↓室内一般办公室＿＿

　工作中容易引致的危险，如↑机器＿＿＿↑举重物＿＿＿↑高温＿＿＿↑高压＿＿＿↑毒气＿＿＿↑高空工作＿＿＿其他＿＿＿＿＿

　工作中需接触的部门：公司内所有部门、劳动部门、计生部门、卫生防疫部门

　担任此职位需具备的资格或条件：

　个人特征：诚实、正直、热情、耐心、办事严谨、坚持原则、服从安排

　受教育程度：大专及以上文化程度，有较好的文学写作基础，文秘、中文、管理类专业优先

　工作经验：有1年及以上的人事管理经验

　知识和技能：

1.熟悉归档的步骤及技巧

2.熟悉各种劳动法规以及劳动证件和人事工作的办理程序

3.熟悉公司人事管理制度

4.能熟练使用Office软件

特殊培训：劳动法规的学习、计算机的基础培训

适应力：能完成公司内外的有关工作

判断力：能根据公司规定区分各种人事事务并确定处理方法

体力（如身高、机敏程度、健康状况等）：身体健康，反应敏捷

仪表及谈吐：良好的仪态、得体的着装、礼貌的用语、友善的态度，温和而有耐心

　人际交往能力：良好的亲和力，能很快熟悉新员工，并能帮助新员工尽快熟悉公司

　其他：严格按公司规定的权限处理人事事务，特例事件呈报直属上级处理

（岗位直接上级草拟，部门负责人审核，人力资源部复核，总经理批准）

批准		复核		审核		草拟	
日期		日期		日期		日期	

8.××公司行政文员工作说明书

◆◆◆◆➡ **企业文件范例2-10**

××公司行政文员工作说明书

企业名称	××国际（清远）化妆品制造有限公司		文件编号	BM-SC-288
			版本/修改号	A/0
文件名称	行政文员工作说明书		生效日期	
			页次	
编写		审核	批准	

1.目的

根据人力资源部的组织架构的设置，将管理岗位的职责分工予以明确化，力求责权分明、高效协调，以适应现阶段公司行政管理发展的客观需要。

2.适用范围

适用于行政文员岗位。

3.管理归属

××国际（清远）化妆品制造有限公司人力资源部经理。

4.岗位概述

4.1　职务名称：行政文员。

4.2　职务等级：五等。

4.3　直接上级：行政科主管。

4.4　所属部门：人力资源部行政科。

4.5　直接下属：无。

4.6　监督对象：物品领用者及复印资料者。

4.7　合作对象：公司所有部门。

4.8　对外机构：无。

5.主要职责

办公室日常管理、文件打印、办公用品发放、办公用品使用管理。

6.工作内容

6.1　办公用品的申购、饮用水的订购与发放、名片的印制。

6.2　办公用品使用管理、办公用品发放管理。

6.3　工作服发放、厂服发放。

6.4 文件的打印、张贴。

6.5 员工各种礼仪督导、礼貌用语推广、办公室环卫纪律日常督导。

6.6 协助行政科主管举办各种文娱活动、协助高级文秘进行企业文化刊物和宣传栏的制作与维护。

6.7 完成上级领导交办的其他工作。

7.主要责任

7.1 办公用品的管控。

7.2 劳保用品和服装的管控。

8.主要权力

8.1 办公用品的管控权。

8.2 劳保用品和服装的管控权。

9.任职条件

9.1 学历要求：中专（含中专）学历。

9.2 工作经历：2年及以上工作经验。

9.3 职业道德：诚实、正直、热情、耐心、办事严谨、坚持原则、服从安排。

9.4 性别：女性优先。

9.5 年龄：22岁以上30岁以下。

9.6 良好的仪态、得体的着装、礼貌的用语、友善的态度，温和而有耐心。

9.7 能熟练操作Office软件，有较好的文字表达能力。

10.工作条件

10.1 工作场所：行政办公室。

10.2 环境状态：舒适。

10.3 危险性：无。

10.4 劳保用品：无。

11.发展方向

11.1 纵向发展：以高级文秘为目标。

11.2 横向发展：以人力资源专员及××下属子公司同等专业岗位为目标。

项目三 工作说明书和人力资源规划编写操练

一、操练任务：编写柏美公司人力资源部经理工作说明书

（一）操练背景材料及目标

柏美国际（清远）化妆品制造有限公司（以下简称"柏美公司"）系德国柏美（中国香港）生物科技发展有限公司与广东大荣实业发展有限公司联合兴建的大型国际化妆品制造公司，年总产值将达到30亿元人民币，位于素有"广州后花园"之称的广东清远高新技术产业开发区内，有广清高速公路与其相连，距广州新白云国际机场仅30分钟车程。

柏美公司按GMP标准修建生产厂房，严格按照ISO 9001：2015质量管理体系及

ISO 14001环境管理体系进行质量和环境管理。公司拥有独立的进出口权，可为国内外客户提供美发用品（洗发、护发、染发、烫发、发饰）以及洗涤类（沐浴露）、护肤类、香水类、彩妆类产品的研发、生产、检测和包装服务。

筹建中的新工厂占地面积为236亩，美发用品、洗涤类及护肤类产品的生产、包装车间有9 000多平方米，另预留7 000平方米作为彩妆及香水类产品的生产区及扩容区。公司拥有10万级、30万级净化灌装车间以及30万级净化的静置间，并拥有从500升到6 000升不同容量的生产设备，日班可生产180吨各类产品。标准检验室和300平方米的研发中心拥有整套检测及检验设备，可以对原料、包装材料及各生产阶段的产品进行立体式检测。

在化妆品行业发展的"春秋战国"年代，柏美公司以"服务顾客、提高品质、优化流程、提高效率"为目标，以"满足需要、奉献美丽"为宗旨，战胜众多竞争对手、脱颖而出，最终占据了中国市场的主导地位。

（1）将学生分成3～6组，请各小组同学根据自己的理解，结合相关专业知识及柏美公司的具体情况，为柏美公司的人力资源部经理编写一份工作说明书：编写完成后，各小组进行讨论和完善，将小组审核通过的结果写在大白纸上或做成PPT文档，每组选出1～2位代表上台说明编写的思路、理由及结果，并接受其他小组成员的提问。

（2）老师针对各小组的编写思路、理由及结果，进行点评和评分。

（二）操练参考程序和方法

1.小组讨论桌椅摆放要求（如图2-4所示）

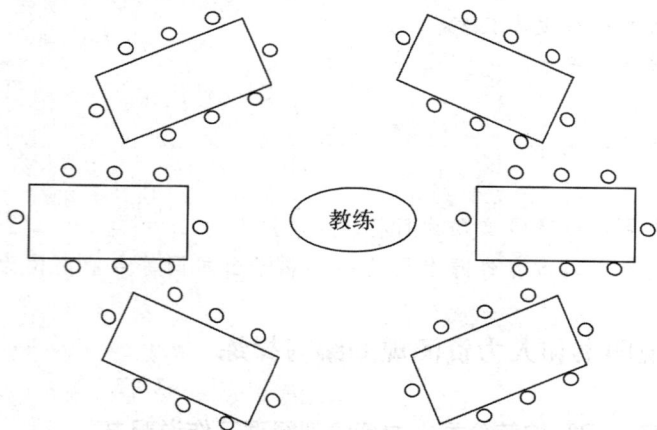

图2-4　小组讨论桌椅摆放图

2.操练程序

（1）分小组（队）：操练总人数以18～48人为宜，分组以3～6组为宜，每组人数以6～8人为宜。如果人数太少，可以合班进行；如果人多则可拆班进行，或安排部分同学做助教。小组分好以后，最好不要随意调动人员，以免影响后续课程小组成员评分的公正性。（课外完成。如果前面的实训项目已经分组，可沿用上次分组名单，最好本门课程所有实训项目的分组都一样，便于本课程结束后，以小组为单位设计作品集，作为

小组的期末成绩）

（2）选队长：采用万众归一法。（课外完成，见模块五项目二中的选队长方法。如果前面的实训项目已经选好队长，可沿用上次选择的队长；也可重新选择队长，让更多学生有锻炼的机会）

（3）布置课外作业：由队长组织本队队员编写柏美公司人力资源部经理工作说明书。作品必须注明本队队员的分工和参与情况，如总体设计者、内容执笔者、讲解者、补充讲解者、资料收集者、作品制作者、服务者等，并对本队队员的贡献度按先后顺序进行排名。（课外完成）

（4）从人数较多的小组里选出2~4人作为教师的助教，1人负责记录各小组上台讲解的时间，1人负责照相或录像，其他人主要配合教师为各小组评分，计时和照相或录像者也可协助评分。为保证公正性，助教可独立于各小组之外或由各小组派人轮流做。（5分钟完成）

（5）队长组织队员，为自己队起一个队名，并写出口号。（10分钟完成，如果前面的实训项目已经起了队名和口号，可沿用上次的结果，因为期末作品封面需要打上队名和口号）

（6）由队长组织队员进行课堂讨论和修改，讨论和修改的主题是：编写柏美公司人力资源部经理工作说明书。各队一边修改，一边将人力资源部经理工作说明书分别写在纸上或修改预先做好的PPT文档。（30分钟完成）

（7）上台顺序的确定：由小游戏"循环相克令"的结果而定。（5分钟完成，见模块五项目二中的培训游戏组织技巧）

（8）魅力展示：各队在上台讲解作品之前高呼口号，并摆出独具个性的pose，为本队上台讲解者"壮行"和"助威"。（每队5分钟完成）

（9）每队选出1人根据本队编写好的作品，上台讲解"编写的思路、理由及结果"，另选1人补充讲解。（每队20分钟完成）

（10）每队完成讲解后，其他队队友针对讲解者的内容进行提问，主要由讲解者负责现场解答，也可由本队其他队员补充解答。

（11）问答环节结束后，邀请"政企行"专业人员参加协同育人的成绩评定。点评可现场或者隔天进行，学生助教主要针对操练过程的表现进行点评，教师主要针对作品水平进行点评；点评后要求各队将作品进行修改，并将修改后的内容放进本队的作品集，每队只做一本作品集。

3.评分标准

工作说明书编写操练小组绩效评分表见表2-5。

表2-5 **工作说明书编写操练小组绩效评分表**

评分指标	评分标准	_____队 主讲： 辅讲：	_____队 主讲： 辅讲：	_____队 主讲： 辅讲：
到课率（2分）				
团队魅力（10分）：队名口号（2分）、魅力展示状况（8分）				
课程思政（12分）：工作说明书符合法律法规和职业道德要求，符合公司发展现状和自然规律，内容积极向上，有利于爱岗、敬业、诚实、守信的养成等				
实训手段（5分）：讲授、投影仪、PPT、企业案例、音乐、游戏、魅力展示、竞技、问答、点评、信息化技术工具等				
上台讲解表现（20分）	时间控制（2分）			
	表达流畅程度、脱稿程度（6分）			
	解说程序规范（4分）			
	要有新文科思维下的跨学科跨专业知识、企业技能和行业要求融合的表述，具有产教融合的知识融通能力和实践能力（4分）			
	动作表情、气氛效果（4分）			
问答表现（15分）	主动向其他队队友提问情况（6分）			
	回答其他队队友问题态度（3分）			
	回答其他队队友问题水平（2分）			
	协助本队回答状况（4分）			
工作说明书作品得分（36分）：PPT外观、WORD排版、工作描述、任职资格、课程思政等				
三方加权统分的团队成绩（百分制）				
教师一方评分权重45% （签字）_____				
"政企行"一方评分权重35% （签字）_____				
学生助教一方评分权重20% （签字）_____				

说明	（1）学生能够把工商管理专业的管理幅度和层次、部门和岗位职责等知识技能要求，与人力资源专业的人力资源规划、工作分析和评价、工作说明书、专业技术等级界定等进行融合，与企业不同部门业务职能进行融合，更好地进行工作说明书的编写。在工作分析、工作说明书的编写中均要体现上述要求，培养学生新文科思维下产教融合的知识融通能力和实践能力 （2）邀请"政企行"专业人员参加协同育人的实训教学和成绩评分，然后按本表权重统计得分即为各小组加权统分的"团队成绩" （3）队长在本队作品工作说明书上必须注明队员在作品编写和上台实训中的分工与参与情况，并对参与作品编写和上台实训中的贡献大小进行排名；教师结合排名在各队"团队成绩"的基础上进行分数的上下调节，得出本队所有成员的个人成绩，避免成员成绩"搭便车" （4）点评可现场或者隔天进行，学生助教主要针对操练过程的表现进行点评，教师主要针对作品水平进行点评；点评后要求各队将作品进行修改，并将修改后的内容放进本队的作品集
＿＿＿队 评语	
＿＿＿队 评语	
＿＿＿队 评语	

二、操练展示：广西民族师范学院人力专科班工作说明书编写操练

（一）广西民族师范学院人力专科班工作说明书编写情境

工作说明书编写实训现场　　　　　　　　　　实训学生与老师、学生助教合影

（二）实训学生风采

实训小组魅力展示

实训小组代表上台讲解作品

实训小组回答其他小组的提问

实训教师鲍立刚与学生助教一起评分

三、操练备选项目：编写柏美公司年度人力资源总体规划

（一）操练说明

请各小组根据自己的理解，结合相关专业知识和【企业文件范例2-2】，以柏美公司的具体情况和上一模块操练所形成的柏美公司组织结构图、岗位分类和岗位设置为基础，假定柏美公司为新成立的公司，为该公司编写年度人力资源总体规划。

（二）操练程序和要求

操练程序自拟或参考上述"编写工作说明书"的程序进行操练。每队作品上必须注明本队队员在本次编写中的分工和参与情况，并对本队队员在本次编写中的贡献度按先后顺序进行排名。教师根据排名在各队基准得分的基础上进行分数的上下调节，作为每个队员的平时成绩。

模块三 员工招聘现场演练

▶ 知识要点 ■■■

1. 简历筛选
2. 证件检验
3. 笔试和测试
4. 面试
5. 评价中心
6. 背景调查
7. 体检等员工选拔的程序和操作步骤

▶ 演练任务 ■■■

1. 在校内进行人才招聘会模拟操练
2. 在企业现场进行仿真招聘演练
3. 在人才市场现场进行实习操练

项目一 员工选拔操作步骤剖析

通过人力资源管理理论知识的学习，我们可以知道：招聘从狭义上讲，包括招募、选拔和录用三个阶段；从广义上讲，则包括计划、招募、选拔、录用和评估五个阶段。在招聘的这些阶段当中，选拔阶段是最重要、最关键，也是最有技术含量的阶段。对于"人力资源管理综合实训演练"课程内容来讲，不可能对相关招聘阶段面面俱到，笔者只能选择招聘环节中最重要、最关键的选拔过程加以情境剖析和操练。在整个招聘阶段中，有三种选拔模式。

一是补偿式选拔：每个应聘者对于选拔过程中的所有环节都要经历，每个环节的评估结果都是录用的参考依据。

二是淘汰式选拔：应聘者必须通过上个环节的评估才能有资格进入下个环节的选拔活动，所以对于每个应聘者来讲，他们所经历的选拔过程不一定一样。

三是混合式选拔：以上两种选拔模式的结合。

从上述三种选拔模式的分析中，我们可以得知：不同企业、不同岗位、不同选拔模式，其选拔过程不可能完全相同；企业的选拔过程根据现实需要可繁可简、可增可减。本书总结企业招聘选拔的基本运作规律，得出企业招聘选拔的基本操作步骤（如图3-1所示），供读者参考。

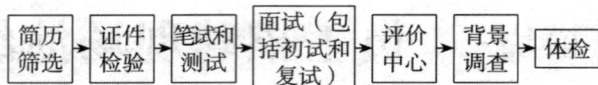

图3-1　企业招聘选拔的基本操作步骤

一、员工选拔步骤一：简历筛选

（一）预审简历

对于媒体发布招聘广告、职业介绍所或就业服务中心推荐、网络招聘等招募方式来讲，双方在招募阶段从来没有见过面，简历是求职者的第一次自我介绍。招聘会、校园招聘虽然在招募阶段见过面，但是在见面时由于招聘现场人太多，考官很难在短时间内对求职者做出判断。在大部分情况下，考官还是会将他们的简历带回公司，然后考虑是否通知他们前来公司面试，求职者众多的时候更是如此。至于员工推荐外部人员来应聘，一般情况下公司也是要求他将简历提交到人力资源部，审查简历后，如果合适再通知其面试。内聘的几种方式（如职位公告、技能档案法、重新聘用法、推荐内部员工和员工毛遂自荐法）虽然针对的是公司的员工，但一般情况下，人力资源部是先看简历再决定谁参加面试。

综上所述，无论哪一种招募方式，大部分情况下还是要先进行简历预审。只有在招聘会、校园招聘发现个别优秀人才时，才会直接通知他们前来公司面试；其他情况都是先预审其简历，从中筛选出比较适合的人，然后通知面试。在招募阶段，企业人力资源部通过各种招募方式获得大量求职简历。

当企业招募者面对大堆简历时，要使用两步法来处理它：第一次筛选，淘汰那些最起码的工作要求都不符合的求职者；第二次筛选，在基本合格的求职者中比较他们之间细微的差别，然后选出比较适合企业要求的求职者，并通知他们前来公司面试。

（二）评价求职申请表

1.填写求职申请表

为了便于对招聘资料进行整理分析和对应聘者进行比较评价，公司会要求求职者在面试前填写求职申请表。一般情况下，通过简历预审的求职者会得到公司的通知，要求他们前来公司面试，而求职申请表是求职者来公司之后在面试之前填写的。也有部分公司为了提高选拔的效率，会让求职者在来公司面试之前到其网站下载求职申请表或者通过邮件、QQ或微信等方式发给求职者，并要求其提前填好后，再来公司面试。

2.求职申请表的作用

预先确定表中内容的权重，迅速排除不合格者，预测求职者的性格和未来。

◆◆◆◆➡ 企业文件范例3-1

广州×××材料科技股份有限公司求职申请表

编号：_____　　　　　填表日期：　　年　　月　　日

应聘	应聘职位	1.		2.	
	月薪要求			预计上班日期	

我保证以下情况全部属实。若有不实，我愿承担一切责任。同时授权公司对本人工作相关信息的真实性进行背景调查。

　　　　　　　　　　　　　　　　　　签名：　　　　　　　　年　　月　　日

姓名		性别		出生年月		婚否	
户口所在地				籍贯			
身份证号码			健康状况				
计算机能力			英语能力				
联系地址				联系电话			

所受教育培训	起止时间	院校及专业	学历	学校电话

		单位1	单位2	单位3
最近之工作经历	起止时间			
	单位名称			
	主营产品			
	公司人数			
	汇报上司			
	公司电话			
	本人职务			
	工作内容			
	离职原因			

资料来源　由广州蒙特利材料科技股份有限公司人力资源部提供.

二、员工选拔步骤二：证件检验

在武汉举行的"中国武汉人才市场交流大会"上，一位来自福建省的某人才市场高级人才工作部负责人说，在他们接待的约300名应聘者中，其中有1/6的人出示的大专文凭是假的。在几次全国人口普查时，填写具有大专及以上学历的人数比国家实际培养的人数多出近百万人，所以证件的检验非常必要。学历的鉴别方法如下：

（1）外观法：根据证书封皮、证书芯、证书内容、院校长签名、学校钢印、学校印章、证书编号以及印刷质量或其他防伪标志等外观或物理性状，凭经验进行鉴别。

（2）询问法：利用招聘现场、面试、办理录用手续等能够与应聘者面对面的场合，凭借自己较宽泛的专业知识面和掌握心理活动的优势，对应聘者的专业和相关方面进行询问与了解，最后得出判断。

（3）网络查询法：2001年以后的高等院校毕业生的学历，可到"中国高等教育学生信息网"（www.chsi.com.cn）进行学历查询。

（4）其他查询法：包括电话查询、派员查询等。

三、员工选拔步骤三：笔试和测试

（一）笔试

1.笔试的重要性

笔试是人才选拔中较常用的技术之一，也是最基础的技术之一。即使在日益发展的现代人才测评技术中，笔试的方法和技术仍然受到世界各国的重视，并发挥着重要的作用。企业的笔试一般包括一般知识考试和专业知识考试。

2.一般知识考试

一般知识考试内容可以包括社会文化知识、语言理解能力、数字能力、推理能力、记忆力、外语、文艺等各个方面，目的主要是了解应聘者对基本知识的了解程度。

3.专业知识考试

专业知识考试又称深度考试，考试内容主要是和应聘职位有直接关系的专业知识，目的是了解应聘者掌握相关专业知识的程度与范围。

（二）测试（测评）

测试（测评）主要是借助一定的工具对人的技能、兴趣、个性和心理进行测量。企业的测试一般包括工作样本测试、智力测试、职业兴趣测试、个性测试（性向测试）、情商（EQ）测试等形式。

1.工作样本测试

工作样本测试使用实际工作中的图表、文件和案例，由应聘者在设定的条件下进行处理。

2.智力测试

智力测试主要是通过一些设定的常识、数字、空间、逻辑、图片、词汇等题，来测试人的抽象思维、判断理解、逻辑推理等能力。

3.职业兴趣测试

职业兴趣测试根据个人的兴趣爱好来测定其未来的职业发展方向，企业一般通过人才测评系统来进行。

4.个性测试（性向测试）

个性测试（性向测试）根据个人的个性特点与工作行为的关系来测定其未来的职业发展方向，企业一般通过人才测评系统来进行。

5.情商（EQ）测试

情商（EQ）测试根据个人对自我情绪的认知、控制以及对外界的适应能力来测定其未来的职业发展方向，企业一般通过人才测评系统来进行。

（三）笔试和测试的优劣比较

1.笔试、测试的优点

笔试和测试具有公平、费用低、迅速、简便的优点。

2.笔试、测试的缺点

笔试和测试也存在缺点：过分强调记忆力，检测结果有较高的片面性；不能全面考察应聘者的工作态度、潜在能力、品德修养、管理能力、口头表达与操作能力；对于熟悉测评技术的应聘者来说，可能会迎合测试结果而做题，不能达到测试的目的。

3.笔试与测试的比较

区别于其他人才测评技术，笔试技术主要评估人才的智力、知识、能力和发展倾向，因此人才的兴趣、个性等测试虽然不乏笔试的形式，仍然不属于笔试技术的范畴。从这个意义上讲，笔试的内容和方式是笔试技术区别于其他人才测评技术最显著的特点。笔试技术在形式上表现为用笔在试卷或问卷上回答，对此一般称为"纸笔作答"。"纸笔作答"也不宜仅仅理解为传统论述题型，而应包括现代人才测评中选择、判断是非、简述、案例分析、改错、计算、写作、匹配、题组、论述等丰富多样的笔试题型。笔试技术由于进行了长期、深入的研究和提高，科学化、规范化的水平普遍高于其他测评技术的水平，特别适合大面积、大规模的人才测评，可以公平竞争，择优汰劣；考生、用人单位和社会对笔试结果比较信服，较少质疑。所以，笔试这门古老的基础评估技术与现代人才测评技术相结合，焕发出越来越旺盛的生命力，体现了其特有的优越性。

四、员工选拔步骤四：面试（包括初试和复试）

（一）面试的组织安排

1.面试的准备工作

面试的准备工作包括：确定面试的考官；确定面试的人选；确定面试的方式；准备一个安静的面试场所，以确保面试过程不被干扰；设计面试提纲；制定面试评价表等。

2.面试的实施

面试开始时，主考官可以问一些轻松的问题以分散应聘者的注意力，使其放松；面试的重点是通过与应聘者的讨论以及使用事先设计的情境问题，来发现应聘者的工作能力、应聘者与未来工作岗位的吻合程度、应聘者的工作兴趣与职业目标等，从而对应聘者的工作意愿和工作能力做出评价。

3.面试的结果处理

面试结束后，要立即整理面试记录，核对评价资料，汇总应聘者的总体形象分值，以决定合格与否。不管录用与否，都应有答复。当招聘一个重要职位或难以确定人选时，可以在初试的基础上进行下一轮复试，甚至进行第三轮加试。

◆◆◆◆➡ **企业文件范例3-2**

面试评价表

填表日期：

姓名		应聘部门		应聘岗位	

面试项目评价

评价项目	评价记录				说明
受教育背景	佳	较好	一般	较差	
专业相关性	对口	较对口	相关	无关	
业务能力	很强	较强	一般	较差	
工作经历	吻合	较吻合	相关	无关	
学习能力	很强	较强	一般	较差	
形象谈吐	佳	较好	一般	较差	
英语水平	六级+	六级	四级	四级-	
理解能力	很强	较强	一般	较差	
反应能力	敏锐	灵活	正常	迟钝	
承受能力	很强	较强	一般	较差	
领导潜力	很强	较强	一般	较差	
合作性	很强	较强	一般	较差	
价值观	吻合	较吻合	认同	抵触	

面试综合评价

初试综合评价		
		考官签名：
初试结论	□建议录用，岗位：_____ □建议复试　□放入人才库　□不予考虑	
复试综合评价		
		考官签名：
复试结论	□建议录用，岗位：_____ □建议加试　□放入人才库　□不予考虑	
加试综合评价		
		考官签名：
加试结论	□建议录用，岗位：_____ □放入人才库　□不予考虑	

（二）面试的内容

1.仪表风度

这是指应聘者的体格外貌、穿着举止以及精神状态等。在企业组织中，对一般员工的招聘录用，仪表风度并不是一项重点面试内容，但对于管理阶层及销售、公关人员等，对仪表风度则非常重视，一般应具备五官端正、衣着整洁、举止文明、精力充沛、身体健康等方面条件。这一方面可给人以外在的好感，树立公司形象；另一方面，这几类人员工作高度紧张而繁忙，只有精力充沛、身体健康才能承受大工作量的压力。同时，五官端正、衣着整洁、举止文明的人一般具有较高修养，做事有规律，注意自我约束，责任心较强。

2.求职动机与工作期望

这是指通过了解应聘者为何希望来本单位工作、对哪种职位最感兴趣、在工作中追求什么等，判断本单位所能提供的职位或工作条件能否满足其工作要求和期望。

3.专业知识与特长

这是指通过了解应聘者掌握专业知识的深度和广度、其专业知识与特长是否符合所要录用职位的专业要求等，作为对专业知识笔试的补充。面试中对专业知识的考察要更具灵活性和深度，所提问题也要更接近职位对专业知识的需求。

4.工作经验

这是面试过程中所要考察的重要内容。此面试内容是通过了解应聘者的工作经历，来查询其过去工作的有关情况，以考察其所具有的胜任能力和程度。通过考察工作经历，考官还可以考察出应聘者的责任感、主动精神、思维能力以及遇到紧急情况的理智状况。

5.工作态度

这里面有两层含义：一是了解应聘者过去对工作、学习的态度；二是了解应聘者对所应聘职位的态度。在过去的工作或学习中态度不认真、做什么和做好做坏都无所谓的人，在新的岗位上也很难做到勤勤恳恳、认真、负责。从应聘态度还可以看出其应聘求职动机、更换工作的动机是什么。

6.事业进取心

事业进取心强烈的人，一般都树立事业的奋斗目标，并为之而积极努力，表现在工作上就是兢兢业业，执着追求，不安于现状，努力把工作做好，工作中常有创新。事业进取心不强或没有什么事业进取心的人，必然是无所事事、安于现状，不求有功但求无过，因此对什么事都不热心。

7.语言表达力

这是指面试中应聘者是否能够将自己的思想、观点、意见或建议顺畅地用语言表达出来。语言表达力将影响工作上其与他人的沟通。

8.综合分析能力

这是指面试中应聘者是否能对考官所提的问题通过分析，抓住本质，并且说理透彻、分析全面、条理清晰。

9.反应能力

反应能力是指头脑的机敏程度。面试时，对考官所提的问题能否迅速、准确地理解并尽快做出相应的回答，而且答案简练、贴切，反映出应聘者头脑的机敏程度如何。考官借此来判断其在将来的工作中能否迅速准确地理解上级的指令和意图，以及准确地判断应聘者在面临问题时，恰当地处理突发事件的能力水平。

10.自我控制能力

在面试中，对管理层人才的考察中，自我控制能力的考察也是一项重要内容。一方面，在遇到上级批评、指责、工作有压力或是个人利益受到冲击时，能够克制、容忍、理智地对待，不致因情绪的波动而影响工作；另一方面，干工作要有耐心和韧劲。

11.人际交往倾向及与人相处的技巧

在面试中，通过询问应聘者经常参与哪些社团活动、喜欢和什么类型的人打交道、在各种社交场所扮演的角色等，可以了解其人际交往倾向及与人相处的技巧。

12.精力和活力

在面试中，通过了解应聘者喜欢什么运动、每天的运动量等，可以考察其精力和活力情况。

13.兴趣与爱好

在面试中，通过询问应聘者在休闲时间喜欢从事哪种活动、喜欢阅读哪些书籍、喜欢什么样的电视节目、有什么样的嗜好等，可以了解一个人的兴趣与爱好，这对录用后的职位安排同样是有益的。

当然，在每一次面试中并不是都要涉及上述内容，应根据需要有所侧重地选择以上面试内容。对于同一职位的应聘者，最好面试的内容类似，这样便于比较优劣。

（三）面试的表现形式

1.结构化面试

结构化面试是指在面试之前已经有一个固定的框架或问题清单，面试官根据框架控制整个面试的过程，按照设计好的问题和有关细节对每个应聘者逐一发问，包括题目、过程、评定方式的结构化。

（1）结构化面试的优点：标准统一，可以提供结构与形式相同的信息，便于分析、比较，减少主观性，同时有利于提高面试的效率。

（2）结构化面试的缺点：谈话方式过于程式化，难以随机应变，所收集的信息范围受到限制。

2.非结构和半结构化面试

非结构化面试无固定模式，随意发问。面试官只需掌握组织、职位的基本情况。面试中所提的问题是非标准化的问题，对应聘同一职位的同一个应聘者，不同的考官会提不同的问题。半结构化面试是介于结构化面试和非结构化面试之间的面试类型。

3.压力面试

压力面试往往是在面试开始时，给应聘者以意想不到的一击，通常是带有敌意的或攻击性的，以此考察应聘者的反应，了解其承受压力、情绪调节以及解决紧急问题的反应能力。压力面试一般用于招聘销售人员、公关人员和高级管理人员。

4.行为描述面试

行为描述面试（behavioral description interview），又称BD面试，是基于行为的连贯

性原理发展起来的，通过应聘者对其某一行为的描述来获得信息的面试方法。面试官通过行为描述面试要了解两方面的信息：一是应聘者过去的工作经历，判断其选择本组织发展的原因，预测其未来在本组织中发展所采取的行为模式；二是了解应聘者对特定行为所采取的行为模式，并将其行为模式与空缺职位所期望的行为模式进行比较分析。在面试过程中，面试官往往要求应聘者对其某一行为的过程进行描述。如面试官会提问"请谈谈你上次向公司辞职的经过""请谈谈过去你经历的最难处理的工作，最后你是如何处理的"等。

（四）应届生面试

应届生的面试与社会招聘有所不同，应届生由于没有工作经历，主要依靠学校专业课程的学习成绩和社会实践活动来评价。

需要注意的是，由于不同学校的学习成绩没有可比性，所以可以通过毕业生的成绩在班级的排名来衡量其真实水平。由于篡改成绩的现象时有发生，所以毕业生提供的成绩单一般应为原件，如果是复印件则应向学校电话查询。如果在接收后，发现该生的成绩单有篡改，公司可以此为由将学生退回学校。

另外，个别学生提供的社会实践活动材料可能是虚构的或者有不真实的成分，由于面试官不可能一一核实，所以这种现象现在越来越普遍。实际上，面试官采用"步步紧逼"提问法就可判断出社会实践材料是否真实。

如一个学生在应聘材料中称自己在社会实践中曾经独立开发过一个应用软件，面试官可以问他是如何进行设计的，在设计中遇到了哪些问题，并且是如何解决的等。面试官根据学生的回答针对某个细节继续提问，如果学生回答不流畅，基本可以判断他不诚实，实际上他可能只是该应用软件的一名辅助开发人员。

五、员工选拔步骤五：评价中心

（一）评价中心概述

评价中心的概念：根据应聘者应聘的职位，编制一套与该职位实际情况相似的题目，将应聘者安排在模拟的、逼真的工作环境中，要求应聘者处理可能出现的各种问题，用多种方法来测试其心理素质、潜在能力和综合能力的一种评估方法。

评价中心的主要内容：公文处理，无领导小组讨论，角色扮演，管理游戏，即席演讲等。

评价中心的组织方式：组团评估，时间根据情况而定，最后综合评价决定录用。

评价中心的适用对象：中高级的管理人员筛选。

（二）内容一：公文处理

公文处理的具体操作方法：给定一些公文资料，让应聘者在一定条件下进行处理。公文资料一般由文件、信件、备忘录、上级指示的电话记录、报告等组成。应聘者根据自己的经验、知识、能力、性格、风格等，对5～10份文件做出处理，例如做出决定、撰写回信和报告、制订计划、组织和安排工作等。

公文处理测评目的：用于测试应聘者组织与规划能力、分析能力、判断能力和决策能力等。

（三）内容二：无领导小组讨论

无领导小组讨论具体操作方法：组建一个无领导小组，通过观察应聘者在讨论一个真实的管理问题的过程中的表现，了解应聘者的心理素质和潜在能力，如权力欲望、主动性、表达力、自信心、说服力、分析力等。最后，还可以要求应聘者写一份讨论记录。

无领导小组讨论测评目的：用于分析应聘者的领导能力、表达能力、归纳能力、综合分析决策能力、时间控制能力、容忍力、自信心等。

（四）内容三：角色扮演

角色扮演的具体操作方法：设置一系列尖锐的人际矛盾、冲突和一些工作场景，要求应聘者扮演某一角色，去处理各种问题和矛盾。

角色扮演测评目的：考察应聘者的角色意识、应变能力、人际沟通能力和人际影响力等。

（五）内容四：管理游戏

管理游戏具体操作方法：设置一个喜闻乐见的游戏场景，让应聘者进行竞争或共同努力达到目标，感悟道理。

管理游戏测评目的：考察应聘者的管理技巧、合作能力、团队精神、归纳总结能力等。

（六）内容五：即席演讲

即席演讲的具体操作方法：应聘者根据给出的主题，在规定的时间内通过语言、表情、姿态表达自己的观点，从而达到既定的目的。

即席演讲的测评目的：考察应聘者的表达能力、综合分析能力、应变能力、驾驭能力等。

六、员工选拔步骤六：背景调查

（一）背景调查适用范围

（1）在面试过程中对难以识别的应聘者的品质、价值观等方面，可以通过背景调查来了解。

（2）背景调查适用于对应聘者诚信度要求较高的岗位，如财务人员、采购人员等。

（3）在面试过程中对所怀疑的问题，需要寻求有效证据时，可做背景调查，如文凭真伪、离职原因等。

（4）重要岗位的应聘者也需要调查，如主管级及以上职位的应聘者，掌握公司各种机密文件、客户资料和生产、工艺、技术岗位的应聘者。

（二）背景调查的咨询对象以及相关调查内容

人事部门：了解离职原因、工作时间、是否有违规行为记录、薪酬福利等。

部门主管：了解工作表现、胜任程度、团队合作、工作潜力等。

部门同事（本部门或接口部门）：了解工作表现、服务意识、团队合作等。

七、员工选拔步骤七：体检

体检的类别：普通类型的体检，以乙型肝炎等传染病为重点；特殊行业的体检，以行业需要为重点。

体检的误区：对乙型肝炎患者的误解和歧视；企业与医院合伙谋利；经办人员个人谋利。

项目二 员工招聘仿真操练

一、校内操练项目：校内人才招聘会模拟操练

（一）操练背景材料及目标

广州蒙特利材料科技股份有限公司是一家由留美博士回国创办的集产品开发、生产、销售为一体的高新技术复合材料专业厂家，产品主要有实体面材和星盆。公司总部设在广州市芳村区茶滘工业园，在广州市、河南省和湖北省分别设有生产基地，在世界各地设有12家分支经营机构。

公司实体面材产品是一种新型的建筑装饰材料，兼容了木材的可塑性与天然石材的坚硬性，可做到无缝拼接，结构细密而无毛细孔，其弯曲和异形加工特性超越了其他材料，可以满足设计师的丰富想象力，使搭配随心所欲。实体面材在商业服务（银行、酒店等）柜台、厨房柜台、浴室洗手台、茶几、餐桌、楼梯扶手、工艺品等应用方面可以取代传统的木材、石材、塑料、不锈钢等。星盆又称洗脸盆，由高分子实体面材制成。1999年12月，公司被农业部（现农业农村部）认定为全面质量管理达标单位；2000年6月初，公司一次性顺利通过ISO 9001质量管理体系认证，在国内同行业中属首家通过该认证的企业。

公司计划在5年内建成一个占地面积达38亩、国内领先的"蒙特利新材料研究开发中心"。公司未来5年将发展成为全球最大的实体面材OEM生产基地和国内最具实力的高性能复合材料研发生产基地。

请根据背景材料的公司简介，以及相关的人事助理和行政文员工作说明书的内容、招聘的专业知识，分3组进行招聘人事助理和行政文员的人才市场招聘会模拟活动。3组分别扮演人才市场招聘会组织者、招聘企业和求职者。以下为模拟招聘会的参考程序和方法，其中时间的安排和评分的权重请根据实际情况自定。

（二）操练参考程序和方法

1.准备工作

（1）分工安排：提前一周通知学生开展准备活动，将学生分为3队，一队扮演招聘企业，一队扮演人才市场招聘会组织者，一队扮演求职者，每队选出一名队长和一名副队长。

（2）人才市场招聘会组织队准备工作如下：对招聘会的组织工作进行分工安排，参照人才市场的要求安排布置教室，为人才市场起名，进行人才市场氛围的渲染，桌椅摆放，设计招聘海报和宣传资料等。

（3）招聘企业队准备工作如下：编写招聘广告、面试流程及人员分工、招聘试题、面试提纲、各种招聘表格等。

（4）求职队准备工作如下：应聘职务为人事助理和行政文员，每种招聘职务要求8人准备求职简历、通过邮件发送求职信息、准备参加模拟面试。

2.操练要点

（1）人才市场招聘会组织队现场工作：在招聘网站发布招聘信息，进行招聘现场安

排，张贴招聘海报，接待招聘企业和求职者，现场管理和服务，现场卫生清理等。这个招聘网站可以是用老师和学生的个人网站、QQ空间、博客、微博等改造而成的。

（2）招聘企业队现场工作：分两个小组进行简历审核，每种招聘职务筛选出5名求职者进行考试（课外进行开卷考试）；每种招聘职务再选拔出3名求职者，分成两个小组同时进行面试，最后录用一名人事助理和一名行政文员。

（3）模拟招聘工作总结：人才市场招聘会组织队进行现场服务管理总结；招聘企业队进行招聘工作总结；求职队进行胜选和败选分析。

3.评分标准

（1）人才市场招聘会组织队评分标准：

人才市场设计：氛围是否专业、到位；标志是否明显、正确；人才市场名称是否合理；招聘海报设计是否专业、合理。

人才市场安排：接待人员分工是否合理；桌椅摆放是否合理；海报张贴是否适宜。

招聘接待工作：招聘接待工作是否完整、周到；招聘接待工作是否满意度高；现场秩序和卫生是否维护得好。

（2）招聘企业队评分标准：

招聘计划编写：招聘需求信息、招聘时间、招聘渠道、招聘区域、招聘人员分工、招聘预算、招聘流程安排、选拔方案、新员工上岗时间等内容是否齐全。

招聘广告：是否简洁明了；是否重点突出；是否符合劳动法规；是否内容齐全（标题、公司简介、招聘职务、任职资格、相关福利政策、联系方式、面试安排等）。

简历筛选：根据招聘广告的要求筛选是否恰当。

试题编写：内容是否符合招聘职务的要求；难度是否恰当；结构和评分标准是否合理。

招聘资料：内容准备是否完整；面试提纲是否恰当；表格是否合理。

面试内容：面试内容是否完整，包括面试官是否能通过适当提问和细心观察，对求职者的情况进行较为充分的了解，比如对外表、性情、反应、表达能力、求职动机、专业知识、工作经验等进行综合考察。

面试技巧：仪表、言行是否得体；提问形式是否多样；是否善于引导；态度是否友善；气氛是否融洽；是否善于倾听和观察。

（3）求职队评分标准：

简历：篇幅是否精简而完善；字体是否工整而正确；设计是否个性而不花哨；优势是否凸显而适宜；文字表达是否谦虚而不失自信和自尊。

外表：衣着是否符合职业需要；是否冷静而自信；面容是否灿烂。

性情：是否理性而不乏个性；是否敏感而不失默契；是否平和而不呆板。

反应：是否敏锐；是否理解力强；应答是否自然；是否善于提问；是否礼貌而不失尊严。

表达：是否有说服力而不咄咄逼人；用词是否准确而富有逻辑；是否幽默而不做作；口齿是否清晰且表达流畅。

求职动机：是否符合现实要求；工作稳定性是否好；是否积极而踏实。

专业：笔试成绩是否好；回答问题是否专业。

（三）操练展示：广西民族师范学院人力专科班校内人才招聘会模拟操练

1.广西民族师范学院人力专科班校内人才招聘会模拟操练现场

人才招聘会模拟操练现场布置

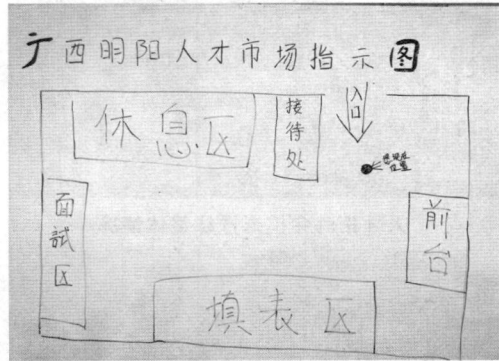

人才招聘会模拟操练现场示意图

2.人才招聘会模拟操练过程

人才招聘会模拟操练教师鲍立刚现场指导

模拟明阳人才市场总经理致招聘会开幕词

模拟人才招聘会接待处

模拟人才招聘会明阳人才市场前台

人才招聘会模拟操练整体情况

人才招聘会模拟操练填表情境

人才招聘会模拟操练人事助理面试区情境

人才招聘会模拟操练行政文员面试区情境

人才招聘会模拟操练获奖同学发表感言

人才招聘会模拟操练教师与同学合影

二、校外操练项目：企业现场仿真招聘演练

（一）操练背景材料及整体思路

1.现场仿真招聘演练背景材料

广西农垦明阳生化集团股份有限公司（原广西明阳生化科技股份有限公司，以下简称明阳生化公司）是直属于广西农垦企业集团公司的国有控股企业，位于广西南宁市江南区明阳工业区，始建于1958年，是高新技术企业、农业产业化国家重点龙头企业和国家扶贫龙头企业。公司主要从事木薯良种种植和推广、淀粉和酒精深加工、肥料、纸

模制品、机械制造、电子商务、物流等七大产业，主导产品有"明阳""潭峰"牌木薯淀粉、木薯变性淀粉、酒精等三大类，产品主要应用于造纸、食品、医药、建材、饲料、纺织、石油等行业。公司建设有木薯变性淀粉湿法生产线、干法生产线、预糊化生产线、黄糊精生产线和酒精生产线，其中年生产能力为淀粉35万吨、酒精15万吨，是目前国内最大的集研制、生产、销售、应用技术服务于一体的木薯变性淀粉生产企业。公司以广西特有的木薯资源，整合建立"公司+科研单位+原料基地+农户"的产、学、研相结合的经营模式，以科技创新改变农民零散粗放的种植经营模式，带动农户走科技发展道路，扎扎实实提高农户的收入，为促进当地农村经济的发展起到了带头示范作用。

公司拥有广西唯一一家省级淀粉与淀粉衍生物工程技术中心，技术力量雄厚，多年来坚持走产、学、研结合的发展道路，在吸收、消化国内外先进淀粉生产技术的同时不断进行自主开发创新，截至2017年2月已通过省级成果鉴定达到国内领先水平的产品有25个，其中部分产品可完全替代国外同类进口产品，达到或接近国际先进水平。2010年该中心的生物质能源酶解技术国家重点实验室项目获得科技部批准建设，成为广西首家企业承建的国家重点实验室，同年还被自治区科技厅确定为广西首批"千亿元产业建设试点工程技术研究中心"中新能源产业的广西生物能源研发中心。公司拥有完善的销售和服务网络，通过在国内建立的4个区域性物流配送中心，向客户提供质量过硬的产品和快速便捷的服务，产品销售辐射28个省市，部分产品出口日本、韩国及东南亚、西亚地区，木薯变性淀粉产销量长期居国内同行榜首。

2.现场仿真招聘演练整体思路

"人力资源管理专业明阳生化公司现场仿真招聘演练"由广西民族师范学院鲍立刚老师策划、组织和指导。企业工作现场仿真招聘演练相关招聘资料由人力资源管理专业全体同学草拟，演练整个过程由学生操作完成，初试环节由学生独立完成；明阳生化公司人力资源部经理李梅、招聘专员吴志艳和另一位人事专员担当企业工作现场仿真招聘演练复试环节主考官、考官，初试的3位学生主考官也作为复试的考官与企业主考官、考官一起参加复试和录用。

由于人力资源管理专业人数较多，拆成两大组分班进行本课程实训，以明阳生化公司为假想招聘单位，模拟招聘的地点就在明阳生化公司内，把实训课堂搬进企业。人力资源管理专业第一大组分成3个企业小队和1个助教小队，其中3个企业小队学生模拟招聘单位的考官；假设他们都是明阳生化公司人力资源部的员工，在辨别人才、技能应用和招聘管理的压力下，为明阳生化公司招聘人事助理、行政助理、销售助理各1名。第一大组的助教小队5人，其中3个助教考核"模拟招聘单位"的3个小队，每个助教全程跟随每个考官小队进行固定考核，另外两个助教和第二大组的两个助教流动对比考核3个小队的考官。人力资源管理专业第二大组分成3个求职小队和1个助教小队，3个求职小队学生模拟求职者，假定他们到明阳生化公司应聘人事助理、行政助理、销售助理，他们将在一个真实的企业环境里，在求职竞争、企业挑选和学习评价的压力下进行求职；第二大组的助教小队7人，其中6个助教考核模拟求职者的3个小队，每两个助教全程跟随一个小队进行固定考核，1个助教和第一大组的两个助教流动对比考核3个小队的求职者。

（二）人力资源管理专业学生明阳生化公司工作现场仿真招聘演练方案

1.企业工作现场仿真招聘演练分工安排

（1）第一大组面试工作和第二大组助教工作安排。

招聘岗位	人事助理	行政助理	销售助理
所属队别	（传奇队）	（翻山越岭队）	（逆行队）
主考官	卢彩霞	林婷	卜富英
考官	苏婉婷	蔡静	郑方圆
	廖芸芸	罗慧君	廖金玲
	熊琪琳	潘德成	莫妹晴
	刘慧	梁秋蓉	甘秋盈
工作人员	黄婷婷（面试服务员）	潘柳艳（录像或照相）	苏世深（大门接待员）
	张汉飞（面试服务员）	闭祖婷（填表）	覃锦运（中门接待员）
			蒋雯娟（大厅接待员）

第二大组助教：刘业东负责所有录像和照相的工作安排，组织第二大组成员制作横幅两条，组织人员打印或书写奖状，负责检查第二大组所有工作。（说明：为公正起见，第二大组助教流动考核第一大组的面试工作，以下安排类似）

陈雯（不同考官表现对比考核）和陈少妹（不同考官表现对比考核）协助第一大组助教流动对比考核考官，其他助教工作见"现场仿真招聘演练考核工作安排"。

（2）第二大组求职工作和第一大组助教工作安排。

求职岗位	人事助理	行政助理	销售助理
所属队别	（飓风队）	（前锋队）	（敢死队）
求职者	胡汉丽	薛丽英	黄永兴
	廖小云	谢秋蓉	莫娟
	郑海林	黄新情	唐美芳
	梁团	陈娜	覃胜珍
	谭菁之	袁敏菊	李燕
	刘婕	姚小平	杨振迪
	莫增颖	韦芳舒	黄钰凤
工作人员	周敏（录像或照相）		

第一大组助教：郑旋负责录像或照相，刘海娟（不同求职者面试表现对比考核）和唐瑜梦（不同求职者面试表现对比考核）协助第二大组助教流动对比考核求职者，其他助教工作见"现场仿真招聘演练考核工作安排"。

2.现场仿真招聘演练考核工作安排

（1）第一大组乾队助教主要负责考核"考官表现"。

助教罗永盼、黄群、黄晓霞"固定考核"如下考官面试工作的表现：传奇队考官、翻山越岭队考官、逆行队考官，3人合作设计"考官组综合表现固定考核表"。助教邝凡、杨靓"流动考核"以上3队考官面试工作优劣对比的表现，两人合作设计"考官组综合表现流动考核表"。要求两类评分表的内容及顺序一样，格式上有所区别，请以上5位同学讨论后修改。班忠毅协助鲍老师负责招聘和求职整个过程、所有工作的"全面粗线条"考核和管理，有权纠正招聘过程中的不当行为，负责检查第一大组所有工作。班忠毅设计"企业组招聘过程管理考核表"，评分表包括5项内容：服务接待工作、登记报到、填表验证、招聘整体工作、课程思政。林海源负责求职者的报名和报到工作，需要编写"面试通知单"（初试和复试）和"面试报到表"。考核人员不但要检查考核对象设计的表格和资料，还要考核"面试工作"台前幕后的表现情况。

（2）第二大组助教越芽队主要负责考核"求职者表现"。

6个助教分别考核3组求职者的表现，每两人"固定考核"一组；考核人员不但要检查求职者设计的简历和资料，还要考核求职者面试过程的台前幕后表现。6个人需要合作编写"求职者综合表现固定考核表"。助教郑程介"流动考核"3组求职者面试表现，编写"求职者综合表现流动考核表"，两类表内容及顺序一样，格式上有所区别，7个人需讨论决定表格。

3.面试流程安排如图3-2所示

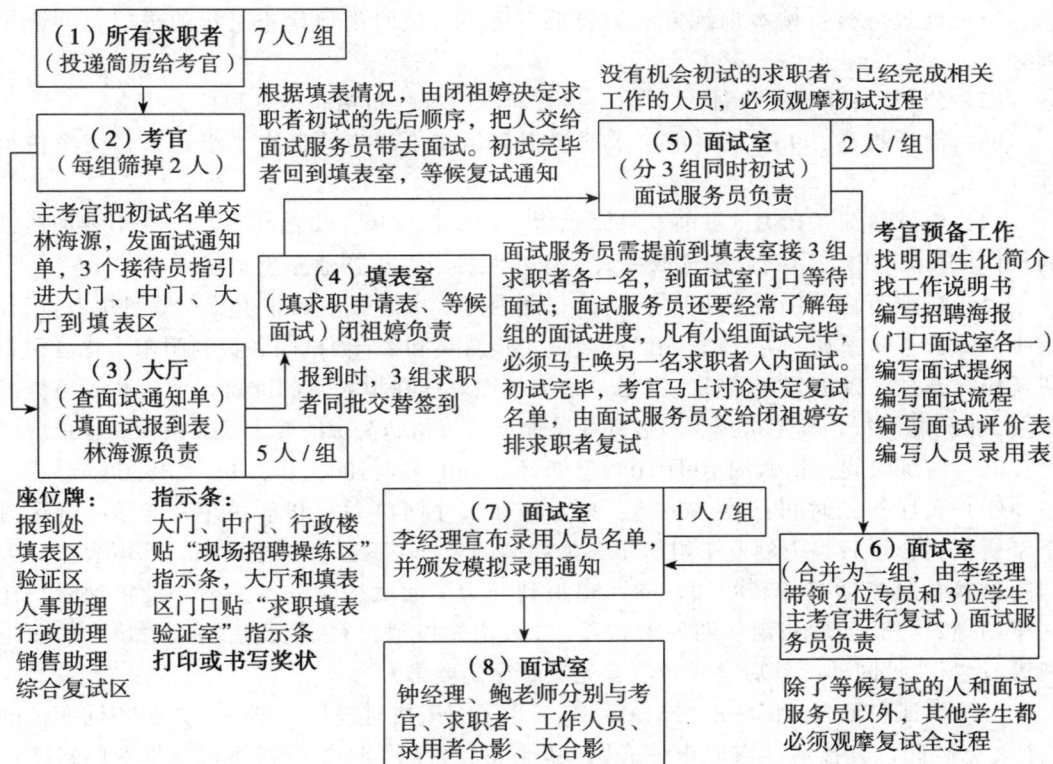

图3-2　面试流程安排

4.现场仿真招聘演练预备工作指南

第三周，鲍老师对"明阳生化公司现场仿真招聘演练"进行总体布置、活动筹备辅导及草拟训练方案，各小队队长带领队员分工协作草拟与训练相关的表格和其他资料，求职者编写简历。第四周，鲍老师指导各小队队员讨论各类草拟方案、招聘表格和其他资料，并发动大家提出修改意见。第四周星期六之前，各小队修改完成招聘活动所有表格和其他资料，各小队队长检查本小组所有成员的工作进展和资料完成情况。各小队将定稿后的所有表格和其他资料发到鲍老师QQ邮箱（1870469152@qq.com）。鲍老师带领班忠毅和刘业东去明阳生化公司勘查现场，并与企业沟通。

第五周星期四之前，第一大组用白板笔、彩笔设计书写完成招聘海报2份、用白板笔书写设计指示条。刘业东组织人员提前书写奖状（提前盖校企印章），组织第二大组制作横幅2条"民师院HR专业明阳生化公司现场仿真招聘演练"。鲍老师打印全套招聘资料和打印座位牌。第六周，鲍老师带领人力资源管理专业全体同学参加演练。第四周学校放假3天，第五周放假3天，第六周放假5天，很多同学要回家。请各小队队长安排监督好本队成员在规定的时间之前完成全部工作，刘业东和其他助教抓紧督查第二大组所有工作，班忠毅和其他助教抓紧督查第一大组所有工作。

5.现场仿真招聘演练时间安排

（1）绩效考核：按本训练方案的要求，考核组随时随地检查工作的进展，并记录评分。

（2）公布招聘信息：9月25日前，考官向求职者公布招聘信息和相关要求。

（3）简历投递：9月27日前，求职者把简历交给相应的考官小组筛选，交考核组评分。

（4）面试通知：10月8日前，林海源将"面试通知单"交给初试者，在不参加初试的6个求职者当中，由刘业东选取一人录像或照相，并由刘业东负责培训。

（5）场地布置：10月9日下午5：00，鲍老师、班忠毅、刘业东及录像照相人员、8个小队队长、林海源、闭祖婷、第一大组3个接待员和2个面试服务员到明阳生化公司布置现场；悬挂一条横幅在面试室（另一条横幅做好挂在填表室的准备，但是暂时不挂），张贴2张招聘海报，确定报到、填表和面试地点，按招聘演练的要求摆放桌椅和座位牌。

（6）演练时间：第六周10月10日星期日7：40—12：00，14：30—18：00。

（7）大厅报到时间：7：40—8：20全体在大厅门口举行开幕式并大合影，合影时手牵横幅；合影后，由刘业东组织不参加初试的5个求职者等悬挂横幅，到填表室、大门提供接待员流动服务。8：21—8：50报到（为了面试按时进行，第一批报到时，让人事助理、行政助理和销售助理求职者各1人优先报到，3人报到后马上去填"求职申请表"；第二批同样，其后求职者没有先后顺序的要求）。

（8）验证和填表时间：8：25—9：30（为了面试按时进行，第一、二批不同职位的3个人免验证，直接填"求职申请表"；其他人员必须验证，由刘业东安排专门接待员验证）。

6.现场仿真招聘演练初试、复试时间安排

（1）初试时间：3个初试小组8：40同时开始，10：50必须结束。

第一个初试者：8：40—8：55初试问答，8：56—9：00考官评分。

第二个初试者：9：01—9：15初试问答，9：16—9：20考官评分。

第三个初试者：9：21—9：35初试问答，9：36—9：40考官评分。

第四个初试者：9：41—9：55初试问答，9：56—10：00考官评分。

第五个初试者：10：01—10：15初试问答，10：16—10：20考官评分。

初试分数讨论及复试通知：在10：21—10：50分数讨论的同时，面试服务员安排人员做好复试的准备，"复试通知单"由考官交给面试服务员，再交给闭祖婷安排人员复试。合并3个初试小组，由明阳生化公司李经理带领公司2位专员和3位学生主考官进行复试。

（2）第一个岗位复试时间：10：51开始，12：00结束。

人事助理第一个复试者：10：51—11：05评价中心测试人才（评价及问答顺序可变），11：06—11：20复试问答，11：21—11：25考官评分。

人事助理第二个复试者：11：26—11：40评价中心测试人才（评价及问答顺序可变），11：41—11：55复试问答，11：56—12：00考官评分。

12：00上午活动结束，保留面试室所有的复试用品，收回其他地方的物品（包括撕掉其他地方张贴的指示条，谁使用谁收回），准备下午复试设备和资料。

（3）第二个岗位复试时间：14：30开始，15：40结束。

行政助理第一个复试者：14：30—14：45评价中心测试人才（评价及问答顺序可变），14：46—15：00复试问答，15：01—15：05考官评分。

行政助理第二个复试者：15：06—15：20评价中心测试人才（评价及问答顺序可变），15：21—15：35复试问答，15：36—15：40考官评分。

（4）第三个岗位复试时间：15：41开始，16：50结束。

销售助理第一个复试者：15：41—15：55评价中心测试人才（评价及问答顺序可变），15：56—16：10复试问答，16：11—16：15考官评分。

销售助理第二个复试者：16：16—16：30评价中心测试人才（评价及问答顺序可变），16：31—16：45复试问答，16：46—16：50考官评分。

（5）复试分数讨论及填写奖状空位：16：51—17：10（分数讨论的同时，刘业东提前安排人员填写奖状，交鲍老师核对）。

7.现场仿真招聘演练颁奖和感言

（1）颁奖合影时间：17：11开始，17：20结束（班忠毅、刘业东组织合影）。

李经理在面试室宣布模拟录用人员获奖名单，并颁发模拟录用通知；鲍老师宣布考官、工作人员的获奖名单，并颁发模拟招聘优秀组织奖等。颁奖过程，分别合影，最后大合影。（18张奖状）

（2）各类代表发言时间：17：21开始，18：00结束。

被录用者、未被录用者、考官、考核者、学生组织者、教师组织者、企业组织者等代表，对现场仿真招聘演练发言。

（3）现场仿真招聘演练奖状内容图例如下：

奖　状

＿＿＿同学：

　　在校企合作课程"人力资源管理综合实训"项目"民师院人力资源管理专业明阳生化公司现场仿真招聘演练"中，模拟＿＿＿＿＿＿求职者，荣获＿＿＿军。

　　特发此证！

　　广西农垦明阳生化集团股份有限公司总评委：

　　广西民族师范学院经管学院教练：

　　　　　　　　　　　　年　　月　　日

"人事助理"求职者冠军1张、亚军1张
"行政助理"求职者冠军1张、亚军1张
"销售助理"求职者冠军1张、亚军1张　共6张

奖　状

＿＿、＿＿、＿＿、＿＿、＿＿同学：

　　在校企合作课程"人力资源管理综合实训"项目"民师院人力资源管理专业明阳生化公司现场仿真招聘演练"中，模拟＿＿＿＿＿＿考官，荣获＿＿＿军。

　　特发此证！

　　广西农垦明阳生化集团股份有限公司总评委：

　　广西民族师范学院经管学院教练：

　　　　　　　　　　　　年　　月　　日

"人事助理"考官冠军1张
"行政助理"考官冠军1张
"销售助理"考官冠军1张　共3张

奖　状

＿＿＿同学：（或者＿＿＿、＿＿＿、＿＿＿同学：）

　　在校企合作课程"人力资源管理综合实训"项目"民师院人力资源管理专业明阳生化公司现场仿真招聘演练"中，荣获组织管理贡献奖。

　　特发此证！

　　广西农垦明阳生化集团股份有限公司总评委：

　　广西民族师范学院经管学院教练：

　　　　　　　　　　　　年　　月　　日

2人单独署名贡献奖2张：班忠毅、刘业东
3人共同署名贡献奖1张：唐瑜梦、刘海娟、郑旋
2人共同署名贡献奖1张：陈雯、陈少妹　共4张

奖　状

＿＿、＿＿、＿＿、＿＿、＿＿同学：

　　在校企合作课程"人力资源管理综合实训"项目"民师院人力资源管理专业明阳生化公司现场仿真招聘演练"中，荣获活动考核评委奖。

　　特发此证！

　　广西农垦明阳生化集团股份有限公司总评委：

　　广西民族师范学院经管学院教练：

　　　　　　　　　　　　年　　月　　日

4人共同署名：黄晓霞、罗永盼、黄群、邝凡
4人共同署名：欧春林、梁建平、甘春洁、钟振琼
4人共同署名：毛丽敏、蒙小冬、郑程介、杨靓　共3张

奖　状

闭祖婷、林海源、黄婷婷、张汉飞同学：

　　在校企合作课程"人力资源管理综合实训"项目"民师院人力资源管理专业明阳生化公司现场仿真招聘演练"中，荣获组织活动服务奖。

　　特发此证！

　　广西农垦明阳生化集团股份有限公司总评委：

　　广西民族师范学院经管学院教练：

　　　　　　　　　　　　年　　月　　日

共1张

奖　状

潘柳艳、周敏、苏世深、覃锦运、蒋雯娟同学：

　　在校企合作课程"人力资源管理综合实训"项目"民师院人力资源管理专业明阳生化公司现场仿真招聘演练"中，荣获组织活动服务奖。

　　特发此证！

　　广西农垦明阳生化集团股份有限公司总评委：

　　广西民族师范学院经管学院教练：

　　　　　　　　　　　　年　　月　　日

共1张

8.现场仿真招聘演练录像和照相要求

（1）录像机两块电池，必须在训练当天的前两个晚上分别充满电，10月8日晚上充一块电池，10月9日晚上充另一块电池。照相机10月9日晚上充满电，10月10日中午一回宿舍就接着充电，还必须带上两板备用一次性电池。

（2）每个不同的训练岗位、不同的训练内容、不同的情境都必须全程录像，并且要从不同的角度、不同的高度（可站在桌椅上或制高点）、不同的远近镜头进行录像和照相。

（3）类似岗位、类似内容、类似情境可以录一半时间，然后转镜头；可以中途停止其他录像镜头，转向其他正在进行的"训练内容持续时间很短，或者很重要的镜头"，如果有必要再转回原来的镜头。对于照相而言，类似岗位、类似内容、类似情境可以拍两张，重要的可以拍多张，以免单张效果不好。

（4）在录像和照相过程中，应把明阳生化公司标志性的东西、悬挂的横幅、招聘设施、招聘海报、招聘的情境放进镜头里。

（5）录像师、照相师可以交换操作，应为每一个录像师和照相师留下录像与照片。

（6）在不影响实训录像和照相的前提下，可以应私人要求留下录像和照相的镜头，但是不要太多，以免录像机和照相机内存不够、电力不够。

9.招聘仿真演练预算200元

（1）横幅制作两条（外借红布）150元。

（2）电话、路费、绳子、电池等50元。

（3）饮用水和一次性水杯由明阳生化公司免费提供，但同学们请在杯上写上自己的姓名，循环使用一天，以体现节约和环保理念。

（三）明阳生化公司现场招聘演练全套评分标准

1.求职者面试评价表见表3-1

表3-1　　　　　　　　　　　　求职者面试评价表

应聘职位：□人事助理 □行政助理 □销售助理　　　　　　　　　　评分者：企业组考官

（企业组考官分成3组，分别对3个不同应聘职位的求职者进行面试）

姓名			性别		年龄		日期	
考核项目		考核标准				得分	扣分原因	
仪表风度（10分）		衣着得体、举止大方、具有良好的修养						
专业知识技能（15分）		学历情况、专业概况、所受培训、工作经历与职位的要求一致						
时间管理（10分）		能否有效合理地安排时间，完成工作任务						
语言表达能力（15分）		能将自己的观点顺畅、准确、有逻辑性且具有感染力地表达						

考核项目	考核标准	得分	扣分原因
分析判断能力 （10分）	说理透彻、分析全面、条理清晰、逻辑性强，可以抓住事情的本质		
反应能力 （5分）	能及时有效地分析问题并找出解决方案		
学习能力 （10分）	学习工作所需的新知识、技能的速度和掌握情况		
组织协调能力 （5分）	是否具有工作分配能力和团队组织能力		
课程思政1 （工作方面） （10分）	求职者的工作态度端正且有担当，积极进取但不失风度，工作认真负责且尊重肯定他人，公平竞争又具团队精神		
课程思政2 （品行方面） （10分）	职业价值观与中国文化和企业文化相符合，有职业道德和社会责任感，诚信守法且有家国情怀		
总分			

评语：

签名：

2.求职者综合表现固定考核表见表3-2

表3-2　　　　　　　　　　　　　求职者综合表现固定考核表

应聘职位：□人事助理 □行政助理 □销售助理　　　　　　　　　　评分者：学生助教

（考官在面试时，学生助教固定观察同一职位的求职者并进行考核，即固定考核）

考核内容	求职者1	求职者2	求职者3	求职者4	求职者5
简历（10分）：内容是否精简、完整、有个人特色；排版是否合理且内容无错别字；封面设计是否新颖					
沟通能力（15分）：应答是否具有逻辑、条理性；自我介绍是否有特色；回答问题是否有技巧					
应变能力（10分）：反应的敏锐程度；处理问题的能力和应变能力；面对压力的承受能力和自制力					

续表

考核内容	求职者1	求职者2	求职者3	求职者4	求职者5
求职动机（10分）：是否符合企业要求；求职愿望是否强烈、明确；对所应聘的职位是否了解					
个性特征（10分）：看待问题是否积极乐观；情绪是否稳定；是否有责任心、自信心；自我认知是否明确					
举止仪表（10分）：衣着是否得体，与应聘职位是否相符；妆容是否自然；精神面貌、自我修养是否良好					
专业能力（20分）：回答问题是否具有专业性；是否能把专业知识与实际结合起来回答问题；是否能熟练地运用专业知识					
课程思政（15分）：职业价值观与中国文化和企业文化相符合，有职业道德和社会责任感，诚信守法且有家国情怀					
总分					

3.求职者综合表现流动考核表见表3-3

表3-3 　　　　　　　　　　　求职者综合表现流动考核表

评分者：学生助教

（考官在面试时，学生助教走动观察对不同职位的求职者进行对比考核，即流动考核）

考核内容	人事助理求职者1	行政助理求职者2	销售助理求职者3	人事助理求职者4	行政助理求职者5	……
简历（10分）：内容是否精简、完整、有个人特色；排版是否合理且内容无错别字；封面设计是否新颖						
沟通能力（15分）：应答是否具有逻辑、条理性；自我介绍是否有特色；回答问题是否有技巧						
应变能力（10分）：反应的敏锐程度；处理问题的能力和应变能力；面对压力的承受能力和自制力						
求职动机（10分）：是否符合企业要求；求职愿望是否强烈、明确；对所应聘的职位是否了解						
个性特征（10分）：看待问题是否积极乐观；情绪是否稳定；是否有责任心、自信心；自我认知是否明确						
举止仪表（10分）：衣着是否得体，与应聘职位是否相符；妆容是否自然；精神面貌、自我修养是否良好						
专业能力（20分）：回答问题是否具有专业性；是否能把专业知识与实际结合起来回答问题；是否能熟练地运用专业知识						
课程思政（15分）：职业价值观与中国文化和企业文化相符合，有职业道德和社会责任感，诚信守法且有家国情怀						
总分						

4.考官组综合表现固定考核表见表3-4

表3-4　　　　　　　　　　　　　**考官组综合表现固定考核表**

考官组别：□人事助理考官组　　□行政助理考官组　　□销售助理考官组　　　评分者：学生助教

（考官在面试时，学生助教固定观察同一组考官并进行考核，即固定考核）

考核项目	考核标准	得分	扣分原因
准备工作（10分）	准备的资料是否全面详细（4分）；工作是否协调（3分）；招聘广告是否能表现所招聘职位的基本信息（3分）		
简历筛选（10分）	根据招聘广告的要求筛选简历是否恰当、认真负责、公平公正（5分）；通知工作人员是否及时（5分）		
面试安排（10分）	面试时间、地点的安排（5分）；面试的各种衔接工作是否正常（5分）		
面试内容（20分）	面试内容是否完整（5分）；考官是否通过恰当的提问和细心观察，对求职者的情况进行较充分的了解（5分）；所提问题是否与招聘职位的专业知识相吻合，难度是否合理（5分）；评分标准是否合理（5分）		
面试过程（20分）	面试过程的时间是否把握在20分钟之内（5分）；是否能克服评价误差，如晕轮效应、首因效应等（5分）；在面试过程中是否能独立判断，克服从众心理（5分）；对于突发状况，处理是否得体（5分）		
面试技巧（20分）	仪表、言行是否得体（5分）；提问形式是否多样、善于引导（5分）；态度是否友善，气氛是否融洽或合乎情理（5分）；是否善于倾听和观察（5分）		
课程思政（10分）	考官公平公正公开，识才爱才护才，诚信守法，有职业道德和社会责任感（5分）；有党管干部和人才的意识，有大局观，有亲和力（5分）		
总分			

5.考官组综合表现流动考核表见表3-5

表3-5　　　　　　　　　　　　　**考官组综合表现流动考核表**

评分者：学生助教

（考官在面试时，学生助教走动观察不同的考官组并进行对比考核，即流动考核）

考核项目	考核标准	人事助理考官组	行政助理考官组	销售助理考官组
准备工作（10分）	准备的资料是否全面详细（4分）；工作是否协调（3分）；招聘广告是否能表现所招聘职位的基本信息（3分）			
简历筛选（10分）	根据招聘广告的要求筛选简历是否恰当、认真负责、公平公正（5分）；通知工作人员是否及时（5分）			

续表

考核项目	考核标准	人事助理考官组	行政助理考官组	销售助理考官组
面试安排（10分）	面试时间、地点的安排（5分）；面试的各种衔接工作是否正常（5分）			
面试内容（20分）	面试内容是否完整（5分）；考官是否通过恰当的提问和细心观察，对求职者的情况进行较充分的了解（5分）；所提问题是否与招聘职位的专业知识吻合，难度是否合理（5分）；评分标准是否合理（5分）			
面试过程（20分）	面试过程的时间是否把握在20分钟之内（5分）；是否能克服评价误差，如晕轮效应、首因效应等（5分）；在面试过程中是否能独立判断，克服从众心理（5分）；对于突发状况，处理是否得体（5分）			
面试技巧（20分）	仪表、言行是否得体（5分）；提问形式是否多样、善于引导（5分）；态度是否友善，气氛是否融洽或合乎情理（5分）；是否善于倾听和观察（5分）			
课程思政（10分）	考官公平公正公开，识才爱才护才，诚信守法，有职业道德和社会责任感（5分）；有党管干部和人才的意识，有大局观，有亲和力（5分）			
总分				

6.企业组招聘过程管理考核表见表3-6

表3-6　　　　　　　　**企业组招聘过程管理考核表**

评分者：学生助教

（在整个面试期间，学生助教随时观察和考核企业组的招聘管理服务人员的表现）

考核项目	考核标准	得分	扣分原因
服务接待工作（20分）	1.工作安排：团队分工是否合理，团队协作是否顺畅；准备工作是否充分，积极性是否高。2.招聘材料：招聘广告是否简明，是否突出重点，是否符合劳动法规，内容是否齐全；面试流程图是否简明，便于理解；设计招聘海报是得体，是否有吸引力；各种招聘表格是否齐全，是否符合公司要求。3.服务接待：招聘接待工作是否完整、周到，招聘接待工作是否满意度高，现场秩序和卫生是否维护得好		
登记报到（10分）	1.表格填写：是否准备好相关表格；求职者填写表格字体是否清晰简明，是否有秩序。2.大门布置：登记处桌椅摆放是否整齐；指示条和海报的张贴、招聘广告的摆放是否合理，是否便于求职者观看		

考核项目	考核标准	得分	扣分原因
填表验证 （25分）	1.表格登记：是否有效地组织求职者登记，是否有序。2.检验证件：是否能细心检验求职者证件。3.工作衔接：招聘的各项衔接工作是否正常、及时。4.面试通知：是否得当和及时		
招聘整体工作 （35分）	1.招聘资料：内容准备是否完整，面试提纲是否恰当，表格是否合理，结构和评分标准是否合理。2.招聘过程：是否合理、有序。3.招聘现场：招聘现场是否井然有序，现场是否有真实的招聘气氛；现场卫生保持和维护工作是否良好。4.求职指引：是否有效地把求职者指引到面试区。5.求职现场：现场的求职者是否有序地参加面试		
课程思政 （10分）	招聘组成员有服务意识，有职业道德和社会责任感，有团队协作精神，对人尊敬友善，面试现场清洁有序		
总分			

（四）人力资源管理专业学生明阳生化公司现场仿真招聘演练风采

在明阳生化公司布置仿真招聘演练现场

鲍立刚老师在仿真招聘演练前进行指导

现场仿真招聘演练的报到情境

仿真招聘现场填写求职申请表和验证的情境

现场仿真招聘演练三组同时初试情境

分组仿真招聘演练学生考官初试情境

学生助教对初试的考官和求职者的表现进行评分

在复试之前应用评价中心技术进行人才测评

企业考官李梅经理和两位人力资源专员在复试中

仿真招聘实训教师现场调度及评委统分情境

人事助理求职冠军刘婕与李梅经理、鲍立刚老师合影

学生考官、求职获奖者与企业考官、实训教师合影

项目三 广西人才市场实习操练

一、操练项目计划：广西人才市场实习计划范例参考

◆◆◆◆➡ 企业文件范例3-3

人力资源管理专业学生人才市场实习计划

按教学计划安排，人力资源管理专业学生需要在第五学期进行为期一周的校外实训实习，经过与广西人才市场联系，拟做出实习计划如下：

一、实习目的

通过实习，进一步检验和加深学生在校所学的基础理论、专业知识以及专业技能，加强学生的感性认识，锻炼学生发现问题、调查问题、分析问题、解决问题的能力，培养学生独立工作的能力，为学生择业、就业做好准备。

通过本阶段实习，可以实现：（1）加深对招聘知识的理解和提高实际操作水平；（2）积累应聘的经验和技巧；（3）增加与招聘单位人力资源经理或主管的接触机会，扩大就业的机会。

二、实习方式

采取分组分批、每周安排两天实习的方式，这样既不影响校内正常教学，又可充分利用每周两天休息日。

由于广西人才市场的招聘会只安排在每周五和周六举办，所以学生的实习拟安排在每周五和周六两天，周五和周日的课程对调。

三、教师指导

1.校内实习指导老师负责制。每个小组指定一名教师作为学生实习的指导老师，实习期间，随学生小组前往实习地点，负责联系、检查、指导。

2.校外实习单位指导老师负责制。由院系选聘实习单位指导老师，实习单位指导老师负责对学生实习过程进行具体安排和指导。

四、实习要求

（一）实习前的准备

1.实习前必须做好充分准备工作。实习前召开一次全班学生动员会，并与每组指导老师见面，接受指导。

2.人力资源管理专业学生共67人，分为3个小组，每组选出认真负责的学生骨干：组长1名，副组长1名。

（二）实习过程中的要求

1.学生要与指导老师经常保持联系。

2.学生要尊敬实习单位的员工，以礼待人，密切联系群众，积极主动参加实习单位安排的各项活动。

3.学生要做到遵纪守法，要确保人身和财物安全。

4.学生实习期间要严格要求自己，遵守实习单位的规章制度，认真完成实习单位布

置的各项任务，不怕苦、不怕累、任劳任怨、诚实肯干、脚踏实地、虚心请教，不能做与实习无关的事情。实习期间，如有违法乱纪现象将按学籍管理等有关规定从严处理。

5.往返乘车时间要准时。

五、实习时间安排

1.实习时间为本学期第八周到第十六周，每周安排周五和周六两天。

2.人力资源管理专业学生67人，分为3个小组，每个小组安排3周共6天实习时间，具体安排为：第一组，第八、第九、第十四周：第二组，第十、第十一、第十五周；第三组，第十二、第十三、第十六周。

六、实习考核

根据实习单位的鉴定意见和指导老师的评议等方面进行综合考核。

七、其他

1.学生实习往返：由校车负责接送，早上8：00出发，下午4：30从广西人才市场返回。

2.建议系里落实好带队老师工作量申报。

3.校外人才市场指导老师的指导费用，计划为每人每天50元，共计2人×50元/人·天×18天=1 800元。

资料来源　由广西职业技术学院谢伟宁老师提供.

二、操练项目实施：人才市场实习现场范例

（一）人力资源管理专业学生在广西人才市场实习现场

人力资源管理专业学生在广西人才市场合影

广西人才市场实习指导姜经理分配学生工作

鲍老师到实习现场指导学生实习

鲍老师与广西人才市场工作人员探讨如何指导学生

（二）人力资源管理专业学生实习内容及状况

苏媛同学在广西人才市场进行薪酬调查实习

张令波同学在广西人才市场前台进行服务咨询实习

陈庆芳同学在广西人才市场进行人事代理实习

部分同学在广西人才市场进行人才交流服务实习

部分同学在广西人才市场进行招聘技巧实习

部分同学在广西人才市场进行调查统计实习

三、人才市场实习报告范本

◆◆◆◆➡ 企业文件范例3-4

广西人才市场实习报告

作者 邓林

在市场经济迅猛发展的今天，随着"以人为本"管理理念的提升，人力资源管理越来越受到人们的重视，人们更加关注自己的切身利益，并进行自我管理。如何善待自己的档案就是自我管理中首要解决的问题。

一、广西人才市场的基本情况

广西人才市场是原国家人事部同意广西壮族自治区人民政府建立的区域性、综合性的国家级人才市场。它立足广西、辐射全国、连接东盟、面向世界，特别致力于中国-东盟自由贸易区的人力资源开发和人才服务，是广西壮族自治区人民政府公共人事服务窗口，是市场配置人才资源的重要阵地和人才人事工作对外开放的重要形象代表，是广西规模最大、服务最完善的人才服务机构，也是区域性人才资源市场化配置中心、社会化服务中心、科学化评价中心、现代化培训中心和远程教育网络中心。

广西人才市场位于广西南宁市琅西金洲路 33 号，总建筑面积 17 399 平方米，其中人才交流大厅 2 195 平方米，是广西最大的人才服务超市，下设 5 个部门，分别是：

综合部：负责广西人才市场内部的综合协调管理、公共关系和对外宣传工作。

人才交流部：为各类用人单位提供现场招聘、网上招聘、委托招聘和猎头服务；为各类人才提供现场求职、网上求职、委托推荐、择业指导和人才测评服务。

人事代理部：为用人单位和各类人才提供人事档案（关系）管理、户籍关系代管、考评职称事务代理、转正定级、人才出国（境）政审、代办社会保险以及接受大中专毕业生档案等业务。

培训部：提供国内外职业（执业）资格认证考试培训、专业技术人员继续教育培训、人才实用技能培训、紧缺人才培训等。

开发部：提供人才租赁、区（境）外人才（劳务）中介、自费出国留学中介介绍和其他市场需求的人才服务。

二、我的经历和工作范围

10 月中旬，经过人力资源管理教研室老师跟广西人才市场人才交流部的联系和沟通，我们得到了一次外出实训的机会。根据我们的课程安排和人才市场的实际情况，我们班被分成了 3 个小组，每个小组外出实训 3 周，共 6 天，即每个星期的星期五和星期六。具体的工作由人才交流部的负责人安排。我被分在了第二组。

11 月 9 日，也就是第一组的第二次外出实训，带队老师接到通知说人才市场的人事代理部需要几个我们专业的同学帮忙，因为具体工作涉及档案，所以要求必须是党员，于是我跟其他 3 位预备党员跟第一组一起去了人才市场。人事代理部的人力资源部经理助理给我们安排工作；我跟另一位同学在一楼的人事代理部，剩下的两位在 5 楼的档案室，他们负责接收档案的补充材料和整理旧档案，而我们则负责代理单位的托管档案业务，包括档案的整理、审核和录入工作。人事代理项目包括：人事（组织）关系及档案的接转和管理；按有关规定和要求办理落户南宁的手续；应届、历届毕业生的身份确认、转正定级、工龄计算、档案工资的调整等手续；出具档案记载的相关证明材料；专业技术职称评定；托管人员的党（团）组织关系；社会保险费的代缴等。由于人事代理部跟人才交流部的工作内容不同，所以上班时间也不同，人事代理部是 5 个工作日，而人才交流部只是星期四到星期六上班，所以我们已经不属于原来所在的部门，而是独立分开了。即便是这样，我也为自己能参与到与本专业基本对口的实际工作中而感到幸运，这样才能进一步学习，加强自己理论联系实际的能力。

我们的部门设在大厅 1 楼的 104～107 室。带我们的是杨主管和杨子钰。虽然是第一天工作，但是对于她们教我们的一些基本的工作，我们接受得很快。11 月 10 日早上，我们的工作是整理档案，就是将近期的所有档案按是否有档案号、是否交清费用进行分类整理。下午1点半，我的工作是查找档案号与核查、更新个人和单位托管的档案信息。我在使用人事管理查询系统时发现一个问题，就是姓名或档案号输入完成后，不能直接按Enter键确认，而是要用鼠标点击确认按钮，我觉得这样浪费了很多时间，大大降低了工作效率。12月14日早上办公室里增加了一位广西工学院的实习生和一位广西大学的实习生。她们星期一到星期五都能到人事代理部实习，而我们几乎是一周才能去一天，时间和工作都连接不上，所以我们原来做的工作已经让这两位实习生做了。而我跟另一位同学则做些其他零散和临时的工作。早上的时候，在速印了250份文件后，我们开始整理"白单"和"红单"。其实这两种单子的内容是一样的，只是颜色不同。这两种单子是广西人才市场人事代理部的交费单，红色的是收费处开出的，而白色的则由人事代理部存根留档。我们的工作就是将11—12月初这段时间的所有单子按颜色、日期、经办人进行分类归档，有700~800张。不过我们动作还算麻利，用了3个小时，也就是在上午的工作时间完成了，完成后的单子还要拿到档案柜存放。这样，如果想找以前的存根，就会十分方便。下午1：30上班后，我接到一项艰巨的任务，就是帮调出东方外语职业技术学院和广西医科大学第一附属医院总共120人20××年各个月份所有的交费单，俗称"找白单"。在档案柜里，当年4月份到12月份的"白单"有整整3个抽屉，有1 000多张。虽然有日期、有姓名，但是要一扎扎、一张张找，还是比较麻烦的。我从1：45开始，一直找到3：45，整整两个钟头，才找到了42个人。这真是一个枯燥的任务，不过仔细想想，以后工作时，可能要面对的就是每天都要重复的、很烦琐的工作，所以也许习惯就好。

12月15日，星期六，我的工作任务是协助中国农业大学的访问学者进行"人才流动现状与趋势"的社会问卷调查。凡是参与问卷调查的求职者都可免费获得招聘现场的入场券一张（平时进入招聘现场要凭票入场，3元/张）。今天到广西人才市场求职的人很多，加上有赠送门票，所以我们550份的问卷调查活动只用了一个小时10分就完成了。在此次调查过程中，我注意到一个问题，就是在回答应聘职务这个问题时，大多数人选择的是营销类和总务类，理想待遇是600~2 000元。这说明对广西这个就业市场来说，大多数的人才集中在像销售、物流、公关之类的岗位上，而工资普遍在800~1 500元。调查活动结束后，我抓紧时间向他们了解了一下关于这个课题的一些其他情况。由于主要负责人是日本人，我们之间存在语言障碍，所以我只能和郑女士简单聊了几句。据郑女士说，广西人才市场已经是他们的第十九个站了，之前他们还去过沈阳、天津、石家庄、广州、常州、上海等18个城市。至于选择进行调查活动的地点，他们有自己的一套安排，就是先联系国家级的人才市场，不行就联系市级的人才市场，不行再到区级的人才市场，如果人才市场都不行，就到国有或民营企业进行。项目负责人柳泽和也先生是神奈川大学经济学博士，2012年4月到中国农业大学做访问学者，并进行"人才流动现状与趋势"的课题研究。他们从4月中旬开始问卷调查活动，已历时8个月、走了19个城市，他们的下一站是成都，在此期间偶尔也会回北京稍作休息，统计一下数据，然后继续进行问卷调查。由此可见，想要清晰地认清一个现象的本质，仅靠一些理论知识是远远不够的，只有自己参与一些实地调查，然后根据得出的实际数据进行分析，得出的结论才是最有说服力的。

以下是问卷调查的样本：

应聘者调查问卷

请在相应内容前画√或填写。

1. 性别　□男　□女

2. 年龄_____周岁

3. 学历（含准毕业）　□初中毕业　□中专毕业　□高中毕业　□大专毕业　□大学本科毕业　□硕士毕业　□博士毕业　□博士后毕业

4. 出生地_____省·自治区·直辖市_____地区·地级市·自治州·盟_____区·县级市·县·旗

5. 户口所在地_____省·自治区·直辖市_____地区·地级市·自治州·盟_____区·县级市·县·旗

6. 户口　□非农业户　□农业户口

7. 您是从何处知道此次招聘的（可多选）?
□电视　□报纸杂志　□互联网　□亲戚、朋友　□学校　□路过　□广告牌□其他

8. 您是因就读本地大专等院校而在此应聘吗?　□是　□否

9. 在职情况　□20××年6月正式毕业在找工作　□20××年6月毕业但无工作经历（不含实习）　□在岗　□下岗　□失业

10. 来此应聘是
□第一次　□第二次　□第三次　□第四次　□第五次　□六次以上九次以下□十次以上（第_____次）

11. 应聘职务（可多选）
营销类（□销售　□采购　□市场营销）
总务类（□法务　□人事　□公关　□文书　□报关　□统计）
财务类（□会计　□审计）
教育类（□教育　□培训）
技术类（□工程师　□技工　□装配　□质管　□平面设计　□翻译　□咨询）
一般类（□仓库　□物流货运　□前台　□收银　□烹调　□跑堂　□警卫·保安□清洁　□导游　□驾驶：不问一般车辆或特殊车辆）
其他_____

12. 理想待遇
（1）月工资　□600元　□800元　□1 000元　□1 200元　□1 400元　□1 600元□1 800元　□2 000元　□2 200元　□2 400元　□2 600元　□2 800元　□3 000元□3 200元　□3 400元　□3 600元　□3 800元　□4 000元　□其他_____元
（2）五险一金（社会保险等）□需要　□不需要

资料来源　由广西人才市场人才交流部提供.

这份问卷所提的问题虽然不多，但是可以比较详细地了解调查者所需的信息，设计还是很合理的。

三、人事代理部的基本流程

人事代理部是政府人事部门所属人才交流机构，接受用人单位或个人的委托，为其提供系列的人事管理服务，既负责保管人事关系档案、办理转正定级、考评技术职称、调整档案工资、核定工龄、认证身份、考学政审、接转党团组织关系，也负责办理各种社会保险、五大毕业生录用手续、职高（高中）毕业生录用手续等。

人事代理部的事务包括大学生人事代理、个人人事代理、单位人事代理、诚信认证、档案户籍类管理等。每个事务的流程各不相同。例如，我负责的是单位人事代理，就是指以单位为一个整体，将员工的档案托管在人才市场。以下是单位委托人事代理的流程：

（一）需提交的材料

（1）企业单位"营业执照"（副本）或事业单位"法人登记证"原件（审核后退回）及复印件。

（2）用人单位委托书及"委托人事代理人员花名册"。

（3）用人单位与委托人事代理人员签订的已经鉴证的《劳动合同书》。

（二）办理程序

（1）单位持相关证件，到人才市场填写"人事代理人员登记表"。

（2）人才市场向相关单位开具"调档函"，并转递档案。

（3）省人才中心审查档案是否完整齐全，经审查合格后，由省人才中心开具档案收转回执单交（寄）来档单位。

（4）省人才中心审核有关材料，并与人才市场签订《人事代理合同书》一式两份，经双方签字，双方各执一份。

（5）单位按省物价局规定的标准缴纳人事代理费和委托办理的各项社会保险的费用。如有人员离职时，应在一周内向省人才中心提交相关人员离职的书面证明，办理变更手续。

四、强硬的心理素质和专业的管理知识

我当初选择这个专业时，是临时改的，之前对此知之甚少。当听到别人说这个专业学的东西其实有些"虚"的时候，心里不禁发凉。难道就这样浪费我3年的时间和金钱吗？转眼间3年过去了，已经开始面临毕业后的就业问题，这学期刚开学的时候还有点担心，但是进入11月份以来，陆陆续续有单位到学校招人，对这个专业需求还蛮多的，这对彷徨中的我来说，好像在求职路上又多了点光明。

在市场经济迅猛发展的今天，随着"以人为本"管理理念的提升，人力资源管理越来越受到人们的重视，各大企事业单位都已经单独成立了一个部门——人力资源部，所以相对其他专业来说，人力资源管理是一门蓬勃发展的专业。但是要想成为一位出色的人力资源部经理或者主管等人力资源管理者，就要做到公正、忠诚、守信、坚定、勇敢，还要具备广博的社会科学知识与实现人力资源有效管理的专业知识和职业能力等。对于人力资源管理者来说，只有公正才可以做到无私，才能够客观地对人力资源进行评估、确定，在选拔、推荐、使用人才时坚持"唯才是用"的原则；坚定、勇敢才能使自己在人力资源的构造和开展过程中，承受来自各方面的压力和挑战，坚持公正、忠诚、

守信的原则；具备广博的社会科学知识，一方面可充分利用各种社会科学知识或方法，为对人性的分析判别提供技术保证，另一方面同时要和不同专业、不同领域的人员接触、相处，广博的社会科学知识有助于提高对各类人才和不同层次的人才进行验核、判别的准确性，也有助于建立广泛的社会关系，为建造单位或组织所需的人力资源库营造条件；具备实现人力资源有效管理的专业知识和职业能力。这些专业知识和职业能力包括：人力资源规划管理和人力资源管理手册设计的能力；职位分析和绩效考核管理能力；薪酬与福利管理能力；人力资源开发、培训能力；人事制度管理能力等。当然，人力资源管理者还应具备组织能力、领导能力、表达能力、自信力，以及对人力资源管理工作的兴趣或爱好等。不过真正能从事人力资源管理工作的人并不多，加上企事业单位对这个岗位的需求量相对较低，所以想从事人力资源管理工作在应届毕业生的求职路上依然是一道比较高的坎。

凡事都需要一个从陌生到熟悉的过程，如果想要从事人力资源管理这方面的工作，没有一步一个脚印、踏踏实实、虚心请教的工作态度，是不能成大事的。只有靠自己去努力，才能开创出一块属于自己的天地。

总结：

在广西人才市场人事代理部实习的日子里，我每天都不断地学习，不断地实践。只有熟悉企业内部的规章及人力资源管理的专业知识在企业中的应用情况，才能很快克服在工作中遇到的困难，并较快地进入到工作状态中。在这段时间里，虽然我通过自己的努力得到了领导和同事的肯定，但我深知自己还存在一些缺点和不足：人力资源管理专业知识不够全面和扎实，处理事务不够成熟。在今后的工作中，我要努力戒骄、戒躁，加强学习，积累经验、教训，不断调整自己的思维方式和工作方法，在实践中磨炼自己，积累经验。

模块四 人力资源日常事务管理演练

▰▰▰▶ **知识要点** ▰▰▰

1.人事月报表制作方法
2.人事结构报表制作方法
3.规章制度的结构
4.规章制度的编号及其管理

▰▰▰▶ **演练任务** ▰▰▰

1.进行美都实业集团人力资源结构分析操练
2.编写规章制度

　　自从人力资源管理从人事管理阶段过渡到现代人力资源开发与管理阶段以来，人力资源管理的战略工作越来越受到重视，人力资源管理的诸多模块内容，例如人力资源规划、工作分析、招聘、培训、职业生涯管理、绩效管理、员工激励、薪酬与福利、员工关系管理等成为人力资源管理的主体工作，相对应的日常事务性工作由于外包或者转移到行政部而变得越来越少，或者比重有所下降，或者不为人所重视。对于教科书来讲，极少有作者在教材中涉及本章的内容，这不能不说是一个缺陷。但是，有实际工作经验的人力资源管理专家知道，人力资源日常事务管理工作是其他人力资源战略管理工作的基石，如果不加以重视和规范，将对人力资源管理工作产生难以预估的负面后果。什么样的工作是人力资源日常事务性工作呢？以下是一些主要工作的罗列：建立和维护人事档案及人才资料库、办理人事变更或异动手续并追踪结果、编写各种人事报表并加以分析、办理社会保险和劳动福利保障、进行员工考勤和奖惩、办理员工证件和劳动人事证照、管理劳动合同和各种保密协议、管理劳动合作及冲突等。

　　以上这些工作以前我们称之为人事管理工作，随着人力资源管理的深入和发展，这些人事管理工作的内涵和外延都在深入与发展。进入人力资源管理阶段，人事管理工作不是不要了，而是更加重要了！在我们现代人力资源管理部门中，有专门的职务来从事人事管理和员工关系工作，一般由人事助理或人事专员或员工关系专员来做此事，人事管理和员工关系工作可能合在一起，也有可能分开来做，这要视公司具体情况和规模大小而定。

　　当然，由于本教材是综合实训教材，不可能对人力资源日常事务管理工作进行系统讲授，这部分内容在我的另一本理论教材《人力资源管理基本应用技术》有讲授。在这里我只能对人事月报表制作、人事结构报表制作及分析、规章制度分析和编写等人力资源日常事务管理工作核心内容进行讲解与演练。

项目一　企业人事报表剖析

一、报表制作指引

人事报表的管理主要体现在报表的制作、分析和应用上，这是人力资源管理的基础工作，也体现了人力资源管理者的最基本技能水平。人事报表主要包括考勤状况一览表、考勤统计报表、考勤异常汇总表、人事名单、人事月报表和人事结构报表等。

（一）人事月报表制作方法

人事月报表主要由人力资源部人事助理或人事专员每月统计后制作。此表可以反映员工的流动状态和工作状态，作为公司管理层对人力资源管理进行决策时的参考依据。详见【企业文件范例4-1】人事月报表。

◆◆◆◆➡ 企业文件范例4-1

人事月报表

招聘职位	招聘人数	应聘人数	面试人数	录用人数	报到人数	人力资源流动状况（人数单位：人）				
						服务年限				
						0.5年以下	0.5（含）~2年	2（含）~4年	4（含）~8年	8（含）年以上
						辞职				
						辞退				
						退休				
						调动				
						晋升				
						试用	转正：	延长试用：		不合格：
						经办事件				
						奖惩	奖励：　件	惩罚：　件	争议：　件	撤销：　件
						社保	新增：	调入：	停交：	异常：
						出勤状况				
						迟到	早退	旷工		代打卡
						病假	事假	工伤假		婚/丧假
						出差	产假	探亲假		年休假

（二）人事结构报表制作方法

1.人事结构报表

人事结构报表主要从公司员工的性别结构、干部结构、地区结构、年龄结构、年资结构、学历结构等方面反映公司人事结构状况，为公司的人力资源规划或决策提供第一手参考依据。详见【企业文件范例4-2】广州番禺某流行鞋厂第一季度人事结构报表。

◆◇◆→ 企业文件范例 4—2

广州番禺某流行鞋厂第一季度人事结构报表

人数　单位：人

单位名称	现有总人数	男性	女性	男女比例	初中	所占比率	高中	所占比率	中专	所占比率	大专及以上	所占比率	20岁以下	所占比率	21~30岁	所占比率	31~40岁	所占比率	41岁以上	所占比率	一般员工	干部	干部比例(1/x)
管理部 财会组	1		1	0:1							1	100%			1	100%					1		
业务组	2		2	0:2					1	50%	1	50%			2	100%					2		
总务组	3	1	2	1:2	1	33.3%			1	33.3%	1	33.3%			2	66.7%	1	33.3%			3		
机保组	1	1		1:0			1	100%							1	100%					1		
厂会组	1	1		1:0					1	100%					1	100%					1		
生管组	1		1	0:1	1	100%											1	100%			1		
小计	9	3	6	1:2	1	11.1%	2	22.2%	2	22.2%	4	44.4%			6	66.7%	3	33.3%			9		
厂务部 面部组	82	30	52	15:26	73	89.0%	8	9.8%	1	1.2%			24	29.3%	55	67.1%	3	3.7%			79	3	1/26.3
底部组	50	30	20	3:2	37	74%	10	20%	2	4%	1	2%	12	24%	35	70%	3	6%			45	5	1/9
裁断组	14	10	4	5:2	11	78.6%	2	14.3%	1	7.1%			2	14.3%	12	85.7%					12	2	1/6
开发组	10	7	3	7:3	5	50%	1	10%	4	40%					8	80%	2	20%			9	1	1/9
仓库	5	3	2	3:2			3	60%	1	20%	1	20%			5	100%					3	2	1/1.5
木工班	1	1		1:0	1	100%									1	100%					1		
品管组	3	2	1	2:1	2	66.7%			1	33.3%					3	100%					3		
小计	165	83	82	83:82	129	78.2%	24	14.5%	9	5.5%	3	1.8%	38	23.0%	118	71.5%	9	5.5%			152	13	1/11.7
合计	174	86	88	43:44	130	74.7%	26	15.0%	11	6.3%	7	4.0%	38	21.8%	124	71.3%	12	6.9%			161	13	1/12.4

核准　　　　　　　审查　　　　　　　制表

资料来源　由广州番禺某流行鞋厂厂部办公室提供。

2.性别结构报表及图例

　　性别结构报表及图例，主要统计公司男女员工的数量和比例状况，并直观地加以展示，为公司男女员工的结构调整提供依据。表4-1为性别结构报表举例，图4-1为总公司性别结构图举例，图4-2为销售分公司性别结构图举例，图4-3为总公司与销售分公司性别结构对比图举例。

表4-1　　　　　　　　　　　　　　　　性别结构报表举例　　　　　　　　　　　　　单位：人

性别	总公司	销售分公司
男	230	76
女	31	8
小计	261	84

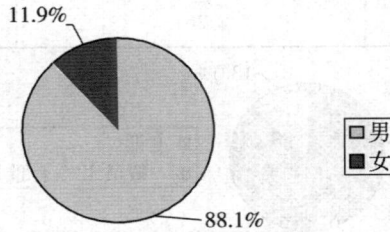

图4-1　总公司性别结构图举例

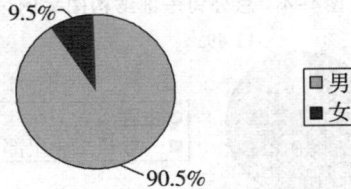

图4-2　销售分公司性别结构图举例

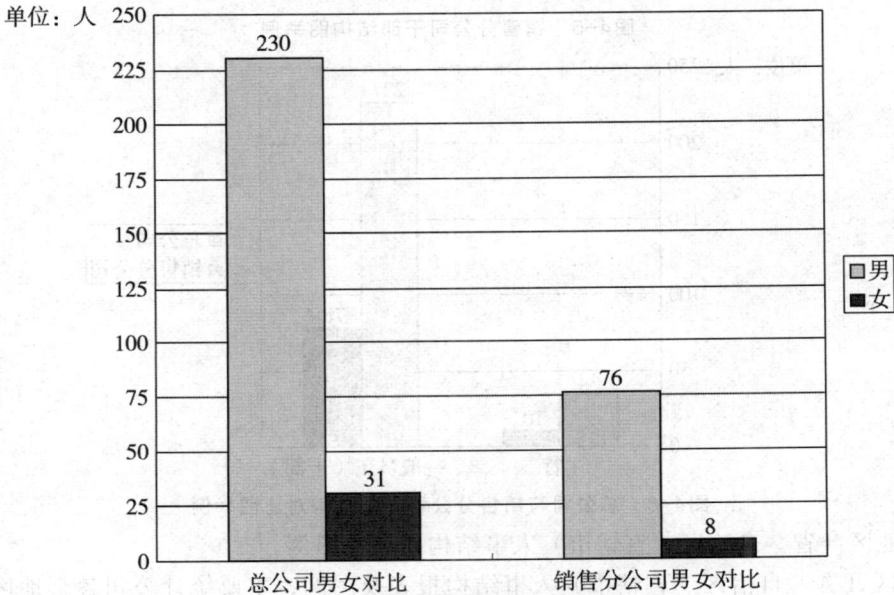

图4-3　总公司与销售分公司性别结构对比图举例

3.干部结构报表及图例

干部结构报表及图例，主要统计公司主管级及以上干部的数量及其占整个员工数量的比例状况，并直观地加以展示，为公司干部结构调整提供依据。表4-2为干部结构报表举例，图4-4为总公司干部结构图举例，图4-5为销售分公司干部结构图举例，图4-6为总公司与销售分公司干部结构对比图举例。

表4-2　　　　　　　　　　　　　　　干部结构报表举例　　　　　　　　　　　单位：人

	总公司	销售分公司
主管	34	10
一般员工（干部）	227	78
合计	261	88

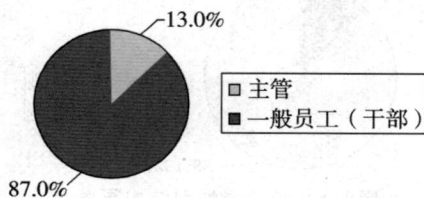

图4-4　总公司干部结构图举例

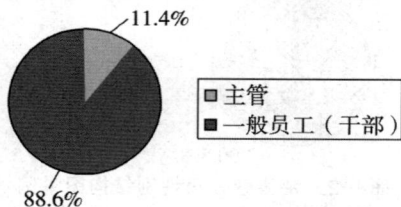

图4-5　销售分公司干部结构图举例

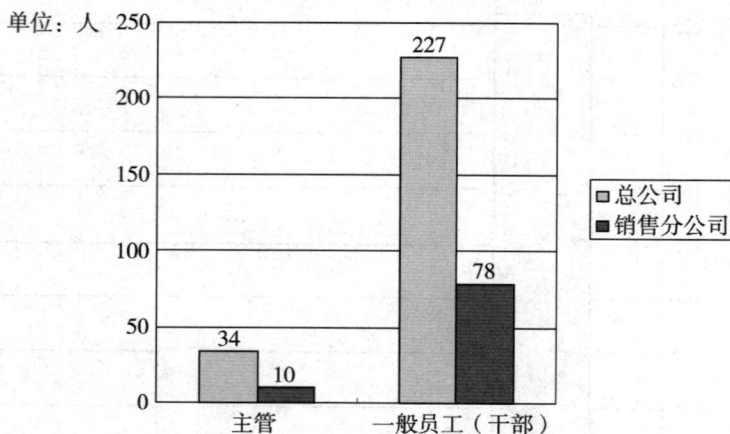

图4-6　总公司与销售分公司干部结构对比图举例

4.地区（省、自治区、直辖市）人事结构报表及图例

地区（省、自治区、直辖市）人事结构报表及图例，主要统计公司各个地区（省、

自治区、直辖市）的员工数量及其占整个员工数量的比例状况，并直观地加以展示，为公司地区（省、自治区、直辖市）人事结构调整提供依据。表4-3为地区（省、自治区、直辖市）人事结构报表举例，图4-7为总公司地区（省、自治区、直辖市）人事结构图举例。

表4-3　　　　　　　　地区（省、自治区、直辖市）人事结构报表举例　　　　　　单位：人

	总公司	销售分公司	合计
湖北	203	60	263
广东	27	1	28
江西	7	2	9
广西	5	1	6
四川	5	3	8
贵州	3		3
安徽	2	2	4
山东	2	3	5
湖南	2	2	4
云南	1	0	1
河南	1	0	1
吉林	1	0	1
青海	1	1	2
海南	1	0	1
江苏	0	2	2
辽宁	0	6	6
上海	0	1	1
小计	261	84	345

5.年龄结构报表及图例

年龄结构报表及图例，主要统计公司不同年龄段的员工数量及其占整个员工数量的比例状况，并直观地加以展示，为公司年龄结构调整提供依据。表4-4为总公司年龄结构报表举例，图4-8为总公司年龄结构图举例。

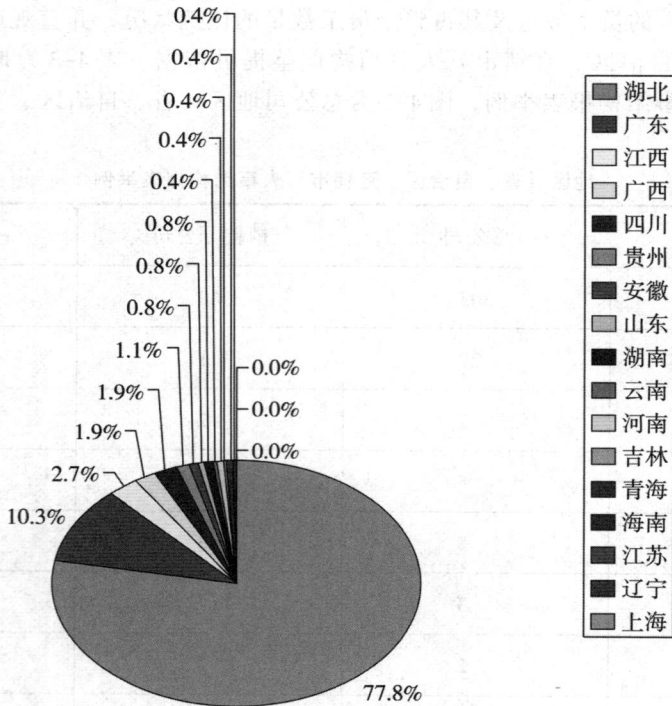

图4-7　总公司地区（省、自治区、直辖市）人事结构图举例

表4-4　　　　　　　　　　　　　总公司年龄结构报表举例

序号	年龄段	人数（人）	占总人数比例
1	51岁以上	8	1.47%
2	41～50岁	55	10.09%
3	31～40岁	263	48.26%
4	21～30岁	198	36.33%
5	18～20岁	21	3.85%

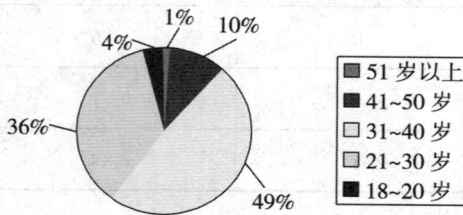

图4-8　总公司年龄结构图举例

6.年资结构报表及图例

年资结构报表及图例，主要统计公司不同工龄长短的员工数量及其占整个员工数量

的比例状况，并直观地加以展示，为公司年资结构调整提供依据。表4-5为年资结构报表举例，图4-9为总公司年资结构图举例，图4-10为销售分公司年资结构图举例，图4-11为总公司与销售分公司年资结构对比图举例。

表4-5   年资结构报表举例   单位：人

年资	总公司	销售分公司
3个月以下	0	0
3（含）～12个月	19	11
1（含）～2年	55	12
2（含）～3年	61	21
3（含）～4年	52	10
4（含）～5年	40	17
5（含）年以上	34	13
合计	261	84

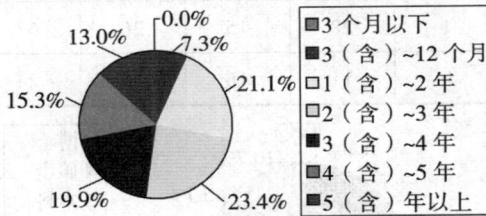

图4-9 总公司年资结构图举例

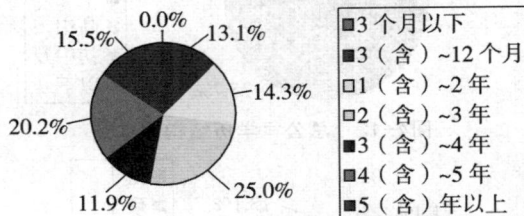

图4-10 销售分公司年资结构图举例

7.学历结构报表及图例

学历结构报表及图例，主要统计公司不同学历的员工数量及其占整个员工数量的比例状况，并直观地加以展示，为公司学历结构调整提供依据。表4-6为学历结构报表举例，图4-12为总公司学历结构图举例，图4-13为销售分公司学历结构图举例，图4-14为总公司与销售分公司学历结构对比图举例。

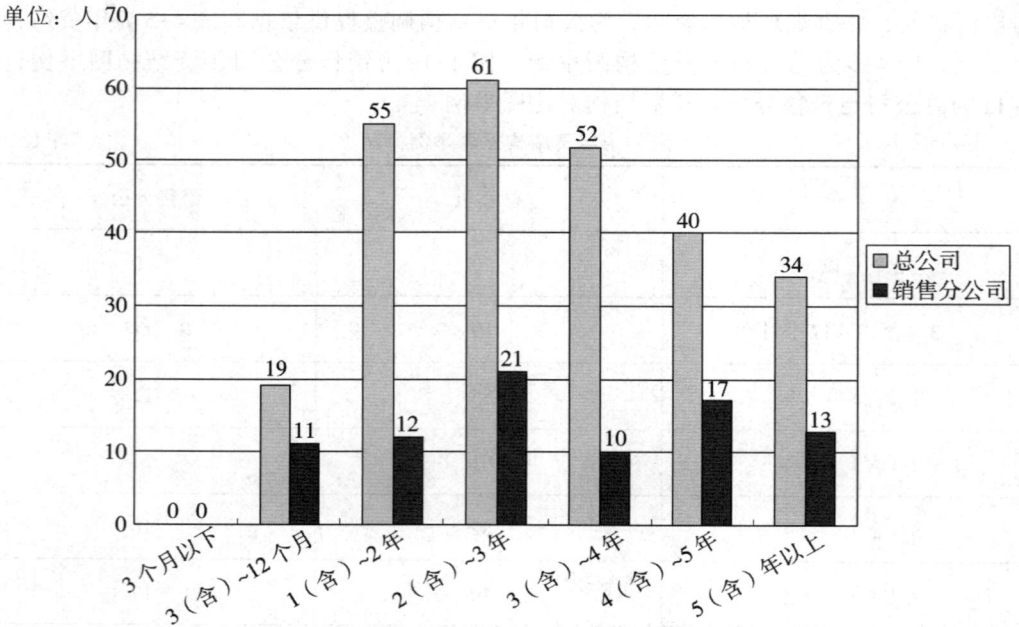

图4-11　总公司与销售分公司年资结构对比图举例

表4-6　　　　　　　　　　　　　　　　学历结构报表举例　　　　　　　　　　　　　　单位：人

	博士	硕士	本科	大专	中专	高中	初中及以下	小计
总公司	1	1	28	15	26	67	123	261
销售分公司	0	0	11	16	15	24	18	84

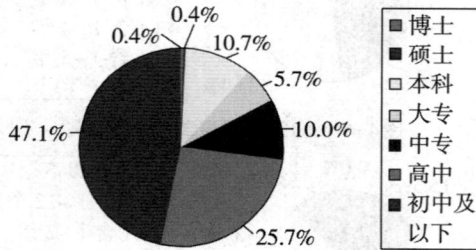

图4-12　总公司学历结构图举例

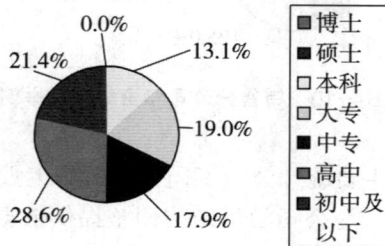

图4-13　销售分公司学历结构图举例

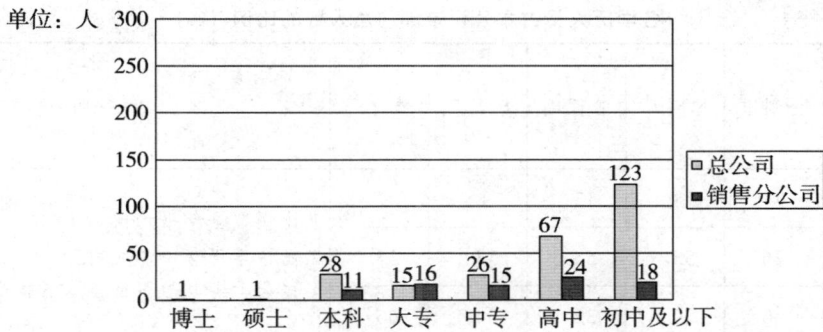

图4-14　总公司与销售分公司学历结构对比图举例

资料来源　由广州蒙特利材料科技股份有限公司人力资源部提供.

二、人事报表分析实例

在传统人事管理阶段，人事管理工作经常要做人事报表，但是这些报表数据并没有得到有效和深入的应用；现代人力资源管理阶段同样要做人事报表，但做得更加细致和全面。比如说，现代人事报表不仅局限于员工进出、升降、借调的数据统计，而且关注分析和解决在职员工的性别结构比例的失调、干部结构比例的失调、地区人事结构比例的失调、年龄结构比例的失调、年资结构比例的失调、学历结构比例的失调等问题。

以下两则人事报表的分析报告是广州番禺××塑胶有限公司的资料，报告保持原状，没有做修改，方便各位读者分析优劣。

（一）人事结构报表分析

◆◆◆◆➡ 企业文件范例4-3

人力资源结构分析报告

以史为鉴，温故而知新。新年到来了，我们有必要对过去一年的人力资源结构做个全面、中肯、实用的分析，以供今年借鉴。同时，为建立比较合理的人力资源结构体系，最大限度地开发人力资源，推动公司人力资源适才、适岗、适时成长打下一个理论基础。

一、学历结构

1.各学历人员占本公司该部门总人数的比例见表4-7。

2.学历结构分析。

（1）原料厂各部门的各种学历人员占该部门总人数的比例（其中干部一栏为各学历干部占原料厂干部总数的比例）见表4-8。

（2）鞋材厂各部门的各种学历人员占该部门总人数的比例（其中干部一栏为各学历干部占鞋材厂干部总数的比例）见表4-9。

表4-7　　　　　　　　　　各学历人员占本公司该部门总人数的比例（%）

部门 学历	企划室	原料厂	管理部	模具厂	鞋材厂	说　明
大学	74	18	13	8	7	1. 比例取全年平均值
高中	26	53	55	58	33	2. 高中学历含中专在内
初中	0	29	32	34	66	3. 原料厂大学生比例居全公司第二名
离职率	—	7.3	2.5	3.5	2.7	原料厂离职率居全公司第一名

表4-8　　　　　　原料厂各部门的各种学历人员占该部门总人数的比例（%）

部门 学历	报关组	业务科	品管科	资材科	制造科	干部
大学	100	63	37	9	3	47
高中	—	37	63	62	53	33
初中	—	—	—	29	44	20

分析：

①业务科大学生比例偏高，不能发挥应有的作用，况且业务人员的业绩好坏，决定因素不在于学历的高低，而在于敏锐的市场洞察力、良好的形象和卓越的沟通协调能力等。如果一味强调学历，很多优秀的业务人员将和我们擦肩而过

②原料厂现场员工及搬运工（资材科、制造科）劳动强度大，工作环境较差而且工资偏低，招聘对象应立足于初中水平，否则人员流失难以控制

③品管科干部学历偏低，难以管控质量及提高管理水平

表4-9　　　　　　鞋材厂各部门的各种学历人员占该部门总人数的比例（%）

部门 学历	业务科	资材科	品管科	制造科	干部
大学	55	13	8	2	27
高中	45	63	75	27	39
初中	—	24	17	71	34

分析：

①制造科干部学历偏低，难以理解和执行公司的方针政策（鞋材厂初中学历的干部为34%）

②制造科员工学历太低，难以接受和执行公司的新观念、新制度

二、干部结构

各部门干部占本公司该部门总人数的比例（所有数据取年度平均值）见表4-10。

表4-10　　　　　　　　　　**各部门干部占本公司该部门总人数的比例**

部门 项目	模具厂	管理部	原料厂	鞋材厂	小计
干部数量（人）	41	11	14	16	82
本公司该部门总人数（人）	204	67	79	207	557
干部比例	1：5.0	1：6.1	1：5.6	1：12.9	1：6.8

分析：

现代管理学中有两个概念值得认真思考，即管理幅度和管理层次。管理幅度就是指管理范围的大小，其中包括管理人数的多少；管理层次就是从最高管理层到最低管理层所具有的管理层级数，管理干部的增加也会导致管理层次的增加

一般来讲，随着先进技术和设备的应用，以及管理者管理水平的提高和被管理者自身素质的提高，管理幅度将越来越大，相应的管理层次将越来越少，它们之间成反比关系。因此随着公司各项制度的成熟及先进设备的应用，我们的管理幅度也应越来越大，相应的管理层次也应越来越少，这样才合乎逻辑。但令人费解的是，本公司的管理幅度越来越窄，管理层次越来越多，具体表现在干部比例上，特别是模具厂每5.0个人当中就有一名干部。管理人员的增加不但会增加成本，滋长官僚主义，而且会压制员工的积极性、主动性和创造性，助长本位主义的思想

三、性别结构

本公司各部门性别结构比例见表4-11。

表4-11　　　　　　　　　　**本公司各部门性别结构比例**

部门 性别	模具厂	原料厂	鞋材厂	管理部	小计	分　析
女（人）	17	11	73	39	140	1.公司男女比例失调，尤以模具厂突出
男（人）	228	67	151	54	500	2.与周边工厂举行联谊活动以增加男女交往机会，稳定员工队伍，此项内容应纳入企划
比例	1：13.4	1：6.1	1：2.1	1：1.4	1：3.6	室生活辅导的工作当中

四、年龄结构

本公司各部门年龄结构比例见表4-12。

表4-12 　　　　　　　　　　　**本公司各部门年龄结构** 　　　　　　　　　单位：人

年龄段＼部门	原料厂	模具厂	鞋材厂	管理部	分析
20岁以下	6	13	9	5	公司员工年轻化，可塑性较强，但随之而来的将面临恋爱、婚姻、生育等潜在压力。如果处理不当，很容易引起员工思想波动和心理压力，对工作造成潜在的冲击，应对措施将纳入企划室生活辅导的工作当中
21～30岁	86	72	75	71	
31～40岁	8	15	15	22	
41岁以上	0	0	1	2	

注：表4-10、表4-11和表4-12中缺少企划室资料。

资料来源　由广州番禺东泰塑胶有限公司企划室提供.

（二）员工离职报表分析

◆◆◆◆➡ **企业文件范例4-4**

广州番禺××塑胶有限公司某年度员工离职分析总结报告

在分析总结今年员工离职原因之前，有必要对全年度的离职状况做个回顾。

公司各月平均离职率情况见表4-13和图4-15。

表4-13 　　　　　　　　　　　　**公司各月平均离职率（%）**

月份	1	2	3	4	5	6	7	8	9	10	11	12
离职率	5.6	1.8	4.5	3	7.2	6.2	7.9	2.9	2.1	2.6	3.6	2.7

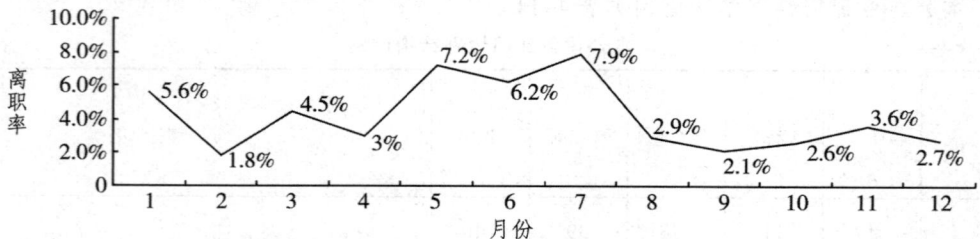

图4-15　公司各月平均离职率

可以看出，公司的离职率以7月份为分界线：7月份以前的离职率总趋势呈曲折上升趋势，7月份以后的离职率总趋势呈整体下降趋势。

1.年初离职率高，这在企业中普遍存在，不在异常之列。但从2月份开始呈明显的曲折上升趋势，5月份突破5%的离职管理基准线，达到7.2%，7月份更是达到全年度的最高峰7.9%。

2.为何公司离职率高居不下？这是我进入公司后思考的第一个问题。经过半个月的招聘工作，从应聘人员的应聘心态中我们找到了问题的端倪。以下是应聘人员在应聘时具体提到的问题：

（1）大专及以上学历的员工，试用期间有没有保底工资？（按公司现行的日薪制度，大学生第一个月1 500元左右，第二个月1 700元左右，第三个月2 000元左右；如果再扣除厂服等费用，工资更低。如此低的工资，如何满足各部门对人才的高标准要求？）

（2）公司采用什么管理模式？是主管说了算还是制度说了算？经过努力工作，有没有升迁的机会？（员工对公司制度的模糊认识、员工受到的不公平待遇、员工看不到自己的未来等，都会造成人才的流失）

（3）入厂以后，如有什么问题，单位主管会不会帮助解决？（就连机器都需要保养、爱护，何况是一个有感情、有思想的人？我们的各级主管只是一味要求下属应该怎样做、必须怎样做，有没有设身处地为下属着想？有没有稍微关心一下员工的生活和情趣？哪怕只是口头上的一点安慰和支持）

以上问题，是不是造成员工离职的真正原因？我们通过什么渠道加以证实？可否通过员工访谈的方式加以证实？为此我们做出如下规划：

（1）新进员工访谈：澄清员工模糊认识，解决员工实际困难，降低新进人员流失率。

（2）离职员工访谈：发现和弥补公司制度的漏洞，提高干部的管理水平，稳定员工队伍。

3. 从7月份开始，公司全面展开新进员工访谈及离职员工访谈。通过员工心态分析，我们确实发现了不少问题，证实了上文提出的问题。

截止到去年年底，企划室对36名离职者进行了访谈，结果整理如下：

（1）47%的离职者因为待遇问题而离职。

普通员工的工资水平与外界相比，不分伯仲；但大专及以上学历员工的薪资结构应当做相应调整，不能按以前的日薪制度。建议公司给新进大专及以上学历的员工实行保底工资制，按现行的市场行情，月薪在2 500～3 000元。

（2）42%的离职者因为工作压力太大而离职。

这说明我们的各级主管对员工生活漠不关心，只是一味施加工作压力，长此以往只能适得其反。员工的心理压力没有得到正确和及时疏导，没有建立一个能释放员工心理压力的有效机制。

（3）28%的离职者因为看不到自己的未来而离职。

①说明我们的激励机制不健全，用人方面主观性太强，挫伤了员工的积极性。

②说明我们只注重现实的工作要求，没有考虑员工未来的发展方向，使员工感到在公司工作没有成就感和升迁感。

针对（2）（3）两点，企划室建立生活辅导制度，展开多种形式的心理咨询活动，达到稳定员工队伍、提升员工士气、发掘员工潜能的目的。

（4）22%的离职者因为主管缺乏管理水平或操守而离职。

①说明我们有些主管还处在粗放管理的水平上，缺乏应有的管理水平和风度。

②说明公司制度不够健全，权力凌驾于制度之上。

（5）17%的离职者因为工作时间太长而离职。

①说明我们的人员配置不合理，工作安排不恰当，造成工作上加班严重，打疲劳战。

②生产岗位两班倒，工作时间长无可非议，但行政岗位可以通过提高工作效率和轮流加班等方式缩短工作时间。

4.针对以上问题，企划室都通过不同途径反馈到相关部门和单位，相关单位也采取了一些措施加以改善，取得了初步成效。

（1）员工访谈进行的第二个月离职率便明显下降到2.9%，第三个月再降至2.1%，之后几个月一直保持在4%以下，远离5%的离职管理基准线。

（2）虽然我们取得了一些成绩，但以上问题不同程度地存在，我们还有许多事情要做。任何制度如果不持之以恒贯彻落实，再好也不能发挥功效。我们将本着这种理念，将这项工作深入并持久地进行下去。

资料来源　由广州番禺东泰塑胶有限公司企划室提供.

三、美都实业集团人力资源结构分析操练

（一）操练背景材料

河南美都实业集团有限公司（以下简称美都实业集团）是中国香港美都国际投资有限公司（以下简称美都国际）的子公司。随着美都国际的快速扩张和全面发展，尤其在中原经济区上升为国家战略以后，公司看中了河南的投资商机，做出了"从短期分散式投资转向长期集中式投资、从沿海城市投资转移到中原地区投资"的决策，并于2011年进驻郑州，开始对河南重大基础性产业进行战略投资。

美都实业集团是以产业链整合为核心价值的跨行业、跨区域的投资控股集团，业务涉及项目投资、资产管理、农产品交易、房地产开发等领域，公司总资产50亿元人民币。美都实业集团紧紧围绕中原经济区发展的大战略，在农业、金融、投资、文化、商业、旅游等领域，发现社会需求，整合社会资源，切入经济增长点，创造新的业态和行业运营规则，以产业链整合为核心，以资本运营为纽带，以产业园为发展依托，以资源整合为发展路径，以模式创新为发展动力，以品牌、人才为发展支撑，推动美都实业集团持续、稳定、健康发展。美都实业集团正在投资建设的项目有中国菜篮子工程应急储备交易中心、中国（漯河）国际食品城、中国（郑州）国际泵阀交易中心、东方黄河生态旅游示范园区、河洛文化产业园、小贺庄安置工程等，项目总投资达100多亿元人民币，项目全部建成后，将对中原经济区的发展产生重大影响。

（二）美都实业集团的人力资源结构状况

美都实业集团经历了两年的发展历程，各项目有了一定程度的进展。但是在项目运作过程中，存在开发成本过高、人员执行力不强的消极因素，并直接影响了公司正在开展的各项目的高效开发。公司人才紧缺和人浮于事并存。从某种程度上讲，上述现象的存在和公司人力资源结构有一定关系。鉴于此，美都实业集团人力资源部从人员数量结构、人员素质结构、人员年龄结构及人员职位结构4个方面，对公司的人力资源结构进行了如下统计：

1.人员数量结构

截至今年7月11日，美都实业集团的在岗人数为65人，顾问人数暂缺。为便于对

人员数量的具体分析，本部分按岗位职能，将公司各岗位人员划分为财务类、管理类、工程类、项目人员、顾问人员 5 个岗位序列。其中，管理类指公司高管、人力资源中心人员、集团办公室人员、企管中心人员、法务中心人员；工程类指地产管理中心人员、项目工程人员；项目人员指项目负责人、项目助理等。具体人员数据如图 4-16、图 4-17 所示。

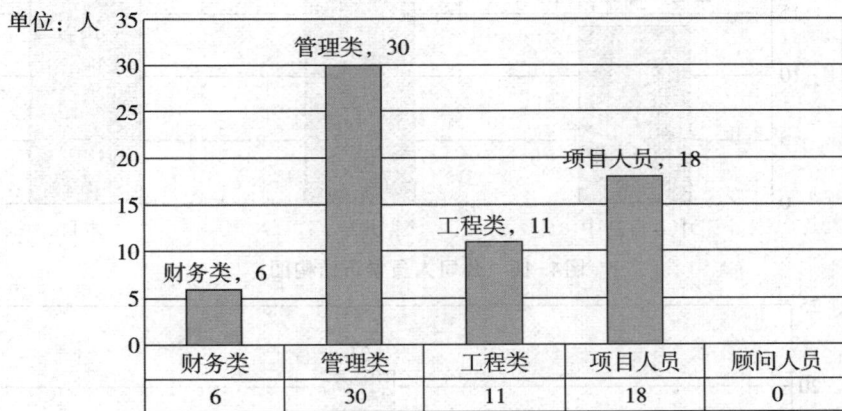

图4-16　公司人力资源类别人数图

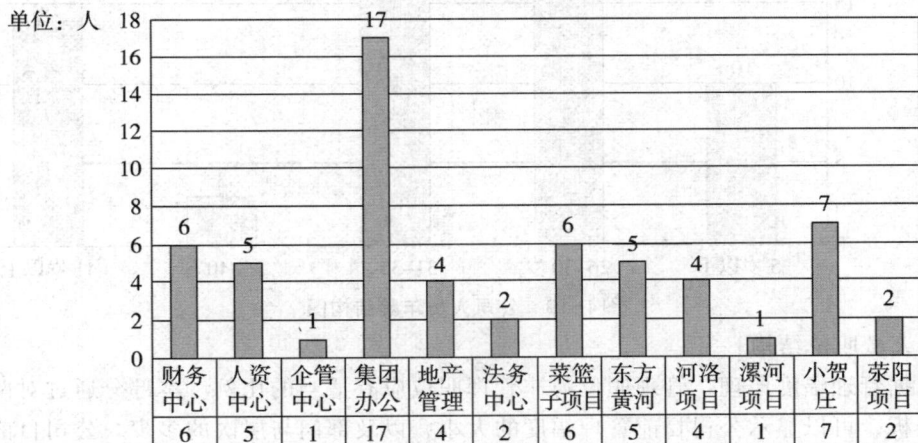

注：本图不包括公司高管5人。

图4-17　公司在岗人数分布图

2.人员素质结构

人员素质可从人员具备的能力、知识结构及工作态度 3 个指标进行评价。公司目前的员工绩效考核体系尚未建立，员工能力及工作态度两个指标的评价缺少客观的依据，因此本部分对人员素质的分析仅从人员接受教育的程度（学历）上分析。公司人员学历结构如图 4-18 所示。

3.人员年龄结构

从某种程度上讲，员工的年龄和工作经验成正比例关系。通过对公司员工年龄分布的分析，可初步得出工作经验丰富的员工数量所占比例。具体数据如图 4-19 所示。

单位：人 30

本科，26

大专，25

中专、高中，14

| 中专、高中 | 大专 | 本科 |

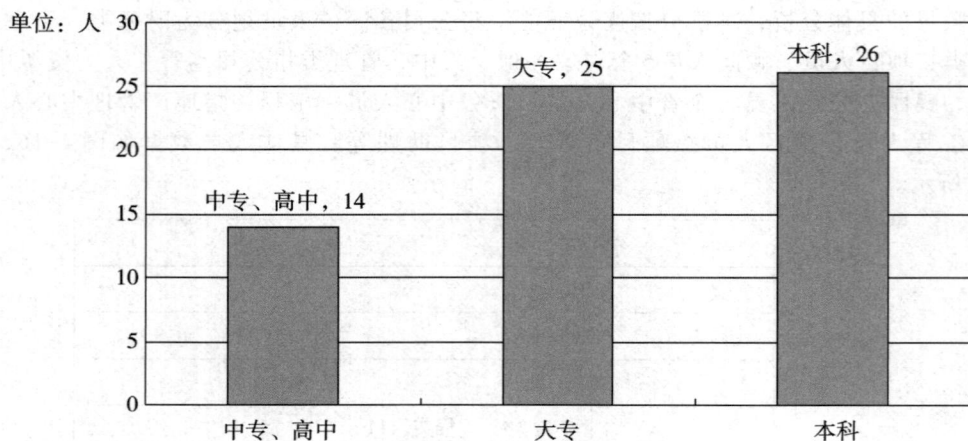

图4-18　公司人员学历结构图

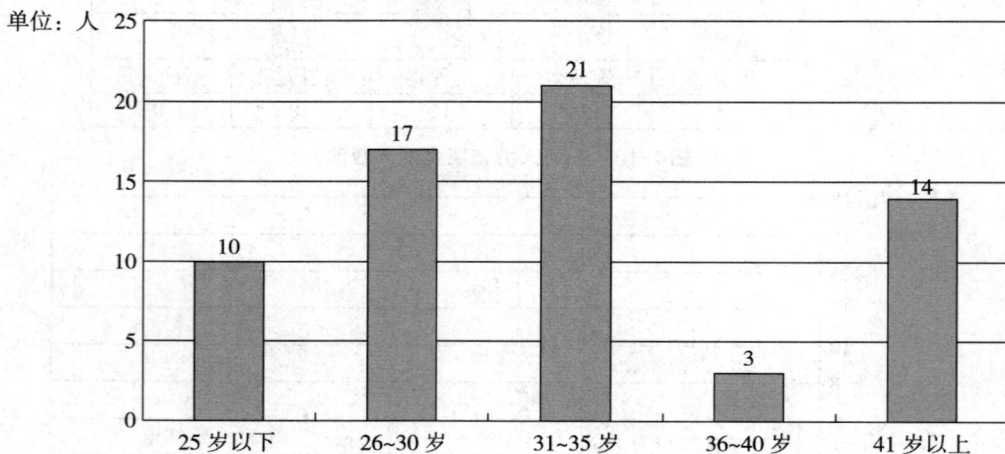

单位：人 25

21

17

14

10

3

| 25岁以下 | 26~30岁 | 31~35岁 | 36~40岁 | 41岁以上 |

图4-19　公司人员年龄结构图

4.人员职位结构

根据管理幅度原理，管理职位与非管理职位应有适当的比例。本部分通过对两者结构的分析，可以显示公司目前管理幅度的大小，以及部门与层次的多少。公司目前的职位结构为员工（含技术）、主管级、经理级、总监级、总监级以上5个职位等级。具体数据如图4-20所示。

（三）美都实业集团的人力资源结构分析

管理没有标准答案，应根据不同的公司、不同的情况、不同的阶段等不同的条件提出适合的分析内容和解决方案。请同学们以小组为单位，根据本组的理解和假设情境，对美都实业集团人力资源结构统计数据进行讨论和分析，并尝试对发现的问题提出相应的解决方案。小组内部讨论完后，各小组编写《美都实业集团的人力资源结构分析报告》，并派代表上台阐述本组的报告内容，进而与其他小组进行交流。

单位：人

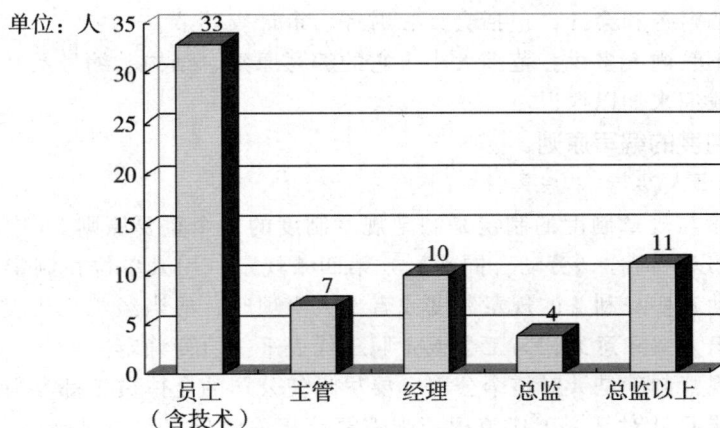

图4-20　公司人员职位结构图

项目二　企业规章制度剖析

一、规章制度概述

（一）规章制度的作用

当公司发展到一定规模时，需要制定一些规章制度来规范公司的管理。制定规章制度本身并不难，难的是规章制度的执行。而规章制度难以执行的主要原因在于：规章制度的实施实际上是在改变员工的不良习惯、规范员工的工作行为。俗话说"江山易改，本性难移"，改变一个人的不良习惯是很难的，况且规章制度是要改变公司所有员工可能存在的不良工作习惯，其困难程度可想而知。所以，我们在制定规章制度时，不但要确保规章制度的内容合法、制定程序合法，更要考虑它能否成功地改变员工的工作习惯（即能否成功地被执行）。

管理规章制度的篇幅不一，多则洋洋万言，少则仅有薄薄的几页岗位责任，但是它们都在不同程度地发挥着作用。多的优点在于规定了所有的人做何事及所有的事如何做，可谓面面俱到，管理有序；缺点在于增加了管理成本。少的优点在于简明、扼要，运行成本较低；缺点在于不便于控制。

（二）规章制度的范围

规章制度涉及的范围很广，主要包括五大部门（产、销、发、人、财）的规章制度内容：

产指广义的生产，包括采购、外协、储运、技术、制程、设备、基建、安全环保、品控等环节。

销指广义的营销，包括市场、销售、营业、售后服务等环节。

发指广义的研究和发展，包括项目调查、产品研究设计、项目管理、投资、企划等环节。

人指广义的人力资源管理，包括组织架构、部门职责、考勤管理、人事变更、招聘、培训、考核、薪酬、档案、行政事务、后勤、保安等环节。

财指广义的财务和会计，包括会计、财务、审计等环节。

规章制度不管内容多少、范围大小，它的编写原则、结构、编号及其管理都是基本相似的。下面我们来加以探讨。

二、规章制度的编写原则

（一）让当事人参与

让当事人参与规章制度的制定是制定规章制度的一个重要原则。《中华人民共和国劳动合同法》（以下简称《劳动合同法》）第四条规定，用人单位在制定、修改或者决定直接涉及劳动者切身利益的规章制度或者重大事项时，应当经职工代表大会或者全体职工讨论，提出方案和意见，与工会或者职工代表平等协商确定。

如果这个规章制度是针对整个公司，要尽量使公司的全体员工都参与到规章制度的制定中来；如果只针对某个工作流程，则需要请相关的员工参与进来。一般的做法是，由起草人认真调查之后，起草规章制度的草案，将该草案公布于众，让大家进行讨论和修改，并由起草人收集意见进行修改。对于重点的当事人，起草人要个别征求他们的意见，并做认真的记录和总结。需要注意的是，在收集的意见中，会有大量意见是重复的或不可行的（对这些意见要向提出人做耐心解释工作），但这种让当事人参与讨论制定规章制度的流程不可缺少，也是法律赋予员工的权利。

虽然当事人的参与会使规章制度的制定和修改变得更加复杂与缓慢，但会为今后规章制度的执行减少很多障碍。因为人本能地会对约束他的事物产生反感，而规章制度恰恰是约束人的事物，但是让员工参与到规章制度的制定和修改，可以减少这种反感，因为通常人们都不会否定自己的劳动成果。

（二）注意员工的工作习惯

懒惰是人的一大天性，人一般不会主动更改自己熟悉的工作方式，所以在制定规章制度时，一定要认真分析现有的工作流程和工作习惯。在达到目标的前提下，要尽可能地沿袭原有的工作流程和习惯，这样才能有效地保证日后规章制度的执行。

（三）简明、扼要、易懂

规章制度是需要执行的，当员工对规章制度本身无法深入地了解时，就谈不上能很好地执行。规章制度是针对所有当事人的，所以规章制度本身的语言描述应该尽可能简明、扼要、易懂，并且不产生歧义，让所有的当事人都可以轻松地理解。另外，规章制度不必非常缜密和完备，因为这样会损害规章制度的简明性、扼要性和易懂性，不利于规章制度的执行。

（四）易操作

规章制度必须具有可操作性，否则就失去了制定规章制度的意义。要想使规章制度易于操作，最好在规章制度中明确一般的操作方法。另外，要写明规章制度的原则，这样便于对特殊情况进行处理（最好能规定出解释权的归属部门）。《劳动合同法》第四条规定，用人单位应当将直接涉及劳动者切身利益的规章制度和重大事项决定公示，或者告知劳动者。

（五）不求完善但求公正

在制定新规章制度时，很难做到一次性完善。随着公司的发展和管理的提升，可能还要进行不断的修改和充实。制定规章制度是为了使用，所以一定要适合公司。在规章制度执行的过程中，可能会因为规章制度本身的不完善和不合理而出现一些问题，但这些不应该影响规章制度的公正执行。比起规章制度的完善性，员工往往更加关心执行规章制度的公正性，所以规章制度的制定者也应该更加关心执行的公正性。

（六）对改变习惯采取措施

规章制度的执行过程就是改变员工工作习惯的过程。管理者应该很清楚地认识到该规章制度的执行会给员工带来哪些工作习惯的改变，这种改变员工是否可以接受、接受的程度是多少。根据具体情况，管理者必须采取一些辅助措施来加强对员工工作习惯的改造。比如在新规章制度执行时，进行新规章制度培训，或进行频繁的抽查和监督等。

三、规章制度的结构

一般来讲，规章制度包括以下结构的内容，但可根据公司的实际需要进行必要的调整。

（一）规章制度标头

1.公司的LOGO和公司名称。

2.规章制度的编名和章节名称。

3.编号、版次和页码。

（二）规章制度总则

1.制定目的。

2.适用范围。

3.权责单位。

4.名词界定。

（三）管理内容

1.主要用文字和条款的方式阐述规章制度的内容。

2.用词简洁、明了、肯定、完整。

3.责任明晰、时限确定。

4.尽量用表和图（尤其是流程图）表示。

（四）附件

附件指与本规章制度相关的表格、数据、图例和文件等。

（五）编制、审核、复核和批准人

一般的规章制度，由规章制度执行部门或代表部门编制，部门的最高负责人审核，行政或人力资源部门复核、总经理批准。如果规章制度仅仅涉及本部门并且没有大的利益冲突，就不需总经理批准；如果规章制度事关公司全局，涉及集团其他子公司的内容，或有很大的利益冲突，还需董事会讨论和董事长批准。

四、规章制度的编号及其管理

对规章制度进行编号管理，确保公司重要文件具有唯一编号，便于文件的识别、追溯和控制，保证公司文件体系有效运转。

为了识别方便，在进行文件和规章制度编号时最好保证简单、明了、具有层次感；如果公司主要面向国内市场，编号最好用拼音字母加数字表示，便于国内员工的识别和管理。比如广州蒙特利材料科技股份有限公司的行政类文件和规章制度包括人力资源管理（人力资源规划、工作说明书、招聘、培训、考核、薪酬、员工关系等）、行政管理、总务管理等；如果我们对人力资源管理下的招聘管理文件进行编号，可以编为MR—Z—01，其中M表示蒙特利公司蒙字的汉语拼音第一个字母，R表示人力资源管理，Z表示招聘，01表示招聘类的第一个文件；如果还想给招聘管理文件的附属表格编号，我们可以表示为MR—Z—01/B1，其中B1表示招聘类第一个文件里的第一个表格，以此类推。如果是国际化的公司或者是外资企业，我们在编号的时候就要采用英文缩写加数字的编号方式。

关于文件的编号在ISO质量管理体系里面都有严格的规定，主要对质量手册、程序文件、作业指导书和表格单据等四层文件进行编号管理。其实，ISO质量管理体系文件的编号原则、方法和普通规章制度的编号原则、方法，本质上是一样的，只不过ISO质量管理体系文件编号相对复杂、严格和特殊一些。实际上实施ISO质量管理体系的公司，也把公司行政类文件和规章制度纳入ISO质量管理体系的文件管理体系中，公司规章制度的编号和ISO质量管理体系文件的编号也统一起来。

五、规章制度的实例分析

（一）规章制度的结构和内容实例

◆◆◆◆➡ 企业文件范例4-5

广州蒙特利材料科技股份有限公司员工奖罚管理规定

蒙特利® 第一编：人力资源管理规章	编号	MR-JF-05
	版次	V5.0
第十二章　员工奖罚管理规定	页次	

一、总则

1.0　制定目的：为保障公司各项规章制度的执行，促进公司全体员工奋发上进，特制定本规定。

2.0　适用范围：本规定适用于各部门。

3.0　权责单位：

3.1　本规定由人力资源部草拟、修改、执行并拥有最终解释权；

3.2　本规定由总经理办公会议颁布签发。

二、奖惩类别

1.0　奖励种类：

1.1　嘉奖；

1.2　小功；

1.3　大功；

1.4　晋级或授予"优秀员工"称号；

1.5　晋级或授予"模范员工"称号。

2.0　惩处种类：

2.1　警告；

2.2　严重警告；

2.3　记过；

2.4　记大过；

2.5　降职或开除。

三、奖励内容

1.0 判定标准：

奖励标准

类　别	奖 励 依 据
晋级或授予"模范员工"称号	1.荣获"优秀员工"称号并能在全公司起表率作用者 2.技术能力出类拔萃，有重大技术改造或发明创造业绩者 3.为公司创造重大经济或社会效益并有充足事实根据者 4.为避免公司损失而遭受身体或心理伤害并有事实根据者 5.连续3年被评为"优秀员工"而没有被授予"模范员工"称号者 6.具有其他功绩，董事长或总经理认为应给予奖励者
晋级或授予"优秀员工"称号	1.正式工作半年以上，模范遵守公司各项规章制度，工作勤奋、积极、主动并有明显绩效者 2.技术能力出类拔萃，有技术改造或发明创造业绩者 3.能预见性地防范以避免公司遭受重大损失并有事实根据者 4.遇特殊重大事故或困难能为公司排除万难者 5.获记大功2次者 6.具有其他功绩，董事长或总经理认为应给予奖励者
大　功	1.对公司有特殊或重大建议，并经实施后确有显著或重大效益者 2.发觉不利于公司之举而敢于制止，并挽回重大损失者 3.在公司工作的某方面有特殊贡献者 4.获记小功3次者 5.对社会做出贡献，使公司获得社会荣誉者 6.具有其他功绩，总经理认为应给予奖励者
小　功	1.向公司提出合理化建议，其建议被公司采纳并有所效益者 2.敢于揭发各种侵害公司利益之行为者 3.工作业绩显著，并给公司员工带来积极影响者 4.主动举报偷闲、怠工者 5.获取嘉奖3次者 6.具有其他功绩，分管副总认为应给予奖励者
嘉　奖	1.模范执行公司各项规章制度，全年未违规者 2.对操作之工具设备维护得当者 3.遇突发事故处置适当者 4.主动帮助同事并教导作业者 5.坚持业余学习，不断提高业务水平，获取专业证书者 6.维护公司的规章制度，对各种违纪行为敢于制止、批评、揭发者 7.具有其他功绩，部门经理认为应给予奖励者

2.0　常规奖励：

2.1　嘉奖 1 次奖励 50 元；

2.2　小功 1 次奖励 100～180 元；

2.3　大功 1 次奖励 200～1 000 元；

2.4　授予"优秀员工"称号，发证书，并奖励 2 000 元；

2.5　授予"模范员工"称号，发证书，并奖励 5 000 元；

2.6　晋级按公司规定待遇；

2.7　各项奖励均予以全公司通报（奖金数额不予通报）；

2.8　事迹突出的员工除按以上规定给予奖励外，公司还将在进修、休假、外派、考察等方面给予优先考虑。

3.0　贡献奖励：

为公司带来效益的员工，除按相应适用条款实行常规奖励外，还按以下规定给予贡献奖励：

3.1　为公司带来直接收益达 1 万元以上者，给予 1% 的奖励；

3.2　为公司带来长远收益（3 年内）超过 10 万元者，年终根据该项收益给予 1% 的奖励；

3.3　为公司带来长远收益（3 年内）预期超过 100 万元者，一次性给予 1 万～5 万元的奖励，并在年终根据该项收益给予 1% 的奖励。

四、惩处内容

1.0 判定标准：

惩处标准

类别	处罚依据
降职或开除	1.工作效率不佳者，生活懒散或态度恶劣、出勤不正常者 2.月累计旷工 3 天或年累计 6 天而无正当理由者 3.盗窃厂内或员工的财物、侵占公款、伪造文书和模仿董事长或总经理笔迹签字者 4.对上级领导的合理决定拒不执行者 5.因故意致使公司蒙受损失情节严重者 6.通过非正当途径，开假发票报销，获取非法利益者 7.挑拨是非，破坏团结，损害他人名誉和领导威信，影响正常工作秩序及公司信誉者 8.在公司内有伤风败俗之行为或受到刑事处分经查属实者 9.煽动他人怠工、停工者 10.触犯法律、法规、治安条例、公共安全规章者 11.因工作管理不当造成死亡事故，直接主管开除或降职处理 12.违反公司保密协议和劳动合同相关条款者 13.利用职务之便，以权谋私，收取回扣或其他不法行为者 14.担任职务不能胜任给予降职处理者 15.无理取闹、打架斗殴造成严重后果者 16.私自把本公司客户介绍给外单位者 17.拒签合同和保密协定者 18.上班时间睡觉者 19.司机酒后驾驶或把车辆交给无证人员驾驶，并造成事故 20.由于个人原因造成车辆严重损坏或丢失者 21.第一次记大过后，又发生类似行为者 22.违反公司其他规定而应处以开除或降职处分者 23.总经理认为应给予降职或开除处分的情形

类　别	处罚依据
记大过	1.不服从上级工作安排，且态度恶劣者 2.未按上级安排去做或擅自休假造成工作困难者 3.按时打上下班卡但未上班或未按时上下班者以及知情包庇以上行为的直接主管，一经发现均给予记大过并按旷工1天论处，情节严重或屡教不改者给予开除处分 4.发生员工重大工伤事故，给予直接主管人员记大过处分 5.打架及恐吓威胁他人并造成一定后果者 6.无故旷工1日者 7.在禁烟区内吸烟者 8.包庇、纵容违规违纪行为者 9.模仿副总经理级笔迹签字者 10.招工时收取员工介绍费者 11.在厂区聚众赌博、酗酒，造成一定后果者 12.在公司制造私物或命令他人制造私物者 13.司机酒后驾车或把车辆交给无证人员驾驶，但未造成事故 14.因过失而损坏公物，造成严重损失者 15.第一次记过后，又发生类似行为者 16.违反公司其他规定而应处以记大过处分者 17.分管副总认为应给予记大过处分的情形
记过	1.月累计5次或以上未在限定时间内完成上级下达的工作任务者 2.不按公司规章制度办事或处理不当，造成不良影响者 3.无故旷工半日者 4.擅自配备公司钥匙者 5.未经批准携带危险物品进入厂内者 6.培训考试补考不及格者 7.在公司内打架斗殴，未造成不良后果者 8.因过失而损坏公物，造成较大损失者 9.经证实保安有徇私舞弊损害公司利益行为，但未造成损失 10.没有放行单和主管人员同意把车开出公司，保安和司机记过处分 11.非工作需要私自复印公司文件或将文件带出厂者 12.无正当理由私自携带考勤卡或未放于规定位置者 13.员工未办理离职手续领走薪水，给予部门直接主管和财务当事人记过处分 14.第一次严重警告后，又发生类似行为者 15.违反公司其他规定而应处以记过处分者 16.分管副总认为应给予记过处分的情形

类　别	处罚依据
严重警告	1.初次不服从工作安排或工作调动，影响正常工作秩序者 2.在上班时间看与工作无关的报刊，利用工作之便玩游戏、办私事 3.因过失而损坏公物，造成一定损失者 4.在公司内喧哗吵闹有碍秩序者 5.住厂员工未经批准于晚上11：00以后回厂者 6.上下班拒绝保安按规定检查者 7.干部及作业员交接班不清者 8.公司发给之工具遗失而未报告者 9.机械设备未依规定保养者 10.未经相关部门批准或无正当理由，未参加有关培训和会议者 11.培训考试不及格者 12.上下班均需亲自打卡，代理他人或由他人代理打卡但全天上班者，代理人和被代理人以及知情不报的保安均给予严重警告处分 13.无正当理由不经有关领导批准强行用车或出厂者 14.司机违章不按时接受交警处罚 15.值班保安不按规定执行门禁制度 16.第一次警告后，又发生类似行为者 17.违反公司其他规定而应处以严重警告处分者 18.部门经理认为应给予严重警告处分的情形
警告	1.上班时精神状态不佳且工作不积极者 2.不尊重客人、上司和同事，说话粗声大气，礼仪不当者 3.参加会议、培训无正当理由迟到、早退者 4.推诿、逃避工作责任者 5.在上班时间围在一起谈论与工作无关的事情者 6.不按规定借阅、复印公司资料、书籍和借用物品者 7.不按规定佩戴厂证、不穿厂服者 8.浪费饭菜，乱倒剩饭、剩菜者 9.乱写乱画于墙壁等公共场所、乱丢垃圾者 10.保安仪容不整、礼仪不当有损公司形象 11.最后一个下班不关灯和空调者 12.因无意而损坏公物，造成细微损失者 13.违反公司其他规定而应处以警告处分者 14.部门主管认为应给予警告处分的情形

2.0　常规惩处：

2.1　警告在部门内部通报；

2.2　严重警告在全公司通报，并罚20元；

2.3　记过在全公司通报，并罚50元；

2.4　记大过在全公司通报，并罚100元；

2.5　降职或开除在全公司通报，若给公司造成损失则按相关规定给予处理。

3.0　经济索赔：

对造成公司经济损失的责任人，除按相应适用条款处分外，还应按以下规定索赔公司损失：

3.1　造成公司经济损失3（含）万元以下者，责任人应赔偿损失总额的30%至50%；

3.2　造成公司损失3万元以上者，由总经办提出索赔处理意见，报总经理批准由人力资源部执行，情节严重者上报司法机关依法处理。

4.0　处理原则：

处罚内容如有重叠，以从重处理为原则。

五、奖惩程序

1.0　员工的奖励，由员工所在部门主管向公司总经办和人力资源部推荐，并按人事管理责权划分进行审核，呈报总经理（必要时上呈董事会）批准执行。

2.0　公司设立的各种阶段性奖励，通过评审后，按相应措施及方案执行。

3.0　员工的惩处由各部门主管提供材料，由总经办和人力资源部负责调查落实，呈报总经理批准；员工如对惩处有异议，可直接向部门领导或总经理提出。

4.0　员工凡在收到罚单时，均须签名确认后由执行人交人力资源部存档。

5.0　员工受奖惩情况记入人事考核档案中，受严重警告及以上惩处情况每月由人力资源部统一公布一次。

6.0　凡按本规定处理的责任人，在赔偿事项未了结之前，不得离开本公司，否则上报司法机关处理。

批准		复核		审核		编制	
日期		日期		日期		日期	

资料来源　由广州蒙特利材料科技股份有限公司人力资源部提供.

（二）规章制度的编号和管理实例

◆◆◆◆➡ **企业文件范例4-6**

信和公司人力资源部档案文件管理制度

编号：XH-HR-ZD-001-21-01-01	
适用范围：信和公司	核准：黄信人
	承认：萧向阳
制作：陆丽华	发布日期：20××年××月××日

第一章　总则

1.为加强对公司档案的管理工作，有效地保护和利用档案，维护公司合法权益，特制定本制度。

2.本制度所称的档案是指过去和现在的公司各级部门及员工从事业务、经营、企业管理、公关宣传等活动中所直接形成的对企业有保存价值的各种文字、图表、声像、胶卷、荣誉实物、证件等不同形式的历史记录。

3.公司及各部门、员工有保护档案的义务。

4.档案工作按照统一领导、分级保管、分级查阅的原则，进行网络化管理。

第二章　档案机构及其职责

1.公司各部门指定专人负责档案管理工作（即资料员）。

2.档案工作由人力资源部统一领导，同时负责接收、收集、整理、立卷、保管，并提供档案利用（不包括机密档案），还负责监督各部门、各分店的档案工作。

3.人力资源部应逐步完善档案制度，确保档案安全和方便利用，采取科学手段，逐步实现档案管理的现代化。

第三章　档案的管理

1.人事档案管理

1.1　人事档案管理原则

1.1.1　独立性原则，每个员工都有自己独立的人事档案。

1.1.2　保密性原则，员工档案只有有权限领导可以查阅。

1.1.3　统一性原则，员工档案文件采用同样的格式，便于查阅。

1.2　人事档案管理办法

1.2.1　地区人事部/人力资源部负责员工档案的管理及更新。

1.2.2　地区人事部/人力资源部主管有权查阅分店主管级以下员工的档案。分店经理须通知人事部/人力资源部主管后方可查阅员工档案，并应登记。

1.2.3　总经理、人力资源部经理有权查阅公司所有员工档案资料，以便对整个公司的人力资源进行合理的配置。各部门领导如需查阅员工档案，需经过人力资源部经理批准，并登记后方可查阅。

1.3　档案管理格式

1.3.1　员工基本档案资料表格。（略）

1.3.2　员工调动档案资料表格。（略）

1.3.3　员工离职档案资料表格。（略）

2.公司文件管理

2.1　文件管理编号原则

2.1.1　统一编号，如 XH-HR-TZ-01-21-01-01

为信和人力资源部通知第一份于2021年1月1日发布的文件。第一级为公司汉语拼音缩写；第二级为部门代号；第三级为发文内容代号；第四级为发文编号；第五级、第六级、第七级分别为发文日期的年、月、日。

2.1.2　各部门代号：人力资源部 HR，营运部 YY，行政部 XZ，财务部 CW，信息中心 IT，商品部 SP。

2.1.3　发文内容代号：流程文件 LC，通知通告 TZ，规章制度 ZD，合同 HT，法律文件FL。

2.2　文件管理

2.2.1　各部门发文，应用统一格式。

2.2.2　各部门发文，原件存人力资源部存档备案。

2.2.3　文件借阅。

2.2.3.1　机密文件需经过人力资源部经理同意方可借阅。借阅普通文件需签名记录。

2.2.3.2　机密文件，指工资福利、法律文件等。

2.2.3.3　员工调进、调出要及时转递档案，并做好移交签字登记。

2.2.3.4　人事档案一般不外借，但领导或有关人员因工作需要调阅时，要严格办理借阅手续，借阅期限一般不超过5天。

2.2.3.5　借阅者对所借阅的档案必须妥善保管，不得私自复印、调换、涂改、污损、画线等，更不能随意乱放，以免遗失。

2.2.3.6　档案室钥匙必须由专人保管，不得随意转交他人。

3.整理的方法

3.1　方法

以问题特征为主，立小卷，一个类别一卷。

3.2　步骤

3.2.1　收集。

3.2.1.1　文书档案：当年立前一年的卷，并预立当年的卷。

3.2.1.2　科技档案类：竣工工程立卷，未竣工的工程资料整理成册。

3.2.2　整理，根据分类和成立的时间整理。

3.2.3　立卷，根据不同价值确定保管期限，有永久、长期、短期3种。

4.过程管理

4.1　属于公司保管的档案：公司及各部门、分店的资料员做好平时文件的预立卷工作，并在事件结束后或每季头一个月的10日前将需归档的预立卷的文件移交人力资源部保管，任何人不得据为己有。

4.2　属于各部门保管的档案：在每季度头一个月10日前汇编成册上报人力资源部，各分级保管者在每年的2月10日前将档案总目录、预立卷材料目录交人力资源部。

5.监督

人力资源部根据各部门上报的档案总目录、预立卷材料目录，进行定期或不定期的检查，以监督各部门档案的管理工作。

6.销毁

须报总经理批准，销毁时应有两个以上负责人监督，并在清单上签字。

第四章　档案备份制度

公司各部门所有有价值的文件、报表、业务记录等必须备份。

第五章　处理条例

有下列行为之一，根据情节轻重，给予50～500元扣薪处理，若构成犯罪依法追究刑事责任。

1.毁损、丢失或擅自销毁公司档案者。

2.擅自向外界提供、摘抄公司档案者。

3.涂改、伪造档案者。

4.未及时上报归档或管理不善的档案管理者。

5.未按手续借阅、外带者或越级查阅者。

第六章 责任

本制度监督责任部门为人力资源部，第一责任人为各部门指定的资料员，第二责任人为资料员所在的部门经理。

资料来源 由信和公司人力资源部提供.

（三）ISO质量管理体系文件的编号实例

◆◆◆◆➡ 企业文件范例4-7

杜邦应用面材（广州）有限公司文件和质量记录编号规定

DUPONT

The miracles of science™

杜邦应用面材（广州）有限公司
文件和质量记录编号规定

文件编号：	制定/修改：	初版日期：
最新版次：	审查核准：	最新审核：
共计页码：	批准发行：	最新发行：

电子档存放路径：

文件变更记录（一）

版本	发行日期	制定/修改	审查核准	批准发行	
				主管部门	相关部门
0					
1					
2					
3					
4					
5					

文件变更记录（二）

版本	发行日期	章节	变更内容
0			
1			
2			
3			
4			
5			

注：表文件变更记录（二）是表文件变更记录（一）的续表。

1.目的：文件和质量记录编号有所遵循。

2.适用范围：公司所有与质量有关的文件和记录。

3.职责：

3.1　管理者代表负责对"文件和质量记录编号规定"的批准。

3.2　品质部负责对"文件和质量记录编号规定"的审核。

3.3　ISO部负责对"文件和质量记录编号规定"的编写和修改。

3.4　新文件（包括质量记录）发行前由编写部门按"文件和质量记录编号规定"对文件实施编号，对于仍在使用旧版本的质量记录可直接在原号上更改成新编号。

4.工作程序：

4.1　质量手册编号规则（由三部分构成，如下）：

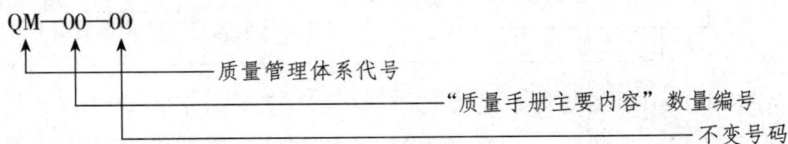

　　　　QM—00—00
　　　　↑　↑　↑
　　　　|　|　└——质量管理体系代号
　　　　|　└————"质量手册主要内容"数量编号
　　　　└——————不变号码

说明：QM是quality manage的缩写，意为"质量管理"。QM—00—00是"质量手册"的固定编号，其中编号第二部分，可根据"质量手册主要内容"的顺序依次编号，但是编号第一部分QM和第三部分00不变，例如QM—01—00，QM—02—00等。

4.2　程序文件（第二层文件）编号规则（由三部分构成，如下）：

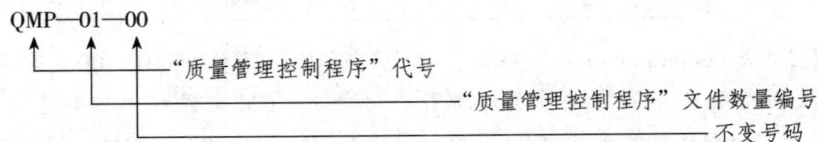

　　　　QMP—01—00
　　　　↑　↑　↑
　　　　|　|　└——"质量管理控制程序"代号
　　　　|　└————"质量管理控制程序"文件数量编号
　　　　└——————不变号码

说明：QMP是quality manage procedure的缩写，意为"质量管理（控制）程序"。QMP—01—00是"质量管理控制程序"的固定编号。QMP文件只有一个，因此只有QMP—01—00一个编号。

TRA—01—00

"培训系统控制程序"代号
"培训系统控制程序"文件数量编号
不变号码

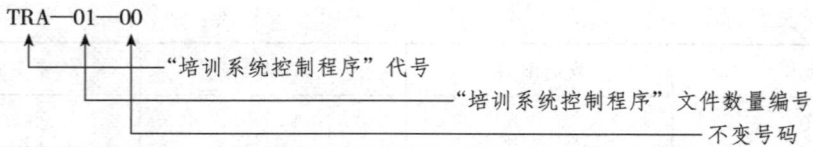

说明：TRA 是 train 的缩写，意为"培训"。TRA—01—00 是"培训系统控制程序"的固定编号。TRA 文件只有一个，因此只有 TRA—01—00 一个编号。

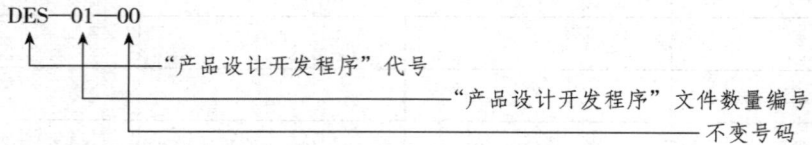

DES—01—00

"产品设计开发程序"代号
"产品设计开发程序"文件数量编号
不变号码

说明：DES 是 design 的缩写，意为"设计"。DES—01—00 是"产品设计开发程序"的固定编号，其中编号第二部分，可根据 DES 文件数量的顺序依次编号，但是编号第一部分 DES 和第三部分 00 不变，例如 DES—02—00，DES—03—00 等。

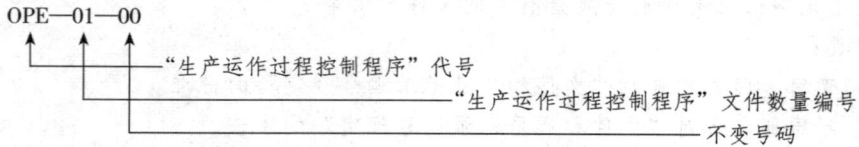

OPE—01—00

"生产运作过程控制程序"代号
"生产运作过程控制程序"文件数量编号
不变号码

说明：OPE 是 operation 的缩写，意为"运作"。OPE—01—00 是"生产运作过程控制程序"的固定编号，其中编号第二部分，可根据 OPE 文件数量的顺序依次编号，但是编号第一部分 OPE 和第三部分 00 不变，例如 OPE—02—00，OPE—03—00 等。

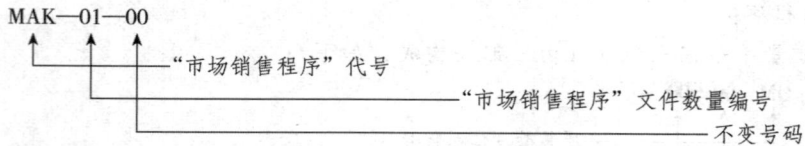

MAK—01—00

"市场销售程序"代号
"市场销售程序"文件数量编号
不变号码

说明：MAK 是 market 的缩写，意为"市场"。MAK—01—00 是"市场销售程序"的固定编号，其中编号第二部分，可根据 MAK 文件数量的顺序依次编号，但是编号第一部分 MAK 和第三部分 00 不变，例如 MAK—02—00，MAK—03—00 等。

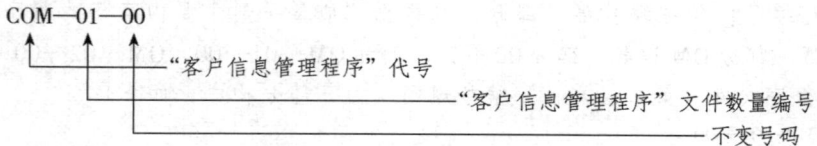

COM—01—00

"客户信息管理程序"代号
"客户信息管理程序"文件数量编号
不变号码

说明：COM 是 communication 的缩写，意为"信息"。COM—01—00 是"客户信息管理程序"的固定编号，其中编号第二部分，可根据 COM 文件数量的顺序依次编号，但是编号第一部分 COM 和第三部分 00 不变，例如 COM—02—00，COM—03—00 等。

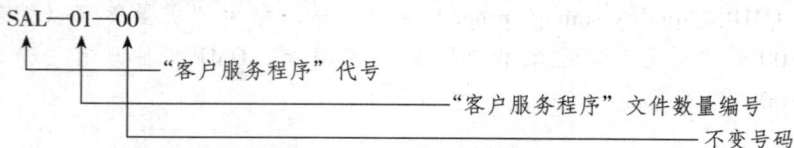

SAL—01—00

"客户服务程序"代号
"客户服务程序"文件数量编号
不变号码

说明：SAL 是 sales 的缩写，意为"销售"。SAL—01—00 是"客户服务程序"的固定编号，其中编号第二部分，可根据SAL文件数量的顺序依次编号，但是编号第一部分SAL和第三部分00不变，例如SAL—02—00，SAL—03—00等。

4.3 第三层文件（作业指导书类文件和部分支持性文件）编号规则：

4.3.1 作业指导书类文件的编号规则，是建立在程序文件编号规则的基础上，是程序文件编号规则的延续。

4.3.2 作业指导书类文件编号规则，是在程序文件编号第三部分依次编排数码而成。例如：

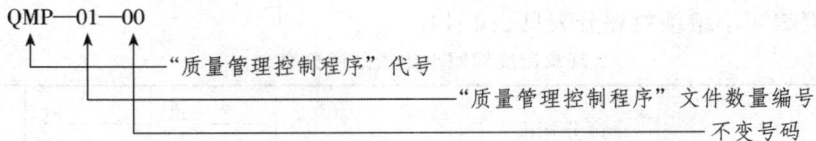

QMP—01—00
——"质量管理控制程序"代号
——"质量管理控制程序"文件数量编号
——不变号码

说明：程序文件"质量管理控制程序"的编号是QMP—01—00，那么由"质量管理控制程序"派生出来的第三层文件"文件和质量记录编号规定"编号是QMP—01—01；如果"质量管理控制程序"还将派生出另外一个第三层文件，那么我们可以编号为QMP—01—02，以此类推。

4.3.3 TRA，DES，OPE，MAK，COM，SAL等程序文件派生出来的第三层文件编号规则，同4.3.1和4.3.2。

4.4 质量记录编号规则：

4.4.1 质量记录的编号规则，是建立在第二层文件和第三层文件编号规则的基础上，是第二层文件和第三层文件编号规则的延续。

4.4.2 质量记录的编号规则，是在第二层文件和第三层文件编号后面依次编排F1，F2，…，Fn而成。例如：

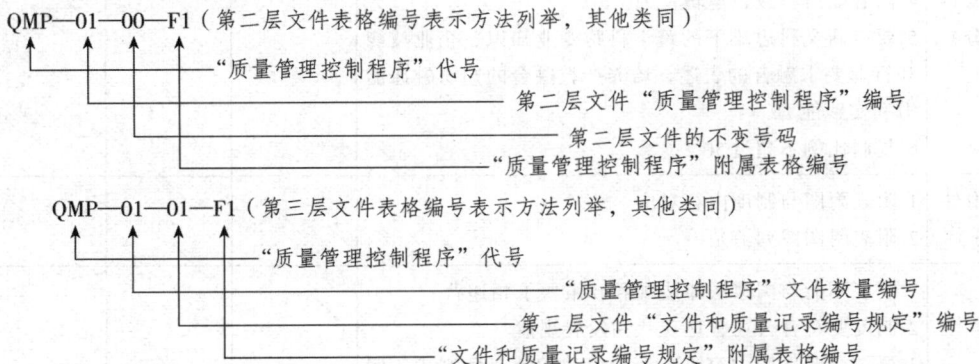

QMP—01—00—F1（第二层文件表格编号表示方法列举，其他类同）
——"质量管理控制程序"代号
——第二层文件"质量管理控制程序"编号
——第二层文件的不变号码
——"质量管理控制程序"附属表格编号

QMP—01—01—F1（第三层文件表格编号表示方法列举，其他类同）
——"质量管理控制程序"代号
——"质量管理控制程序"文件数量编号
——第三层文件"文件和质量记录编号规定"编号
——"文件和质量记录编号规定"附属表格编号

资料来源 由杜邦应用面材（广州）有限公司人力资源部提供．

六、操练项目：编写规章制度

（一）编写要求

选一个熟悉和喜好的工作项目，根据以上学习到的规章制度格式规范，每个小组为你们心目中的公司写一份完整的管理类规章制度作品，要求内容完整、条理清晰、逻辑性强、符合企业实际、图表与内容对应、格式规范美观、行文流畅简洁、编号合理清晰、复制比例不超过40%、课程思政合理可行。

　　每组作品上必须注明本组队员在本次编写中的分工和参与情况，并对本组队员在本次编写中的贡献度按先后顺序进行排名；教师根据排名在各组基准得分的基础上进行分数的上下调节，作为每个队员的平时成绩。

　　（二）操练参考程序和方法

　　初稿写好后，各小组在课外进行讨论和修改；课堂上教师负责答疑，各小组带回再次修改，修改后交给老师评分。

　　（三）评分标准

　　规章制度编写小组绩效评分表见表4-14。

表4-14　　　　　　　　　　　**规章制度编写小组绩效评分表**

评分指标	评分标准	_____班_____队	_____班_____队	_____班_____队
制度格式（25分）	1.整体结构完整，要素齐全 2.编号规范、简洁、明了 3.排版层次分明，文字大小适宜			
制度总则（15分）	1.制定目标明确，符合公司实际 2.适用范围完整、清晰 3.权责单位准确、权限适宜 4.有关名词术语界定完整明确			
制度内容（35分）	1.内容准确，脉络条理清晰 2.内容完整，用词简洁易懂 3.责任明晰，对象时限确定 4.内容前后一致，逻辑性强 5.要有新文科思维下的跨学科跨专业知识、企业技能和行业要求融合的表述，培养产教融合的知识融通能力和实践能力 6.复制比例不超过50%			
制度附件（5分）	1.附表附图与制度内容对应 2.附表附图罗列清楚			
课程思政（20分）	1.制度不能与国家法律法规和政策要求相违背 2.制度要符合公司管理现状和发展规律 3.要结合制度的内容进行课程思政的针对性描述。例如，在薪酬福利规章制度的"制定目的"中，可以写：为按劳分配、激励员工奋发有为，摒弃拜金主义，特制定本制度 4.定稿规章制度要体现遵纪守法、诚信服务精神 5.根据《劳动合同法》第四条第二、四款要求，经本组全体成员讨论、修改和公示			

评分指标	评分标准	____班 ____队	____班 ____队	____班 ____队
三方加权统分的团队成绩（百分制）				
教师一方评分权重45%（签字）_____				
"政企行"一方评分权重35%（签字）_____				
学生助教一方评分权重20%（签字）_____				
说明	（1）要求学生在编写规章制度时，要在制度正文中有如下某个或某些方面的描述：公司不同部门之间的工作衔接、技术协同，不同部门专业知识、技能的相关要求融合，使企业规章制度服务于公司整体发展和不同部门协同发展的需要，能够结合企业规章制度了解中国企业管理标准，从而培养学生新文科思维下产教融合的知识融通能力和实践能力 （2）考虑规章制度应用性很强，邀请"政企行"专业人员参与评分，然后按本表权重统计得分即为各小组加权统分的"团队成绩" （3）队长在本队作品规章制度上必须注明队员在作品编写方面的分工和参与情况，并对参与作品编写的贡献大小进行排名；教师结合排名在各组"团队成绩"的基础上进行分数的上下调节，得出本队所有成员的个人成绩，避免成员成绩"搭便车" （4）实训结束后，教师针对"规章制度"的作品水平进行点评			
_____队评语				
_____队评语				
_____队评语				

模块五 企业未来培训师模拟演练

知识要点 ▨▨▨

1. 培训师担负的角色和必须具备的能力
2. 企业培训流程管理
3. 年度培训经费预算方法
4. 成功培训师的修炼，成功培训师的角色定位
5. 培训寓言故事解析
6. 培训音乐的剖析及演示
7. 应对四种非正常学员的技巧
8. 建立培训师威信的技巧

演练任务 ▨▨▨

1. 进行培训桌椅摆放和分小组演练
2. 各小组为本组选队长、起队名、起队呼和培训游戏演练
3. 培训教材开发、培训师的语音技巧和肢体语言演练
4. 未来培训师模拟培训演练

项目一 企业培训师的素养剖析

一、企业培训师培养和发展的四个阶段

（一）培训员（assistant trainer，AT）

培训员作为培训师的初级阶段，其角色一般由公司人力资源部的培训助理、培训专员、人事助理专职担任，还可能由各部门的经理助理、文员兼任；主要处理公司或部门培训管理的日常事务。培训员主要负责以下工作：调查和统计培训需求、跟踪执行培训计划、准备培训管理资料、管理培训设备、通知培训、复印和发放培训讲义、培训签到、调查和统计培训效果、管理培训档案等。

培训员的目标：维护企业培训流程的正常运作。

培训员的培训课程名称：ATT（assistant trainer training）培训课程。

（二）培训师（common trainer，CT）

培训师的角色一般由公司人力资源部主管、经理专职担任，还可由各部门的厂长、经理、主管人员和技术人员兼任，主要对公司或本部门的员工进行传道授业。培训师主要负责以下工作：分析培训需求、编写培训教材或讲义、对公司或本部门员工进行授课、考核培训学员、分析和评价培训效果等。

培训师的目标：传授专业知识。

培训师的培训课程名称：CTT（common trainer training）培训课程。

（三）专业培训师（special trainer，ST）

专业培训师的角色由公司培训中心或企业大学的专业人员专职担任，还可由各部门的负责人、各专业领域的行家里手兼任，不但要传道授业，而且要引导解惑。专业培训师主要负责以下工作：除了担负培训师的责任外，还要负责对集团下属各子公司的各级员工进行培训，深入工作现场并有针对性地提出培训方案，帮助现场工作人员解决相关问题或提出解决问题的方案等。

专业培训师的目标：针对工作现场的问题进行培训，并且引导现场员工解决工作问题。

专业培训师的培训课程名称：STT（special trainer training）方案或TTT（training the trainer to train）培训课程。

（四）职业培训师（professional trainer，PT）

职业培训师的角色由培训机构的专业人员全职担任，还可由高等院校的教授、行业协会的专家和政府机构的官员兼任。职业培训师的主要工作：类似以上的专业培训师，只是专业培训师的业务主要面向本公司和本集团内部，而职业培训师的业务主要面向各行各业，带有较浓厚的商业色彩。

职业培训师的目标：为各行各业提供培训方案及问题解决方案，并获取相应的经济效益和社会效益。

职业培训师的培训课程名称：PTT（professional trainer training）培训课程。

二、广义培训的五种途径

教育（education）：改变一个人的思想与心态。

训练（training）：改变一个人的行为与技巧（短期速效）。

发展（development）：改变一个人的未来思想及行为。

学习（learning）：个人自发性的思想及行为之转变。

历练（empowerment）：从工作磨炼中领悟智慧。

三、培训员担负的角色和必须具备的能力

（一）培训员在企业中的五个角色及任务

1.需求评量者（needs assessor）的任务

了解组织绩效需求、发现绩效问题、掌握员工培训需求、实地进行需求访察、倾听收集各方意见等。

2.服务提供者（service provider）的任务

转化需求，规划培训；洽谈讲师，开发课程；针对需求，确定学员；沟通协调，提

升参与；收集信息，提供服务；开发教材，建立知识库；善用科技，网络学习等。

3.制度执行者（system executor）的任务

培训体系，参与规划；培训蓝图，落实执行；培训流程，发挥专业；开课纪律，落实要求；标杆学习，修改制度等。

4.资源整合者（resource integrator）的任务

收集信息，善用外包；内部讲师，建立队伍；向上管理，高层支持；培训计划，拟定预算；教学设备，有效管理；培训委员会，沟通协调等。

5.绩效评估者（performance evaluator）的任务

评估培训，追踪成效；评估讲师，提升效能；培训与人事有效结合；绩优讲师，肯定激励；行动学习，沟通追踪；绩效水平，不断改善等。

（二）培训员必备的KSA能力

1.培训员必备的知识（knowledge）

培训管理流程，成人学习心理，如何学习，企业绩效管理与人力资源发展，企业产品、客户和市场相关知识，培训趋势及外界培训服务信息等。

2.培训员必备的技能（skill）

培训体系的规划、培训需求的评量、撰写培训企划书、沟通协调与冲突管理、有效的人际影响技巧、课程设计与教材开发、教学设备与科技的运用、创意思考与问题解决技巧、培训绩效评估技巧等。

3.培训员必备的态度（attitude）

深入了解企业文化与经营理念、具有使命感及责任感、以积极态度面对挑战、具备高EQ（情商）及AQ（逆境商数）、以服务热情助人成长、虚心学习和快速学习等。

四、企业培训流程管理

（一）企业培训项目的ADDIE微观管理

企业培训项目的ADDIE微观管理是指对于企业而言，如何完整、高效地运作某一个培训项目（如图5-1所示）。

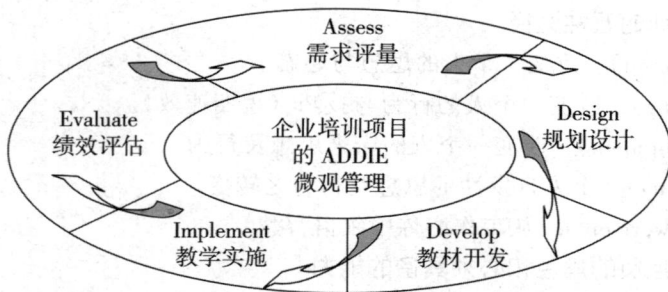

图5-1　企业培训项目的ADDIE微观管理

（二）企业培训类别的NIO宏观管理

企业培训类别的NIO宏观管理是指对于整个企业的所有培训项目而言，如何对所有培训项目进行运作和管理（如图5-2所示）。

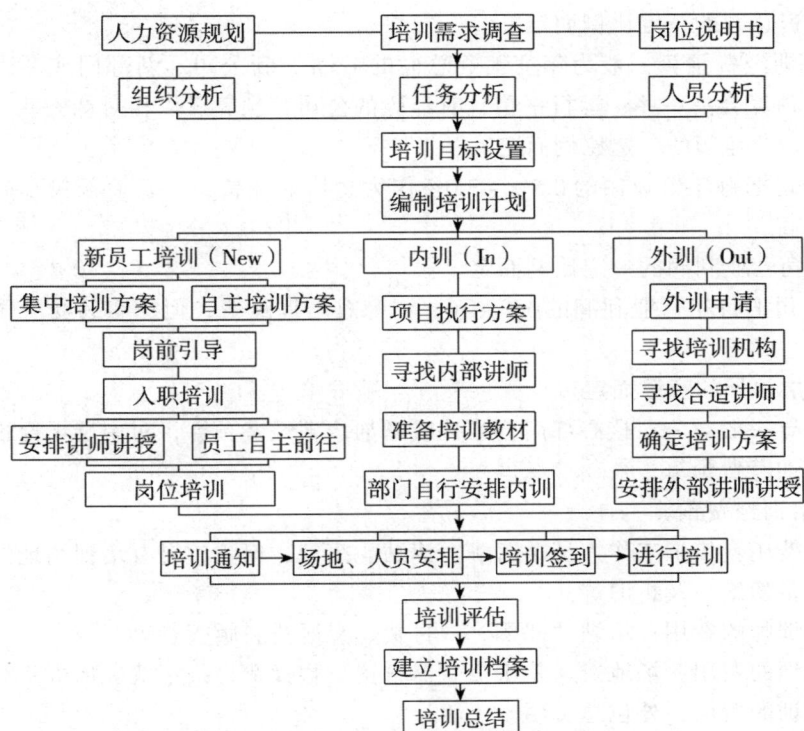

图5-2　企业培训类别的NIO宏观管理

五、年度培训经费预算

（一）年度培训经费预算的编制方法

一是传统预算法：将上年度的培训经费预算加减本年度预计变动因素。

二是弹性预算法：以正常情况为基准，分别设计在其70%～110%范围内的几个不同水准的预算方案。此法适用于市场变化快、前景不明朗的情况。

三是零基预算法：不考虑过去预算项目和收支水平，以零为基准编制的预算。

（二）决定培训经费预算的关键因素

1.与公司经营目标结合

公司的经营目标有提升顾客满意度、加快新产品上市速度、提高产品质量、降低成本及费用、拓展市场与开发客户等，人力资源部要结合以上目标制订培训计划并做出预算。

2.依据上一年度业绩而定

如果上一年度业绩增长，就要增加培训经费预算及进行培训课程创新；如果上一年度业绩平平，就要加强培训质量；如果上一年度业绩衰退，可能会减少培训经费预算，但不一定减少培训次数。

3.把所有实训项目的经费预算相加

把公司下一年度"培训计划"中所有实训项目的经费预算一项一项地相加，得出的总金额作为总培训经费预算。

4.依工资总额的一定比例而定

年度培训经费预算一般为年度工资总额的1.5%，新公司、新部门或新进人员比较多的公司，预算会高一些；运行平稳且有经验的公司，预算可以相对低一些。

5.依公司营业额的一定比例而定

有些公司把每年营业额的0.5%～3.0%作为总培训经费，当营业额较小时，这个比率应适当提高。

6.依公司营业利润的一定比例而定

有些公司把每年营业利润的5%～10%作为总培训经费，但这容易受公司业务不景气的影响。

7.依高层领导的意思而定

高层领导一般对公司核心部门会维持或增加培训经费预算，对中层干部也会加强培训和提高培训经费预算。

（三）培训经费预算

经常性费用：培训工作人员的薪酬、津贴、福利、保险，自有培训场地的维护及折旧、自有设备的维护及折旧等。

聘请培训师的费用：培训师课酬、教材费、交通费、版权费等。

举办培训的费用：场地费、差旅费、器材费、膳食费、茶水费、加班费等。

外包培训的费用：外包总费用。

六、成功培训师的素质修炼

（一）成功培训师的3个经验积累

（1）专注于心理突破技能的经验积累。

（2）专注于讲解技能的经验积累。

（3）专注于素材准备技能的经验积累。

（二）成功培训师的基本素质

1.对待他人的基本素质

（1）赞美他人：人天生喜欢听到别人对自己的赞美，赞美是拉近人与人距离的一种有效手段，赞美能激发人的斗志，赞美是一种教育方式，赞美也是紧张气氛的调节器。

（2）接纳他人：长一双发现别人长处的眼睛，尽情接纳并描述他人的长处；要有一颗尊重他人、肯定他人的心灵才能真正被人接纳。

（3）关怀他人：人总是希望得到别人的关注和关怀，同时总是希望他人在乎自己。

2.心理学期望定律

期望定律告诉我们，当我们对某个事物怀有非常强烈期望的时候，我们所期望的事物就会出现。当培训师怀有非常强烈的成功期望时，他所期望的将可能成为现实。

3.心理学自画像定律

心理学认为，自己心目中的自画像会支配自己的行为，每个人都要不失时机地修改自己的自画像，设定自己是成功的培训师，这将会大大提高培训质量和效果。

七、成功培训师的角色定位

成功的培训师在培训中并非仅扮演一个角色，而应扮演4个角色，即教师、演员、教练和咨询顾问。

（一）第一个角色：教师

培训师首先是教师，因此无论是传授如何成功地做人，还是传授销售、管理或者财务技巧等，都要具备教师一样的专业知识和授课技巧。

1.具备讲义的编写能力

培训师的讲义应当是系统而明确的，如同教师的教案一样，每个讲义都应围绕着一个中心，系统地解决某一问题，最忌讳按照培训师主观逻辑拼凑的课程，既没有明确主题也不具备解决问题的功能。

2.具备教师的课堂讲解能力

培训师大多不是教师出身，没有受过师范学院的专业课程讲解训练，但是如同教师一样的讲解能力是培训师必不可少的能力。讲解需要把一个观点、一个问题深入浅出地剖析清楚，无论是深奥还是浅显，都能让学员明了培训师所要阐述的观点和意图。

对于成人来说，接受别人的观点、方法是非常不容易的，因为在其头脑中，已经有了自己的经验模式，尤其当这些经验模式过去给其带来了成功时。参加培训的学员在学习新模式时会本能地、潜意识地对培训师讲述的内容有所抵触，所以培训师在课堂上，要准确地把握住学员的需求。针对这些需求，给出相应的提示或建议，培训的效果才能最大化；强行灌输"内容"，效果往往欠佳。专业培训师要在学员准备好接受新模式的时候，才给出相关"内容"，这样才能满足学员的需求，才是有价值的。不了解学员想要什么、准备接受什么，而给出你的讲述，站在学员的角度理解，这就是在说教！这样的培训师将面临危机，容易受到某些学员的挑战；学员也只是知道了一些知识而已，能力根本得不到提高，效果和看书差不多。

（二）第二个角色：演员

培训师职责除了传授知识，更要让学员接受知识，传授与接受是两个截然不同的概念。传授只是一个教的过程，而接受是学的过程。让学员将培训师传授的知识理解、记忆并掌握是对培训师的进一步要求。

1.像演员一样始终吸引学员的注意力

许多培训大师授课时，动作幅度较大，表情丰富甚至夸张。在生活中估计大多数人难以接受这种说话方式，可在培训课堂上正需要培训师的这种"表演"。培训师是课堂教学中的演员，他需要用这种方式始终引领学员的注意力，让学员全身心地投入到对课程的理解和体会中去。培训大师级人物授课时的衣着类似于演出的服饰，在课堂上即兴演唱、形体表演也佐证了培训师的演员角色。

2.将课程用表演的方式演绎出来

实际上培训师在课程中所讲的思想、概念及专业知识，很多学员都知道，那为什么还需要培训师讲解呢？因为同样的话从不同人的嘴里说出来，或者用不同的表达方式，给别人的感觉是不一样的。专业的培训师就像给这些知识加上了华丽的包装，原本一些朴素的知识或道理变成了"金玉良言"。通过培训师的演绎，这些知识让学员感觉到是"如此重要"，以至于在今后的实际工作中会牢牢地记住，这就达到了培训的目的。

（三）第三个角色：教练

培训师除了传授知识以外，更为重要的功能就是教练功能，在整个培训过程中都需要对学员进行培养和训练。教练需要激励学员，促使学员自我改变，激发学员潜能，创建学习型组织，培养团队精神。

传统培训的日程是由培训师规定的，很少改变；教练的日程是由被教练者自我决定的，并且是弹性的、可以改变。参加培训的大部分学员是被指派参加的；而被教练者往往是自愿参加的。培训中一部分学员获益，另一部分学员则未必；而教练是针对个体的，会考虑被教练者的需要和愿望，进而让所有的被教练者获益。培训倾向于强化传统的、层级式的管理模式；而教练则是一个更加民主、合作的互动过程。培训中的学员思想改变来自外部施予，很难带来思考方式和行为方式的本质变化；而在教练中，教练和被教练者一起来澄清问题，引发被教练者持久思考和行为改变。

（四）第四个角色：咨询顾问

培训师应具备顾问级的专业知识和丰富经验，是本专业领域的专家，对知识、技巧能够灵活应用，授课时能旁征博引充分阐释，对学员的实际问题也能凭丰富经验与专业知识给予准确解答。

培训师还应具备咨询顾问的诊断、咨询能力。培训师既然传授学员解决问题的知识和技巧，那么自己必然对该知识和技巧娴熟掌握，更应在企业实际问题的诊断上体现出"师"者的水平。往往一堂课后，学员会根据自身的难题对课程中所教内容提出相应问题，希望能得到培训师的解答，此时要求培训师找到问题所在及解决问题的方法或方向。

项目二　企业培训的组织技巧剖析及操练

一、桌椅摆放培训组织技巧的剖析及操练

（一）圆桌形（高管型）

说明：圆桌形是微型培训中较常见的桌椅摆放式样，适合高级管理人员的培训。

摆放要求：培训学员一般在 10 人左右，大家围坐在一张大圆桌周围；培训师与学员之间互动相对较少，但学员之间沟通较多。图 5-3 为圆桌形桌椅摆放模型。

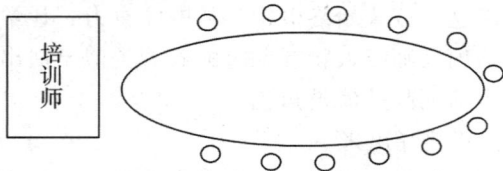

图5-3　圆桌形桌椅摆放模型

（二）中空的正方形或长方形

说明：中空的正方形或长方形和圆桌形一样是微型培训中较常见的桌椅摆放式样，同样适合高级管理人员的培训。如果培训场地没有圆桌、学员稍微多一点时，可采用此式样。

摆放要求：培训学员在15人左右，培训师与学员之间互动相对较少，但学员之间沟通较多。由于人数较多，加上座位特点，可在必要时将学员分成2～3组进行有限的讨论。图5-4为中空的长方形桌椅摆放模型。

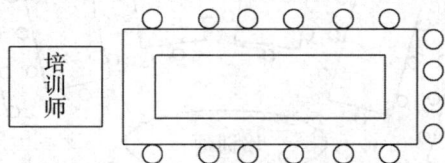

图5-4　中空的长方形桌椅摆放模型

（三）团队形（小组竞赛型）

说明：团队形是小型培训中较常见的桌椅摆放式样，最适合培训人数较少并以小组为单位进行竞赛性学习的情况。

摆放要求：（1）培训总人数以20～60人为宜，分为2～6组，一般分为3～4组。人数太多，一是不能保证各团队有足够的时间开展训练，二是培训师不能有效地与学员互动；人数太少，一是学习的气氛不浓，二是较难找到队长。

（2）每组人数以8～15人为宜。人多会导致小组内部意见相左、争论不休；人少则场面冷落，无人带头。以上是参考数据，可根据实际情况进行调整。

（3）如果人数太少，可以合班进行；人多则可拆班进行，或安排部分同学做助教。小组分好以后，最好不要随意调动人员，以免影响后续小组成员评分的公正性。图5-5为团队形桌椅摆放模型。

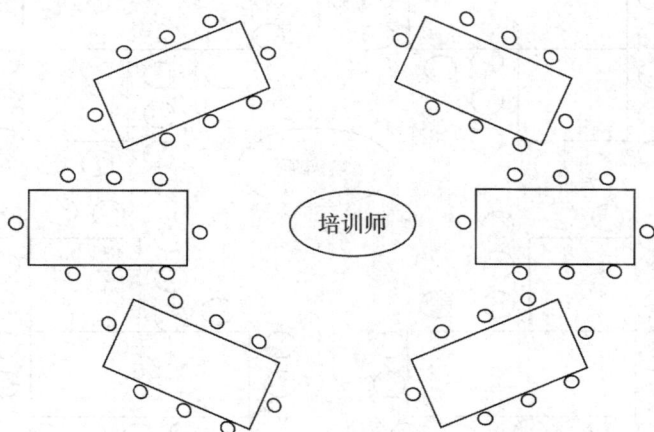

图5-5　团队形桌椅摆放模型

（四）扇形（半圆形）

说明：扇形是中型培训中较常见的桌椅摆放式样，对于人数较多、培训室面积狭长、团队学习、培训师与学员之间保持较密切沟通的情况比较适宜。

摆放要求：培训总人数以50～100人为宜，分组以7～10组为宜，每组人数以8～12人为宜。若人太多则师生难以沟通，活动场面难以控制。图5-6为扇形桌椅摆放模型。

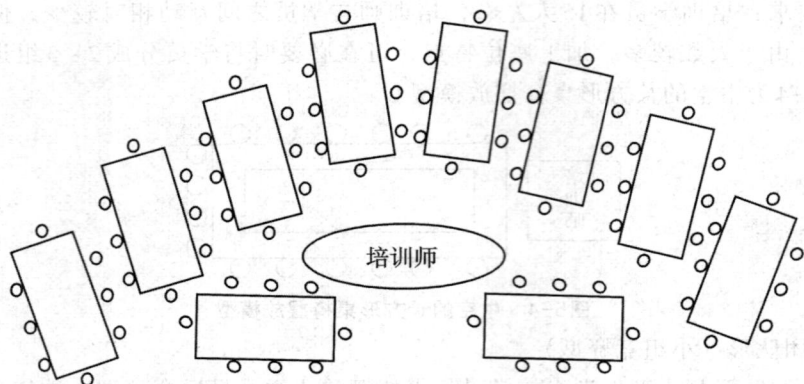

图5-6 扇形桌椅摆放模型

（五）L形

说明：L形的桌椅摆放式样适合中小型培训，以培训师讲授为主，对培训师与学员之间的沟通交流有一定要求的情况。这种桌椅摆放式样能形成两大对立的双方，兼顾学员之间的一些有限交流。

摆放要求：培训总人数以20~100人为宜，可集中听课，也可有限度地分为2~4大组进行讨论，每组人数以10~25人为宜。图5-7为L形桌椅摆放模型。

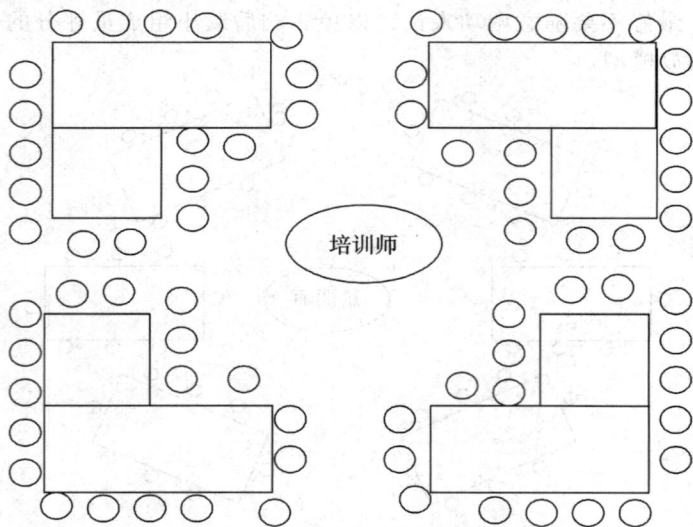

图5-7 L形桌椅摆放模型

（六）马蹄形（鱼缸形）

说明：在中小型培训中，以培训师讲授为主，对于培训师与学员之间的沟通交流有一定的要求，但对学员之间的沟通交流不做要求，适合用马蹄形桌椅摆放式样。

摆放要求：培训总人数在80人以下；一般单人单座，不分组，学员很少走动。图5-8为马蹄形桌椅摆放模型。

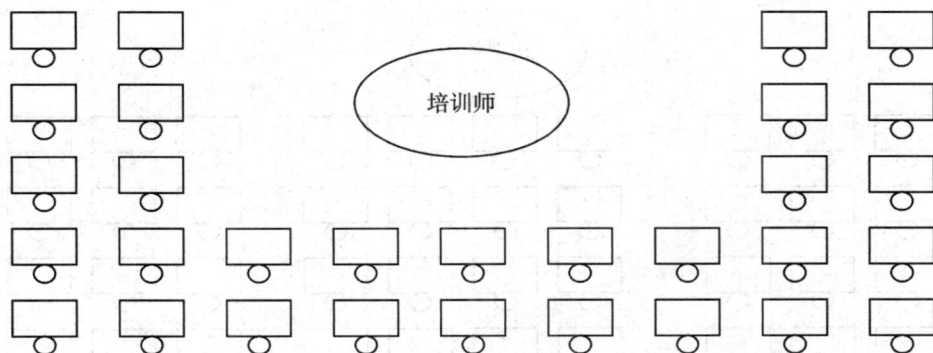

图5-8 马蹄形桌椅摆放模型

（七）弹簧形

说明：弹簧形是大中型培训中需要分组讨论的桌椅摆放式样，对于以培训师讲授为主兼顾有限度的大组讨论情况比较适宜。

摆放要求：培训总人数在80人以上；可集中听课，也可有限度地分为若干组讨论。图5-9为弹簧形桌椅摆放模型。

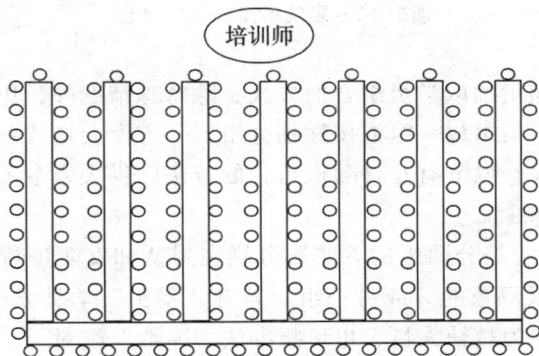

图5-9 弹簧形桌椅摆放模型

（八）影院形（传统型）

说明：影院形是大中型培训中比较常见的桌椅摆放式样，对于人数很多并且对培训者与学员之间互动沟通不做较高要求的情况比较适宜。

摆放要求：培训总人数在80人以上；一般单人单座，不分组，学员很少走动。图5-10为影院形桌椅摆放模型。

二、团队培训组织技巧的剖析及操练

在团队培训中，为了增强学员的凝聚力、营造培训过程中的热烈气氛、提高学员参与的积极性，往往会采用分小组进行学习和竞赛的形式，而每个小组会选队长、起队名、起队呼，一些重要的培训或准备充分的培训甚至会提前定制队标、队旗。一般来讲，分小组、选队长、起队名、起队呼都要在培训过程中现场进行，由于时间紧迫，要想在很短的时间内达到全体队员的认同，确实不是一件容易的事。

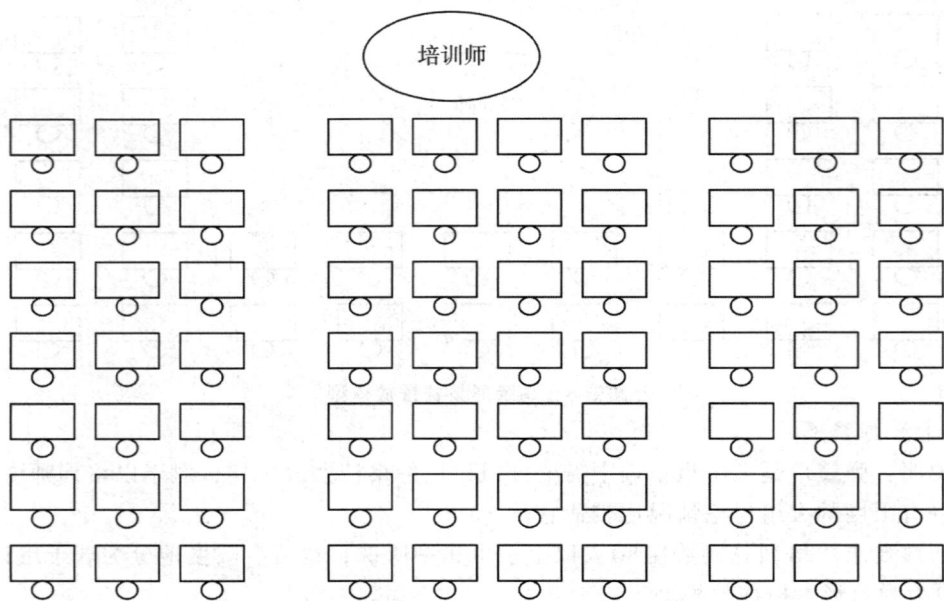

图5-10　影院形桌椅摆放模型

（一）分小组

在分组时可采用随机抽取学员组合的方式，除特殊情况外，男女学员最好按比例搭配。如果让较亲密的学员组成一组或按性别分组，一方面会造成各组力量等悬殊，另一方面达不到培训的效果。以下有几种随机组合的方法，供大家参考。

1."单双数字"分组法

"单双数字"分组法是分两组的方法，分别在男队和女队进行报数，将男女队报单数的学员分成一组，报双数的分成另一组。若有"零头"学员或难以搭配性别的学员，如有必要可让其脱队作为教辅人员，也可想办法"凑数"配对。

2."领袖（你）好"分组法

"领袖（你）好"分组法是分三组或四组的方法，分别在男队和女队中进行"脱口秀"和"表演秀"。当分成三组时，每位学员依次循环口念"领""袖""好"，一人只能念一个字。念"领"的学员将右手放在左边的衣服领子上；念"袖"的学员将右手放在左边的衣服袖口上；念"好"的学员将右手做"OK"手势。然后将念"领"的男女学员组合成第一组；念"袖"的男女学员组合成第二组；念"好"的男女学员组合成第三组。当然，此法也可将学员分成四组或五组，"脱口秀"和"表演秀"可变成"领袖你（们）好"。

3."随机组合"分组法

如果想把学员分成五组或五组以上组数，可让男女学员分别站好或坐好，由培训师按一定原则随机划分学员组合成若干组。

4."自由组合"分组法

如果学员来自不同单位且不曾相识，可按规定的人数和规则自由组合成若干组。

（二）选队长

对于队长的要求，首先要求队长有组织能力、表达能力强、能够激励团队士气、具有积极进取和无私奉献精神，还要得到本组绝大多数队员的认可。如何在很短的时间内选出队长，有一些技巧供大家参考。

1.万众归一法

万众归一法简便易行、节约时间、气氛热烈，但仅适用于小组成员比较少的情况。小组成员围成一圈，大家举起手来将大拇指指向空中，由一人或大家一起喊"1、2、3"，然后将自己的大拇指指向自己心目中的队长，谁被指的人数多，谁当选队长。

2.马首是瞻法

马首是瞻法适用于小组队员人数较多的情况。可以把几名毛遂自荐者或众人推荐者作为候选人，然后候选人呈一字形排开站好，由本组所有队员站在自己心目中的队长后面，谁后面的队员多谁就当选队长。此法互动性较强，较直观有趣，很受欢迎。

3.换位数数法

换位数数法适用于小组队员特别多，而且场地座位排列十分有规律，便于数数的情况。可以把几名毛遂自荐者或众人推荐者作为候选人，然后让支持相同候选人的队员坐在指定区域，最后统计人数，人数多的当选。

4.投票选举法

投票选举法也是较传统的方法，投票方式多种多样，但费时费力、太庄重而且少趣味。

5.举手表决法

举手表决法是最传统的选举方式，如果人数较多，很容易漏计和多计，在其他方法行不通的情况下也可以采用。

（三）起队名、起队呼

队名要求个性化并且具有激励性；队呼又称口号，要求简单、响亮，又必须朗朗上口。要做到以上几点，确实有一定的难度和需要有一定的悟性。队名与队呼内容最好相关，这样效果会更好；队名与队呼内容也可以分开。这里介绍两类方式，抛砖引玉，供大家参考。

1.队名与队呼一致型

贤才伯乐队：智者贤才，才者伯乐，贤才伯乐，人生显赫！

逍遥队：春风吹，战鼓擂，逍遥众将谁怕谁！

九九归一队：九九归一，万众一心；九九归一，我们第一！

无限队：无限，无限，激情无限！无限，无限，魅力无限！

伯仲队：我为伯仲，谁与争锋！

火车头队：火车头，我带头，我们永远立潮头！

活力队：活力无限！魅力四射！

梦之队：超越梦想，一起飞！

飞越队：非常你我，非常卓越！

奇胜队：奇胜，奇胜，旗开得胜。

001队：001，001，天下我们属第一。

火箭队：火箭，火箭，飞越无限！

合力队：合力，合力，齐心协力！

涅槃队：涅槃，涅槃，力挽狂澜！

创新一族队：创新，创意，创出新天地！

厄尔尼诺队：尼诺，尼诺，真的不错！

聪明队：聪明队，最醒目，哗啦啦，顶呱呱！

Win's队：五四三二一，Win's是第一！

智胜队：智胜，智胜，百战百胜！

魅力队：魅力，实力，无人能敌。

蚂蚁队：蚂蚁搬家，全靠大家；蚂蚁上树，互帮互助。

绿色信使队：绿色信使，激情飞扬。

深蓝队：深蓝，深蓝，沉静灿烂。

白领队：白领，白领，一荐（见）忠勤（情）。

2.队名与队呼不同型

雄鹰队：天高几许，任我翱翔！

X-Man队：精彩无极限，实力我最炫！

超能勇士队：团结拼搏，齐心协力，我赢！你赢！大家赢！

人才特种队：人才精英，创造奇迹。

伯乐队：时代先锋，各显神通。

创业先锋队：释放你的创业雄心，创造你的影响力。

领航者队：全力以赴，做到最好。

北极光队：追求，支撑，超越！

实力队：One team，one dream，同队同梦，谁与争锋。

Great Girls Team：You worst！We best！You fail！We win！

Power Team：We are the world，We are the winner！

Money Team：吃得苦中苦，方为人上人。

敢死队：星期一到星期七，多劳多得。

卓越队：肯定自我，创造自我，超越自我。

三、培训游戏组织技巧的剖析及操练

现代教育，如果以说教的方式进行，恐怕没有多少人愿意集中精力把课听完。如果在讲课过程中，适当穿插培训游戏，不但能激发学员的学习热情，而且可以让学员在欢声笑语中聆听教诲、汲取知识的养分。培训游戏据说是从MBA案例教学讨论发展而来的，在国外，这种培训游戏一般通称为"做中学"（learning by doing）。

培训游戏主要包括如下几种类型：破冰游戏、团队游戏、沟通协作游戏、创造力游戏、智力游戏、领导力游戏、角色模拟游戏、心理游戏、激励游戏等。下面我们就来探讨一下培训游戏在课堂的应用，每次做完游戏后学员必须针对游戏过程和内容畅谈心得体会。

（一）破冰游戏

1.超级知觉

（1）概述：这是一个诡异的超级特异功能，学会后受益终身！

（2）培训要求：准备答案展示牌。

（3）操作程序：

第一步，请一位同学做自己的助教并告诉他，昨天自己做了一个梦，学会了一个超级特异功能，自己能够用超级知觉预先说出一类算术题的答案。

第二步，你站在一个看不到黑板的地方，让助教在黑板上写出任意一个3位数（个位数与百位数不能相同，如323不符合要求），然后将数字倒过来，再用上面的数减去下面的数并取绝对值，再将结果倒过来并与前面的绝对值相加。告诉学生教师的超级知觉是：无论助教取什么数，只要按上述规则计算，教师都能在1秒钟算出最后的结果。

第三步，先做示范，假设取821，然后倒过来变成128，用821减去128，得到693；再将结果倒过来变成396并与693相加，得到1 089。其中有个特例，数字相减可能得出两位数，例如，786-687=99，只要将99前面加0，变成099，倒过来时变成990。

其结果永远都是1 089，这是一个故弄玄虚的数字游戏，旨在集中学生的注意力、提高他们的积极性。

2.缩小包围圈（天龙八步）

（1）概述：这是一个不可能完成的任务，但是它会给游戏者带来无尽的欢笑。

（2）目的：①使小组充满活力；②创造融洽的气氛，为后续培训活动的开展奠定良好基础；③让队员们能够自然地进行身体接触和配合，消除害羞和忸怩感。

（3）步骤：

第一步，让队员们紧密地围成一圈，队员之间肩头间隔距离最多一个拳头。

第二步，让每个队员把自己的胳膊搭在相邻同伴的肩膀上（如图5-11所示）。

图5-11　破冰游戏：缩小包围圈

第三步，告诉大家将要面临一项非常艰巨的任务。这项任务是大家要一起向着圆心迈若干步，同时要保持大家已经围好的圆圈不被破坏。

第四步，等大家都明白了游戏要求之后，让大家一起开始迈第一步。迈完第一步后，给大家一些鼓励和表扬。

第五步，开始迈第二步，第二步迈完之后，你可能就不必挖空心思去想那些表扬与鼓励的词语了，因为目前同学们的处境已经使大家忍俊不禁了。

第六步，迈第三步，其结果可能是圆圈断开，很多队员摔倒在地。尽管很难成功完成任务，但是这项活动会使大家开怀大笑，烦恼尽消。

（4）说明：①如果队员之间距离太大，可以迈更多步；②如果参加人数较多的话，比如多于40人，可以分成几个小组来做这个游戏；③还可以把队员们的眼睛都蒙起来做这个游戏。

3.循环相克令

（1）用具：无。

（2）人数：不要多于6人。

（3）方法：令词为"猎人、狗熊、枪"，几人同时说令词，在说最后一个字的同时做出一个动作：猎人的动作是双手叉腰；狗熊的动作是双手呈爪状搭在胸前；枪的动作是双手举起呈手枪状。各方以此动作判定输赢，猎人赢枪、枪赢狗熊、狗熊赢猎人，动作相同则重新开始（如图5-12所示）。

图5-12　破冰游戏：循环相克令

（4）兴奋点：这个游戏的乐趣在于各方的动作幅度较大，非常滑稽。

（5）作用：此游戏的作用除了活跃气氛外，还可以据此结果决定某个活动上演的先后顺序，就如同"锤子、剪刀、布"游戏的作用一样。

4.官兵捉贼

（1）用具：分别写着"官、兵、捉、贼"字样的4张纸。

（2）人数：4个人。

（3）方法：将4张纸折叠起来，参加游戏的4个人分别抽出一张，抽到"捉"字的人要根据其他3个人的面部表情或其他细节来猜出谁拿的是"贼"字，猜错的要受罚，由抽到"官"字的人决定如何惩罚，由抽到"兵"字的人执行。如果猜对了，则对抽到"贼"字的人进行惩罚。

（4）兴奋点：简单易行，不受时间、地点、场合的限制。

（5）缺点：人数不宜过多。

（6）说明：起初可由小组内4个成员玩此游戏，然后可由每组派一代表参与，受到惩罚的成员要连带本组成员一起受罚，这样会增添游戏的紧张气氛和趣味性。

（二）团队游戏

1.携手站立

（1）玩法：这是一个让大家明白合作重要性的游戏。

首先，要大家4个人一组围成一圈，背对背地坐在地上（坐的意思是屁股贴地，正常来说，一个坐在地上的人是无法手不着物站起来的）。

其次，4个人手挽手，然后要求他们一同站起来，很容易吧！那么再试试人多一点，如6~7个人，应该还不是太难。最后试试十几人一同站起来，那难度就会较大了（如图5-13所示）。

图5-13　团队游戏：携手站立

（2）说明：这个游戏其实可以带出很多管理理论，如大组和小组站立用力方向的不同、如何合作才能成功等，非常适合团队培训课程。

2.解手结

（1）培训要求：适合团队协作、室内或户外平地、耗时比较长。

（2）活动目的：让学员体会在解决团队问题方面都有哪些步骤、聆听在沟通中的重要性，以及团队的合作精神。

（3）操作程序：

第一步，将学员分组，每组人数最好少于10人。

第二步，让每组学员站成一个同心圈。

第三步，培训师讲解的同时要求大家做以下动作：先举起自己的右手，握住对面那个人的手；再举起自己的左手，握住另外一个人的手。

第四步，现在学员们面对的是一个错综复杂的手结，在不松开手的情况下，想办法解开（如图5-14所示）。

图5-14　团队游戏：解手结

第五步，告诉大家一定可以解开，但答案会有两种：一种是一个大圈；另外一种是两个套着的环。

第六步，如果实在解不开，培训师可允许学员决定某一相邻两只手断开一次，但再次进行时必须马上封闭。

3.同舟共济

（1）将男女学员分成两组，每组分派两名学员监督对方有没有犯规并记下旋转的圈数。

（2）每组围成一圈，前者坐在后者的腿上且不能离开，否则视为犯规，然后想尽一切办法转圈行走（如图5-15所示）。

图5-15　团队游戏：同舟共济

（3）培训师站在两组之间，每组指定一人作为起始点，起始点以培训师站立位置为准，在同一时间内，哪个小组转的圈多，哪个小组获胜。

（4）如果条件允许，最好男女学员混合进行。

4.信息传递

（1）将学员分成若干组，每组5~8人参加游戏并选派1名队员监督其他组。

（2）所有参赛的每组队员按纵列排好，培训师向全体参赛学员和监督员宣布游戏规则。

（3）游戏规则：①各组排列第一位的队员作为代表走到讲台，培训师给代表看一个物品名称（也可以包括动物、植物等）的信息文字，代表把这个物品的信息通过肢体语言传递给小组排列第二位的队员（其他学员面向后方不许偷看，直到前面的学员拍他的肩膀才可以转身），第二位传递给第三位，依此类推，排列最后一位的小组队员把这个物品名称写到黑板或白板上并写上队名，看哪个小组速度最快，写得最准确。②全过程不允许说话，也不能写字提示等，只能通过肢体语言传递相关信息。

（三）沟通协作游戏

1.航空公司的经营游戏

（1）将学员分成5~6组，每组将分别代表一家航空公司在市场经营。

（2）市场经营的规则就是：所有航空公司的利润率都维持在9%；如果有3家以下的公司采取降价策略，降价的公司由于薄利多销，利润率可达12%，而没有采取降价策略的公司利润率则为6%；如果有3家或3家以上的公司同时降价，则所有公司的利润率都只有6%。

（3）培训师把每个小组的代表叫到小房间里，交代上述游戏规则，并告诉小组代表，他们需要进行初步协商。初步协商之后小组代表回到小组，并将情况向小组队员汇报。

（4）小组队员经过5分钟讨论后，需要做出最终的决策：降还是不降？并将决定写在纸条上，同时交给培训师。

（5）培训师公布结果。

2.拼图游戏

（1）人数：适合4~16人。

（2）道具：硬纸若干。

（3）说明：按图5-16所示制作每份15张的卡片，每份分别将其打乱装入5个信封，分给一个小组内的5个人，每个小组的任务是将信封内的卡片拼装成相同大小的5个正方形。有几个小组，就制作几份卡片。

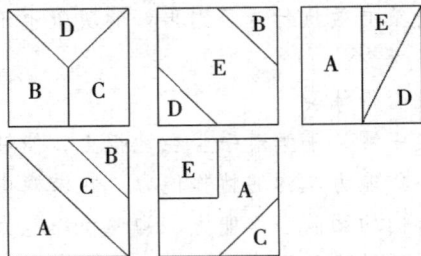

图5-16　沟通协作游戏：拼图游戏

（4）规则：①全过程不许讲话；②本组内每人手里拿到的卡片只许给别人，不能主动从别人的手里拿卡片（不能帮助别人拼图）；③最快地将散乱的卡片拼装成相同大小的5个正方形的小组获得胜利。

（四）培训游戏心得体会

◆◆◆◆➡ 企业文件范例5-1

梦之队团队游戏心得

人力资源二班　刘高才、唐艳姣、田丽芳

将管理知识与技巧融入游戏，在培训中插入游戏，让学员在做中学、学中做，不但丰富了培训内容，增强了培训氛围，还有效地调动了学员的积极性。培训游戏是培训绝佳的调味料、润滑剂，是培训成功的奠基石，更是一道亮丽的培训风景线！

（一）"天龙八步"游戏心得体会

该游戏要求学员围成一圈，每个学员把自己的胳膊搭在相邻同伴的肩膀上，然后向中心走八步，且中间不能断开。该游戏主要考察学员们的领导能力、组织能力、沟通能力、协调能力和解决问题能力。在游戏中，没有一个领袖主动站出来组织、领导、协调队伍；学员们没有有效地与队友进行沟通、协调；在解决问题时没有集思广益，发挥团队的智慧与力量找出成功的对策。从该游戏可以得到以下结论：（1）要成功必须借助别人的力量，发挥团队的智慧与力量；（2）一个成功的团队要有一个优秀的领袖出来进行有效的领导和组织；（3）要发挥团队的力量就要与队友进行有效的沟通，集思广益，团结合作，有效调配资源。

（二）"官兵捉贼"游戏心得体会

游戏中"官"负责出惩罚决策，"兵"负责执行和监督，学员随机抽选，抽到"捉"字的学员要猜中抽到的"贼"，否则全队接受惩罚。该游戏趣味性较强，可以极大地调动学员们的积极性。该游戏主要考察学员们的决策能力、执行能力、心理素质和察言观色的能力。在游戏中，学员们没有做出有效迷惑猜者的动作和表情，猜者也没有做出准确的判断。学员们察言观色的能力和心理素质有待提高。在游戏中，负责出惩罚决策的队在制定决策时没有谨慎考虑其所做出决策的可行性，导致受罚者没能顺利地完成惩罚任务，减弱了培训氛围，降低了培训效果。游戏中担任"兵"的队没有有效执行和监督"官"的决策，导致受罚者没能很好履行自己的责任，也降低了培训效果。从该游戏可以得出以下结论：（1）领导者做出的决策一定要正确、科学且可以被有效执行；（2）执行者要按照领导的决策有效执行，否则再好的决策也不会成功；（3）要出色完成任务，强大的心理素质必不可少。

（三）"携手站立"游戏心得体会

该游戏要求学员们围成一圈，手牵着手坐在地板上，能够一起同时站立起来。该游戏主要考察学员们的团队合作能力与沟通协作能力。在游戏中，学员们发挥了很好的领导能力和组织能力，但学员们的团队合作能力、沟通协作能力没有很好地体现出来，尝试多次仍然没有获得成功。该游戏告诉我们：有时候，一个人的力量可以很好地表现出来，但当个人力量聚集成群体力量，且要发挥群体力量时就很困难。要发挥群体力量，就需要群体里的每一个成员互相积极沟通、配合与协作。

（四）"解手结"游戏心得体会

该游戏要求学员一只手握住对面那个人的手，另一只手握住另外一个人的手，结成手结，然后发挥团队的力量把它解成一个大圈或两个套着的环。该游戏主要考察学员们发挥团队的力量解决问题的能力和心理素质。在游戏中，学员们尝试了很多的方法，有些组出色地完成了任务，但有些组连续失败，甚至失去信心放弃尝试。该游戏告诉我们：（1）成功需要找到正确的方法，像苍蝇似的乱窜是找不到真正出口的；（2）团队需要优秀的领导和人才，他们是成功的主力军；（3）团队的力量是强大的，要发挥团队的力量，集思广益，找到正确的方法；（4）成功需要有永不言败、永不放弃的精神，要有足够的信心与耐心。

（五）"信息传递"游戏心得体会

该游戏要求将学员分成3组，每组排成纵队。培训师在小纸条上写上动物、建筑物等名称，每组纵队的第一位学员负责抽选，然后根据纸条上的内容用非语言的方式向第二位学员传达信息，让其明白纸条上所写的内容。其他学员面向后方不许偷看，直到前面的学员拍他的肩膀才可以转身，如此直到最后一位学员。由最后一位学员将他所理解的信息的答案写在黑板上。该游戏主要考察学员们非语言沟通能力，以及理解传递上级信息的能力。在游戏中，学员们用了各种稀奇古怪的方式传递信息，但结果与答案相差甚远。该游戏告诉我们：在生活、工作中，非语言沟通必不可少，比如领导在开会，而有紧急情况要告知他时，就需要使用非语言沟通；在沟通过程中，一定要理解信息传递者的意思后再传递给别人，而且要正确地传递给别人，防止沟通过程中出现"信息失真"现象，从而造成不必要的损失。游戏中揭示的沟通中"信息失真"现象，是指在工作和生活中，我们在传递信息时，特别是上级向下级传递信息时，因沟通的环节过多，使接收信息者没能准确地理解，从而导致上级发布的"信息失真"的现象。

（六）拼图游戏心得体会

该游戏要求各组在打乱的图形卡片中，通过非语言的方式，与队友相互交换卡片，直到本组的所有图形复原，用时最短的组获胜。卡片只许给别人，不能主动从别人的手里拿卡片（不能帮助别人拼图）。该游戏主要考察学员们的协作能力、角色配置能力。在游戏中，学员们通过积极的协作与配合，出色地完成了任务。该游戏告诉我们：要想获取自己想要的东西就要学会舍弃，与别人交换，有舍才有得；每个事物都有自己的价值，只要把它放到合适的位置，就能发挥它应有的作用，正如西谚所说的"没有无用的钉子，只有放不对地方的钉子"。

通过以上几个培训游戏，我们感受到了团队的力量，明白了要成功必须依靠团队力量的道理。我们也认识到了要成功就要有很好的领导能力、决策能力、沟通能力、心理素质，以及永不言败、坚持到底的精神等。

四、培训寓言故事解析

对于高校大一、大二的学生来讲，课程都排得很满。学生刚在一个教室上完课又要赶往下一个教室上课，有的学校校区很大，要走较长的时间才能赶到教室。因此，课程开始的时候，学生的身心还没稳定下来，有的甚至还在赶往课堂的路上。如果此时开讲，一来刚到的学生难以进入状态，二来迟到的学生对于课程内容会有遗漏。此时讲一个引导性的课前寓言故事，不但能给学生一定的启发和引导，还能调整学生的状态，使其集中精力到正式课程上来。当然，在课堂气氛比较沉闷的时候，也可以讲寓言故事。下面就举两个寓言故事的例子：

（一）"刺猬"法则

寓言内容：两只困倦的刺猬，由于寒冷而拥在一起。可因为各自身上都长着刺，于是它们分开了，但冷得受不了，于是又凑到一起。几经折腾，两只刺猬终于找到一个合适的距离，既能互相获得对方的温暖而又不至于被扎伤。

管理启示："刺猬"法则就是人际交往中的"心理距离效应"。领导者要搞好工作，应该与下属保持亲密关系，这样做可以获得下属的尊重，但领导者要与下属保持心理距离，避免在工作中丧失原则。

（二）螃蟹的故事

寓言内容：钓过螃蟹的人都知道，如果篓子中放了一群螃蟹，不必盖上盖子，螃蟹也爬不出去，因为只要有一只想往上爬，其他螃蟹便会纷纷攀附在它的身上，结果是把它拉下来，最后没有一只能出去。

管理启示：企业里常有一些人，不喜欢看到别人的成就与杰出表现，天天想尽办法破坏与打压，如果不予去除，久而久之，组织里只会剩下一群互相牵制、毫无生产力的"螃蟹"。

五、培训音乐的剖析及应用

在培训课程中经常会使用音乐，音乐在培训中能够起到渲染气氛、引发生理及心理的"共鸣"、引发联想及思考、增进彼此感情、陶冶情操、增加行动的欲望等作用。如果培训音乐使用得当，会起到事半功倍的培训效果。

（一）入场签到和中场休息音乐

在比较重要的培训活动开场之前，通常会让学员进行签到和发名片，同时学员在开场的等待时间会进行初步的交流。在长时间的培训活动当中，通常还会有若干次中场休息时间，这段时间学员可以吃点心、喝饮料、交流等。这时候的音乐应以欢快、舒缓、轻柔、亲切、温馨为主，比如《春郊试马》《娱乐升平》或其他轻柔的小提琴曲、钢琴曲等。

（二）上下场音乐

有政府官员、企业高管参加的培训通常比较严肃、庄重、大气一些，应尽可能使用进行曲之类的音乐；一般的例行培训，可以选择休闲、活泼一些的乐曲，甚至可选择Disco等。

（三）培训中的背景音乐

培训过程中可以穿插一些符合主题的音乐，以起到推波助澜、引导情绪、锦上添花的作用。其音乐主要分为五大类：

（1）激励型：培训过程中有高潮、转折、激励内容，或者学员亲身参与、体验培训活动时，可配上一些富有节奏感和催人奋进的歌曲，如《我真的很不错》《烈火青春》《壮志在我胸》《我相信》《年轻的战场》《站起来》《怒放的生命》《我要飞》《红日》等。

（2）团队型：如果进行的是一堂富有团队合作精神的培训课程，可以穿插一些以团结互助、众志成城为主题的歌曲，如《朋友》《相亲相爱一家人》《众人划桨开大船》《奔跑》《相信我们会创造奇迹》《爱因为在心中》等。

（3）煽情型：通过设置一个感人的场景，配以煽情的音乐和适宜的灯光，培训师引导学员走进角色人物的心灵世界，让他们有所感悟，明白其中的道理。学员感同身受，有时甚至声泪俱下，从而达到良好的视听效果。这些歌曲如《感恩的心》《在你面前好想流泪》《暗香》《辛德勒名单》《天亮了》等。

（4）交流型：该类音乐是为了加深学员之间的感情，配合培训师的语音，使之声色圆润，并且拉近与受众之间的距离，如《秋日私语》《That's Why You Go Away》等。

（5）活动型：在培训游戏和团队互动活动过程中，通常会配以轻松、欢快、节奏感强的音乐，以期达到更好的活动效果，如《兔子舞》《幸福拍手歌》和Disco等。另外，上述激励型和团队型音乐，也适合在相关活动中播放。

（四）颁证颁奖音乐

培训结束后，会当场颁发培训证书或者奖状，这时候的音乐应以喜庆、欢快为主。

项目三　未来培训师模拟培训操练

一、培训教材开发剖析及操练

（一）培训教材开发

1.教材开发的内容

培训教材主要包括：多媒体课件，主要指PPT课件；培训辅助材料，主要指培训中使用的培训教案、大纲、表格、图片、海报、视频等；指定阅读数据和文章；案例研讨资料；测验及练习题目。

2.教材要具备的条件

针对性，能切合培训目标的要求；多元化，能通过不同的学习途径进行思考；实用性，能与企业实务工作相结合；启发性，能够引发学员思考及行动；系统化，有清晰的思考架构，条理分明；KISS（keep it simple and stupid）化，能用短语就绝不用句子，多推敲、锤炼，能用图形就绝不用文字。

3.收集素材的技巧

收集故事、名言、笑话、谜语、剪报、新闻话题；挖掘工作现场问题、经验教训；收集同业或异业之实例；请教专业机构、专家；进行访谈、讨论、开会；收集创意、脑筋急转弯等。

4.题材组织的技巧

（1）容易使人印象深刻的表达方式：5W1H原则，即在题材中紧紧抓住内容和问题的what、when、where、who、why、how进行编写，还要列举案例。

（2）问题与对策：不但要提出问题，还要提供相应的解决对策。

（3）疑问与解答（Q&A）：对于疑问部分，要有相应的解答，包括个案有结果、分析有原因、方案有构想、决策有结论。

（4）正反俱陈法：从正向谈优点，从反向谈缺点。

（5）做到视觉、听觉、触觉等交互运用。

（6）运用各种统计工具、图表和数据。

（7）内容流程化，过程步骤化。

（8）不要选取你不熟悉的题目。

（二）教案编写

1.如何写教案

教案是培训师教学的依据和安排，是从课程目标中导出的教学内容，包括课程名称、课程目标、时间分配、教学活动、课程时数、对象分析、内容要点、教材和教具等。编写好教学内容后，培训师还要进行检查、讨论、演练、修改直至定案。

2.教案编写要领

（1）填写课程名称、课程目标、课程时数、对象分析。

（2）导出教学内容（要教什么）：从课程目标中导出内容，根据工作任务要求、工作问题来分析。

（3）注意教学内容——KSA，即 knowledge（知识）、skill（技能）和 attitude（态度）。

（4）规划使用方法与教学活动。

（5）填写培训过程中各段时间的长短。

（6）填写所需的教材、教具。

（7）事先演练、试讲，以调整、修正此内容。

（8）善用题材组织技巧。

3.教案编写范例

◆◆◆◆➡ 企业文件范例5-2

"谈与上司的相处之道"教案

课程名称	其实你懂老板的心——谈与上司的相处之道		课程时数	160分	培训师	张博尧
课程目标	使参加者了解老板需要之部属及自己所扮演的角色，期望与老板相处得更愉快		参加对象	管理师、工程师共30人		
时间分配	教什么（内容要点）		方法与教学活动	教材		教具
（15分） 5分 10分	开场白 ●课程目的 ●热场		<演讲> <游戏>	*幻灯片		*幻灯机
（20分） 10分 10分	1.老板的期待 ●老板所要部属之特质 ●目前组织的状况与需求		<演讲> ●五大特质 ●组织规模及需求分析	*幻灯片		*幻灯机

时间分配	教什么（内容要点）	方法与教学活动	教材	教具
（30分） 20分 10分	2.老板的个性 ●领导风格分析 ●星座、血型解说	<角色扮演> <演讲>12星座及4种血型分析→老板	*幻灯片	*幻灯机
（30分） 20分 10分	3.部属的个性 ●自我分析 ●星座、血型解说	<思考>我是个怎样的人 <演讲>12星座及4种血型分析→部属	*使用"自我风格分析表"幻灯片	*幻灯机
（30分） 10分 20分	4.自己在公司的定位 ●想成为怎样的部属 ●当一个好部属应注意的事项	<思考>在工作上，我想成为怎样的人 <演讲>10个应注意的要点	*幻灯片	*幻灯机
（35分） 25分 10分	5.结语 ●上司、主管匹配程度 ●Q&A	<演讲> <思考>我所扮演的角色与老板所期待的相符吗	*幻灯片	*幻灯机

　　资料来源　由中国台湾新世纪人才培训协会（TSTD）张博尧提供.

（三）课件（讲义）制作

　　培训课件是培训师在正式授课时展示给所有学员看的内容。它一方面能吸引学员的注意力、加深其印象；另一方面能帮助培训师把握下一步的讲解内容，延伸其教学思路。在开展培训的过程中，PPT是使用频率最高的培训教材。

　　1.课件制作——技术层面

　　布局设计包括PPT版式设计、PPT设计模板使用、PPT背景母板的使用、配色方案等；美化及增强效果包括图片压缩和裁剪、声音和影片、动画设置、放映效果等。

　　2.课件制作——思路层面

　　PPT是一门说服的艺术。要说服学员接受培训师的观点，首先要抓住学员的注意力，然后帮助学员了解培训师要传达的信息，引导学员同意培训师的观点，最后建立起共识。

　　（1）PPT的结构。

　　PPT的结构见表5-1。

表5-1　　　　　　　　　　　　　　　　　PPT的结构

封面	目录	目标	正文	总结	致谢
1.公司LOGO名称 2.标题和副标题 3.培训师姓名和联系方式 4.讲授时间	1.提炼内容的各个构成部分的主题，明确重点，这是主目录 2.如果内容较多，每个部分还要有分目录	阐述通过本课程的学习，学员要达到的目标	1.正文标题和内容 2.要给各级标题编号和赋予字体、颜色 3.同一层次的标题其编号连贯、字体和颜色要一致	内容回顾，结论	对学员表示谢意

（2）信息筛选。

在一场培训中，学员能记住的信息有限，一定要仔细筛选。

（3）清晰表达信息。

尽量做到每一个PPT页面表述一个主题。每一页面内容尽量不要超过10行。使用项目符号或其他编号以保证层次清晰。

（4）文字。

正文字体建议使用笔画粗细一样的非艺术字体，如宋体、雅黑、黑体、幼圆等；标题可以使用魏碑、行楷、舒体、隶书等。正文字号采用24号左右，标题字号可扩大。

（5）演示效果。

良好的演示效果能帮助培训师阐释自己的讲课内容，起到锦上添花的作用，幻灯片之间的切换效果最好不要超过3种，而每张幻灯片的构成元素之间避免使用超过3种的演示效果，以免分散学员的注意力。

二、培训师的语音技巧剖析及操练

（一）培训师的专业语言习惯

1.语言简洁、明快、通俗、有节奏感

2.多用含有积极、美好、激励等意义的字眼

例如：双赢、保护、有益、我们、可靠、分享、自信、自豪、帮助、愉快、专家、安全、优质、不错、便利、节约、威望、把握、放心、服务、高效、超越、独创、很好、谦恭、耐用、有趣、有效、增长、刺激、容易、保险、必备、新式、成功、健康、保证、感激、感恩、发现、时髦、欣赏、我理解、非常棒、我看行、很不错、很精彩、有个性、很有创意、名副其实、坚持到底、刮目相看。

3.用排比句体现气势

例如：自私是一面镜子，镜子里永远只看得到自己；

自私是一块布匹，蒙住了自己的眼睛，看不见别人的痛楚；

自私是一层玻璃，看上去透明，却始终隔开了彼此的距离。

4.用疑问句来达到启发学员思维的目的

（1）一般疑问句：由肯定的陈述句转化的一般疑问句，例如：你一直住在这儿吗？否定的一般疑问句，例如：他不是会开车吗？

（2）选择疑问句：提出两个或两个以上可能的答案供对方选择，例如：你是喝威士忌，还是喝啤酒？

5.用联想词语来达到深入思索的目的

由某件具体事物，引发人们联想起另外一件相关事物。例如：月光照进窗子来，茅屋里的一切好像披上了银纱，显得格外清幽。

6.引发兴趣的语言技巧

采用意想不到的、新鲜的、突然的、好笑的、好玩的、有争议的、有参与感的语言技巧，能极大地引发学员的学习兴趣。

7.建立有说服力语言的关键

个人经验、类比、事实、展览、事例、统计数字、专家意见等可以增强语言的说服力。

（二）培训师的语音技巧与要领

送音技巧：以现场学员为对话目标，字句表达饱满清晰，眼光直接面对学员。

控音技巧：拖长音可达到抓住现场气氛的目的，短促音可以达到推动或烘托现场气氛的目的。

建立超强亲和力的关键：语言的亲和力、渗透力、幽默性与语调的契合技能运用。

三、培训师的肢体语言剖析及操练

（一）展现美的肢体语言的秘诀

1.培训师合理的站立位置与角度

（1）板书位：不写的时候应站在黑板（白板）偏左或偏右的位置，以免挡住学员视线。

（2）演讲位：最好站在讲台中间位置的偏左或偏右处，为了增强演讲效果和产生冲击力，可偶尔走到讲台的中间位置。

（3）主持位：一般站在讲台中间位置说明情况，然后回归旁边位置。

（4）讲解位：一般站在黑板（白板）或投影屏幕的偏左或偏右的位置讲解，提问或互动的时候，一定要移步到相关位置。

2.肢体要求

上身舒展，下身要稳，不要作秀，不要夸张，不要腼腆。

3.肢体语言操练

（1）操练要求：第一轮先用肢体语言表演，第二轮用肢体语言配合口头表达。

（2）操练项目：朗诵《我爱上了一朵花》。

我看见了一朵花，

立刻就爱上了它，

多么娇美的花，

我将它采回了家，

我精心地爱护着它，

香气环绕着我的家。

（二）专业培训的12种手势

沟通：双手前伸，掌心向上；敞开你的心扉。

拒绝：掌心向下，做横扫状；表现你的果敢。

致意：五指并拢，掌心朝上；秀出你的专业风范。

警示：掌心向前，双手前举；威严从这里显现。

区分：手掌侧立，做切分状；表现思维的极度清晰。

指明：五指并拢，指向目标；恰到好处地引导。

组合：掌心相对，向内聚拢；对归纳的外在表现。

延伸：掌心相对，向外展开；显示你的发散思维。

号召：手掌斜下，挥向内侧；增强你的向心力。

否定：手掌斜下，挥向外侧；敢于对别人说NO。

鼓舞：握紧拳头，挥向上方；激励的高效方式。

决断：握紧拳头，挥向下方；表现你的果敢。

（三）肢体带动心理

（1）强烈肢体语言的表现：一般表现时手势和脸部平行；特别表现时手势在脸部以上。

（2）肢体带动心理的良性肢体原则：端正和舒展。

（3）培训师的肢体定式操练。

用肢体语言配合口头语言表达下面的文字：山一样的情怀、海一样的抱负。

（4）培训师的表情和肢体训练。

操练一：展示动作（苦笑、大笑，惊讶）。

操练二：未闻曲调先有情（一个帅气的小伙子）。

附录文字：一个帅气的小伙子，一文不名、穷困潦倒，却捡到一麻袋百元一张的现钞。他惊喜万分，趁四周无人注意，将钞票扛回他的小木屋。此时，他按捺不住激动的心情，哭了起来。哭完，他擦干眼泪，挺起胸膛，抓起一把钱来到五星级宾馆的前台，要开一个总统套房，美美地享受一晚，但是服务员小姐告诉他："这全是假币！"他呆住了，两眼发直。

（四）眼神与目光的魅力

课堂放松的技巧：用眼神接纳学员的各种姿态、以人性关怀和自我反省的目光去看待学员的课堂表现。

眼控一切：培训师的眼睛随时能放射出一种光芒，以照耀、警醒和限制学员的不当之举。

集中与分散的技巧：眼神集中是为了吸引所有学员，目光分散是为了关注所有学员。

（五）肢体语言的综合应用

1.现场案例的使用

培训师应随时注意课堂正面信息的各种感觉和反馈，适时引出案例。

2.集中注意力的撒手锏

（1）声技：主要有敲击、顿足、瞬间安静等方法。

（2）眼技：主要是用眼睛注视好动的学员，使其回到学习状态。

（3）口技：主要是提问。

（4）身技：主要是走到学员中间，多用肯定、亲近的肢体动作。

（5）脑技：主要是讲故事、讲笑话、做游戏，目的是转换思维。

四、应对4种不同类型学员的技巧

（一）过分安静型

1.主要表现

（1）昏睡：这类学员上课时喜欢打瞌睡。

（2）漫不经心、乱涂乱画：这类学员心不在焉，听不进去课，也没兴趣做其他事。

（3）沉默不语：这类学员包括心情烦躁者、漠不关心者、害羞者。

（4）犯迷糊：这类学员由于思想不集中，不适应老师讲授的方式、方法或者本身有知识缺陷，对讲授内容不理解、对问题考虑不清楚。

（5）做别的事情：这类学员经常做与上课无关的其他事情。

2.处理方法

走到相关学员的身边，点名提问，让他对其他人的观点谈看法并适当给予夸奖和肯定。

（二）消极被动型

1.主要表现

（1）发牢骚：这类学员牢骚满腹、愤世嫉俗，常抱怨受到不公正的待遇。

（2）旁观者：这类学员喜欢隔岸观火、幸灾乐祸。

（3）应声虫：这类学员比较被动，问一句答一句，而且答案出奇简单。

2.处理方法

（1）对于发牢骚者，向其强调时间观念，对于他的抱怨，可以告诉他愿意与他私下里讨论。

（2）将问题转移到旁观者的身上。

（3）问一些开放式的并且无法回避的问题。

（三）异常主动型

1.主要表现

（1）极好争辩：这类学员具有好斗的性格，专门喜欢当场让人难堪，也可能正为一些问题所困扰。

（2）快言快语：这类学员表现欲强，爱出风头，也可能确实想提供一些帮助和意见。

（3）过分健谈：这类学员好表现自己，以为自己见多识广。

（4）个性冲突：这类学员来自不同部门，由于立场不同，极易引起争辩和引发冲突。

（5）征询私人意见：对于私人事情，想得到培训师的意见和建议。

（6）以专家自居：这类学员可能曾经对某些问题有所了解，所以以专家的身份、裁判的口气否定培训师。

2.处理方法

（1）对于极好争辩者，培训师应沉住气，先肯定其意见，然后把问题转给大家或私下交流。

（2）对于快言快语者，培训师可以请他做总结，然后巧妙地向其他人提问，感谢他并建议："让其他人一起来进行讨论，好吗？"

（3）对于过分健谈者，轻松待之："你的观点确实很有意思，现在让我们看看其他人怎么看。"

（4）对于个性冲突者，求同存异，把话题转移到主题上来，让持中立态度的人参与讨论。

（5）培训师应避免在上课时替学员解决私人问题。

（6）对于以专家自居者，让他充分发表自己的看法，在给予肯定的同时指出或补充一些问题。

（四）干扰型

1.主要表现

（1）跑题：这类学员回答问题时离题万里，或漫无边际地谈天说地。

（2）完全错误：这类学员的答案完全错误。

（3）窃窃私语：这类学员上课时窃窃私语，有些人谈课程内容，更多的是谈与课程无关的事情。

（4）顽固分子：这类学员不愿改变自己的意见，对某些问题抱有偏见，不明白培训师的观点。

（5）唱反调和抬杠：少数学员可能对培训师有偏见或有强烈的表现欲望，极端坚持错误看法。

2.处理方法

（1）对于跑题者，如果是无心之过，培训师最好自己承担责任，可以说"可能是我的话引出了这个主题，我再重复一下我们的主题"，或态度友善地打断"我们有些偏离主题了，现在让我们回到正题上"，或者示意他时间不多了。

（2）对于完全错误者，培训师必须委婉地处理，可以说"我明白你的感受，这也是一种看问题的方法"或"我明白你的看法，但让我们看看真实情况"。

（3）对于窃窃私语者，不要让他们难堪，可以点名让其参与讨论、问其观点。

（4）对于顽固分子，培训师可以把问题抛给大家，或者告诉他时间有限，或者表示愿意私下里与他谈。

（5）对于唱反调和抬杠者，可让他将错误或极端的观点表达出来，然后用正确的观点与之对比，让其他学员去评论，将对立面转移到唱反调者和广大学员之间，然后由培训师去点评。如果唱反调者一直纠缠不清，可告诉他时间有限、课后私下交流；如果事态严重，可考虑给予口头警告。

五、建立培训师威信的技巧

（一）营造学员欢迎的课堂气氛

（1）以学员为主、理解学员对培训师的期望。

（2）学员应受到培训师的尊重。

（3）培训师认为学员的经验相当有价值。

（4）培训师肯定、采纳、尊重学员的意见和回答。

（5）培训师很认真地面对、处理学员的问题。

（6）在第一次上课时，学员和培训师应相互自我介绍。在学员自我介绍时，培训师要带着欣赏的目光注视学员并加以肯定；培训师在自我介绍时着重介绍自己在经验、能力和成果方面的优势，以增强学员的信心。

（7）给学员施展自己才华的机会和舞台。

（二）课堂控制

1.时间控制

非特殊情况，一定要养成准时上下课的习惯，不能靠拖延时间来完成培训任务，每天至少要预留一个半小时的休息时间，其中包括1小时的午饭时间，2次15分钟的休息时间。如果是夏天，可以考虑早上提前开始，中午多一些午休时间。

2.内容控制

如果是两个以上的培训师授课，不要随意地透露别人的授课内容，这样不但讲不明白，听者也听不明白，而且别的培训师讲的效果会受到影响。每天的培训重点内容最多不能超过5个，以3个为最佳；不单是讲课，还要准备一些互动活动，比如提问、游戏、讨论、模拟训练等。

3.语言控制

不要随意在课堂上给人下定论，特别是结论性的语言。

4.状态控制

培训师在台上，眼睛要注意台下有需要的学员。同时，要掌握应对过分安静型、消极被动型、异常主动型和干扰型学员的技巧，具体方法见本项目第四大部分内容"应对4种非正常学员的技巧"。

（三）培训师魅力的形成

短期魅力靠"包装"，如培训师的举止、语调、仪容、说话方式等；长期魅力是来自"内涵"，如培训师的经验、知识、能力、授课内容等。

六、未来培训师模拟培训演练范例

（一）操练任务

将学生分成若干小组，每个小组可以根据本组熟悉的管理知识，进行培训教材开发和模拟培训。先根据上文"教案编写"的技巧，设计一份教案；再根据上文的"课件制作"内容和相关专业知识，编写PPT；最后根据上文的培训师的语音、肢体语言、应对4种非正常学员和建立培训师威信等技巧，每组派两位模拟培训师上台为全体同学模拟授课并接受其他小组成员的提问。

（二）操练程序

（1）将全体学生分成若干小组进行模拟培训，如果本门课程的前导内容已经分组，可按预先分好的小组进行教案开发和模拟培训，以保证本门课程成绩的公正延续。

（2）根据上文"教案编写"的技巧和自选的培训内容，设计一份教案。（课外完成）

（3）根据教案的要求，收集培训相关资料，包括文字、图片和视频等，为编写PPT做准备。（课外完成）

（4）根据教案的要求，安排培训流程涉及的工作，设计相应的培训方法和培训游戏方案，为模拟培训做准备。（课外完成）

（5）根据上述准备工作，各小组安排相关人员编写PPT和准备本组的模拟培训工作。（课外完成）

（6）各小组上台模拟培训顺序的确定：根据小游戏"循环相克令"结果而定。（2分钟）

（7）上台培训之前，各小组在电脑旁进行本组培训方案的集体讨论和修改。（10分钟）

（8）团队激励：每组模拟培训师上台演讲前，本组成员应用本组特有的方法，为其"壮行"和"助威"。（3分钟/组）

（9）每个小组派两位模拟培训师上台进行40分钟的培训活动，少于35分或多于40分均扣分。（40分钟/组）

（10）每组培训结束后，其他小组针对授课内容进行提问；两位模拟培训师主要作答，本组其他成员可以帮助补充回答。（5~15分钟/组）

（11）实训和评分结束后，学生助教针对实训过程的表现进行点评，教师主要针对教案和实训整体表现进行点评。

（三）评分标准

未来培训师模拟培训演练小组绩效评分见表5-2。

表5-2　　　　　　　　　　　**未来培训师模拟培训演练小组绩效评分表**

评分指标	评分标准	___队	___队	___队
到课率（2分）				
团队魅力（10分）：队名口号（2分）、魅力展示状况（8分）				
课程思政（14分） 高级得分等级标准（12.5~14分）： （1）做到政治认同、职业规范、心理健康上进、有责任感、友好诚信、有创新意识等（5~6类思政元素） （2）在PPT的学习目标、总结中及实训的相关言语、行为等上体现上述"课程思政"要求，把上述课程思政"融入"学生的言行 中级得分等级标准（11~12分）： （1）做到政治认同、职业规范、心理健康上进、有责任感等（3~4类思政元素） （2）在PPT的学习目标、总结中及实训的相关言语、行为等上体现上述"课程思政"要求 初级得分等级标准（8.5~10.5分）： （1）做到政治认同、职业规范等（1~2类思政元素） （2）在PPT的学习目标、总结中及实训的相关口头上体现上述"课程思政"要求				

评分指标	评分标准	___队	___队	___队
培训手段（6分）：充分利用现代教育技术变革创新教与学的方法，较好使用两种培训技巧				
上台讲解表现（22分）	时间控制（2分）			
	高级得分等级标准（18～20分） 表达流畅；基本脱稿；PPT讲解时衔接和过渡自然；中间插入角色扮演、寓言故事、游戏、案例、视频等辅助内容，使导入和总结能很好地融入主体内容；讲解详略得当、重点突出、专业到位；动作表情得体；讲解时气氛融洽或热烈，能带动和控制现场气氛；总结起到画龙点睛的作用；开头结尾问候或致谢、鞠躬得体。模拟培训时，要有跨学科跨专业知识、企业技能和行业要求融合的表述，培养新文科思维下产教融合的知识融通能力和实践能力			
	中级得分等级标准（15.5～17.5分） 表达基本流畅；脱稿较好；PPT讲解时衔接和过渡生硬；中间插入角色扮演、寓言故事、游戏、案例、视频等辅助内容，使导入和总结与主体内容有别；讲解详略可控、重点可见、专业性不够；动作表情生硬；讲解时气氛不冷不热，难以带动和控制现场气氛；总结基本能说到重点；开头结尾问候或致谢、鞠躬基本得体。模拟培训时，要有不同专业知识、企业技能和行业要求融合的表述，培养新文科思维下产教融合的实践能力			
	初级得分等级标准（12～15分） 表达不流畅；讲解时照本宣科；PPT讲解时没有衔接和过渡；中间插入角色扮演、寓言故事、游戏、案例、视频等辅助内容，使导入和总结与主体内容无关；讲解详略不当、没有重点、专业性较差；无动作表情或不当；讲解时气氛沉闷紧张，现场比较混乱；总结没有说到重点；开头结尾没有问候或致谢、鞠躬或者失当			
问答表现（14分）	主动向其他队提问（4分）			
	回答其他队队友问题的态度（2分）			
	回答其他队队友问题的水平（4分）			
	协助本队回答状况（4分）			
教案得分（32分）：PPT外观、目标、内容、总结，教案编排				

评分指标	评分标准	___队	___队	___队
总计（满分100）				
_____队评语				
_____队评语				
_____队评语				

说明：

（1）培养学生新文科思维下产教融合的知识融通能力和实践能力

（2）队长在本队作品PPT上必须注明队员在本次教案设计和上台模拟培训中的分工与参与情况，并对本队队员参与本次教案设计和上台模拟培训的贡献大小进行排名；教师结合排名在各队"团队成绩"的基础上进行分数的上下调节，得出本队所有成员的个人成绩，避免成员成绩"搭便车"

（3）实训和评分结束后，学生助教针对实训过程的表现进行点评，教师主要针对教案和实训整体表现进行点评

（4）未来培训师模拟培训演练视频链接：https：//v.youku.com/v_show/id_XNTE4MDIxMzUxMg==.html

评分者：_____

（四）操练展示：人力资源管理专业未来培训师模拟培训演练过程

未来培训师模拟培训现场（空位是模拟空间）

鲍老师在做实训要求和程序的说明

确定上台顺序的小游戏"循环相克令"

魅力展示为本队上台讲解者"助威"

A组代表上台模拟培训

B组代表上台模拟培训

模拟培训中采用角色扮演的培训方法

模拟培训中采用游戏的培训方法

模拟培训时采用形体语言来展示

模拟培训结束后回答其他组提问

回答提问后本组队员补充回答

本组队员补充回答后其他组追问

鲍老师和学生助教对各组进行评分

模拟培训后鲍老师进行点评和总结

七、操练主要项目：未来培训师模拟培训演练

（一）操练任务

每个小组2位未来培训师找一个熟悉的管理类培训项目，编写PPT培训讲义；根据PPT培训讲义，上台为全体同学授课30分钟，授课时要使用3种以上的培训技巧，并接受其他队队友提问，助教组协助老师评分。

（二）操练程序

操练程序详见"六、未来培训师模拟培训演练范例"。

知识要点

1. 关键绩效指标的界定标准
2. 关键绩效指标设计的"鱼骨图"分析方法
3. 关键绩效指标的设计和提取步骤
4. 关键绩效指标设计的"九宫图"分析思路
5. 员工绩效激励策略性方案
6. 薪酬水平的界定
7. 岗位评价的方法
8. 岗位分类
9. 底薪（基本工资）的薪酬等级设计
10. 要素计点法在岗位薪酬设计中的应用操练
11. 薪酬调查

演练任务

1. 建立人事助理绩效考核指标体系
2. 设计和应用本课程不同实训项目的评分表
3. 制作本课程期末考试作品集
4. 设计人力资源部经理的薪酬结构和计算其薪酬金额
5. 计算人事助理的工资总额

项目一　鱼骨图和九宫图在 KPI 设计提取上的应用

绩效考核的有效性在很大程度上依赖绩效考核指标的有效性，即组织通过绩效考核是否实现了组织的目标，依赖的绩效指标是否成了组织战略目标的载体，是否体现了组织成功的关键控制因素，是否将企业的战略目标与员工行为结合了起来。而关键绩效指标的设计和提取处于绩效考核的中心环节，是绩效指标的关键所在和绩效考核的关键依据，关系到绩效考核的成败。

一、关键绩效指标透视和解析

KPI是关键绩效指标（key performance indicator）的英文简称，是指决定与衡量企业经营管理实际效果的重要考核指标，是宏观战略目标决策经过层层分解后所产生的可操作性的战术目标，是宏观战略目标决策执行效果的监测指针。KPI是衡量组织战略实施效果的关键指标，其目的是建立一种机制，将组织战略转化为内部管理过程和活动，以不断增强组织的核心竞争力和可持续发展的动力，使组织取得高效益。

（一）关键绩效指标的界定标准

关键绩效指标是用于衡量工作人员绩效表现的量化指标，是绩效计划的重要组成部分。关键绩效指标界定的标准如下：

1.以战略为导向进行关键绩效指标的界定

绩效考核如果不坚持战略导向，就很难保证绩效考核能有效地支持组织战略。绩效考核的导向性是通过绩效指标，尤其是通过关键绩效指标来实现的；绩效考核能否实现战略导向，实际上就是通过战略导向的关键绩效指标设计和应用来实现的。这首先意味着，作为衡量各岗位工作绩效的指标，关键绩效指标所体现的衡量内容最终取决于组织的战略目标。当关键绩效指标构成组织战略目标的有效组成部分或支持体系时，它所衡量的岗位便以实现组织战略目标的相关部分作为自身的主要职责，如果它与组织战略目标脱离，则它所衡量的岗位的努力方向也将与组织战略目标背道而驰。

以战略为导向的关键绩效指标来自对组织战略目标的分解，是对组织战略目标的进一步细化和发展。组织战略目标是长期的、指导性的、概括性的，而各岗位的关键绩效指标内容丰富，针对岗位而设置，着眼于考核当年的工作绩效，具有可衡量性。因此，关键绩效指标是对真正驱动组织战略目标实现的具体因素的发掘，是组织战略对每个岗位工作绩效要求的具体体现。当组织战略侧重点转移时，关键绩效指标必须予以修正以反映组织战略新的内容和方向。

2.以岗位分析为基础进行关键绩效指标的界定

岗位分析是人力资源管理工作的基础，是界定关键绩效指标的另一个标准。根据考核目的，对被考核者的岗位的工作内容、性质以及完成这些工作所具备的条件等进行研究和分析，从而了解被考核者在该岗位工作所应达到的目标、应采取的工作方式等，确定绩效考核的各项关键要素。

3.以综合业务流程进行关键绩效指标的界定

以战略为导向、以岗位分析为基础的关键绩效指标界定，也许很多组织都在应用，但有些组织在界定关键绩效指标的时候，忽视了一个非常重要的过程，即以综合业务流程来界定关键绩效指标。关键绩效指标必须从业务流程中去把握，根据被考核者在业务流程中扮演的角色、担负的责任以及同上下游之间的关系，来确定衡量其工作的关键绩效指标。此外，如果业务流程存在问题，还应对业务流程进行优化或重组。

（二）关键绩效指标的作用

作为组织战略目标的分解，关键绩效指标使个人和部门的责、权、利明确而具体，从而有力地推动了组织战略在各单位、各部门的执行。

作为关键经营活动的绩效反映，关键绩效指标帮助员工集中精力处理对组织战略有最大驱动力的事务，便于根据组织的发展规划和目标计划来确定部门与个人的业绩指标。

关键绩效指标使上下级对岗位工作职责和关键绩效要求达成了共识，确保了各层、各类人员努力方向的一致性；通过上下沟通，使个人目标、团队目标和组织目标融为一体，促进全员参与。

关键绩效指标输出的是绩效评价的基础和依据，为绩效管理提供了透明、客观、可衡量的基础；通过人人制定目标，使每个人为未来做准备，防止短期行为，有利于个人和组织的长期发展。

通过上下级共同制定评价标准和目标，能够客观、公正地考核绩效和实施相应的激励；便于对目标进行调整及对目标的实施进行控制，能及时发现潜在的问题与需要改进的领域并反馈给相关部门和个人。

关键绩效指标在实现效率提高的同时，通过授权、分权和自我管理，提高了员工素质，使组织内部的沟通渠道更加健全、完善。

二、关键绩效指标设计的有效方法

目前，关键绩效指标设计常用的有效方法是鱼骨图分析法和九宫图分析法，这两种方法可以帮助我们在实际工作中抓住主要问题、解决主要矛盾。

（一）鱼骨图分析的主要步骤

鱼骨图也叫石川图（是由日本管理大师石川馨先生发展出来的，故称石川图），是一种发现问题"根本原因"的方法，也可以称"因果图"。鱼骨图原本主要用于质量管理，现在应用在关键绩效指标设计的分析上，主要步骤如下：

（1）确定个人和部门业务重点以及哪些因素对组织业务有影响。

（2）确定业绩标准，定义成功的关键要素，满足完成重点业务所需的策略手段。

（3）确定关键绩效指标，判断影响一项业绩标准能否达到的实际因素。

将组织级的关键绩效指标逐步分解到部门，再由部门分解到各个岗位，依次采用层层分解、互为支持的方法，确定各部门、各岗位的关键绩效指标并用定量或定性指标确定下来。

（二）九宫图分析的主要思路

目前普遍认为，九宫图即为"洛书"的主要内容。《周易·系辞上》说："河出图，洛出书，圣人则之。"但其中没有明确记载"洛书"的主要内容。而九宫之说首见于《大戴礼记·明堂篇》，其中提到，明堂有"九室"，其形上圆下方，其数为"二四九，七五三，六一八"。其中所记载的九畴、祠庙、太庙、明堂、宫室等建筑都用此方法。

现代管理学者认为，九宫图分析法是一种有助扩散性思维的思考策略，利用一幅如图6-1所示的九宫图，将主题写在中央，然后把由主题所引发的各种想法或联想写在其余的八个圈内，从八个方向去思考，发挥八种不同的创见，依循此思维方式加以发挥并扩散其思考范围。

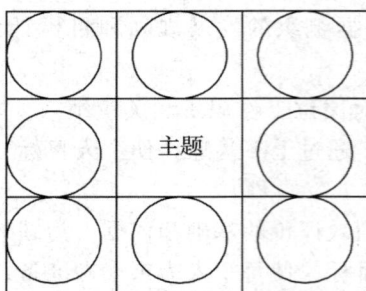

图6-1　九宫图示意图

三、KPI的设计和提取步骤

KPI的提取，可以用"十字对焦、职责修正"一句话概括，但在具体的操作过程中，要做到在各层面都从"纵向战略目标分解、横向结合业务流程"的"十"字中提取，也不是一件非常容易的事情。以下主要用鱼骨图方式，说明KPI的提取流程。KPI提取"十字对焦"总示意图如图6-2所示。

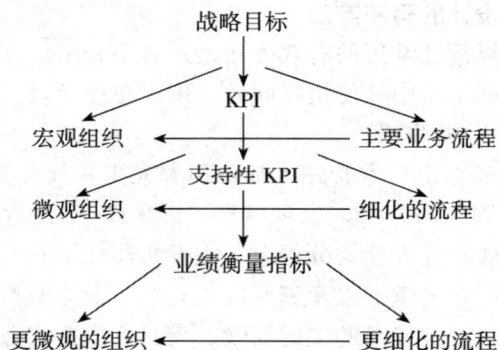

图6-2　KPI提取"十字对焦"总示意图

（一）鱼骨图分解战略目标和相关KPI提取

组织的总体战略目标在通常情况下，均可以分解为几项主要的支持性目标，而这些支持性目标还可以分解成更为具体的子目标。组织战略目标需要组织的某些主要业务流程的支持才能在一定程度上达成，而这些业务流程里面就能分解出KPI。因此，在本环节需要完成以下工作：

（1）组织高层确立组织的总体战略目标，如图6-3所示，成为"世界级领先企业"是组织的总体战略目标。

（2）由组织（中）高层将总体战略目标分解为主要的支持性目标，在图6-3中，人员与文化、客户服务、制造优势、IT支持、市场份额、市场领先、利润与成长、技术创新都是支持性目标。

（3）在组织的主要业务流程与支持性目标之间建立关联，在图6-3中，"人员与文化"这个支持性目标的主要业务流程包括员工培训与发展、员工招聘、员工关系管理、企业文化等。

（4）在企业的主要业务流程里，再分解出KPI，如图6-3所示，"员工培训与发展"

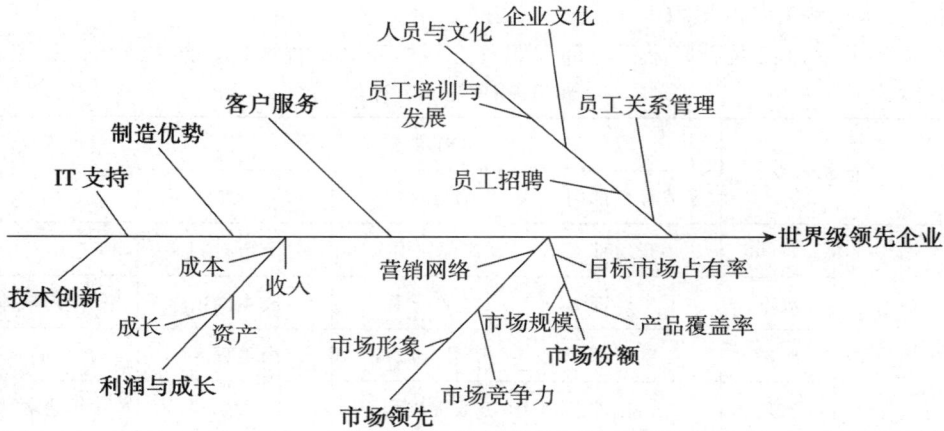

图6-3　战略目标分解和KPI提取的鱼骨图

这个主要业务流程中可能包括晋升、培训、转岗、降级等指标，可以对这些具体的指标进行限制性标准设定。比如，在某个阶段内达到晋升条件的员工数量要达到相应人数的5%，这就是对"晋升"这一KPI的绩效评价标准。

（二）九宫图确认各业务流程与各职能部门的联系

通过九宫图的方式建立流程与工作职能之间的关联，从而在更微观的部门层面建立流程、职能与指标之间的关联，为组织总体战略目标和部门绩效指标建立联系。

例如，对于"新产品开发"流程来讲，包括新产品概念选择、新产品概念测试、新产品建议开发等前期工作，对于以上每一项前期工作来讲，各职能部门所承担的流程中的角色是不同的，见表6-1。比如，对于新产品概念选择，市场部负责市场论证，销售部负责销售数据收集，研究部负责可行性研究，开发部负责技术力量评估等。知道了流程中的各项工作与各职能部门的关系之后，就可以把考核指标与业务流程联系起来，进而达成支持性目标，最终通过微观的绩效考核指标，尤其是KPI，实现组织的总体战略目标。

表6-1　　　　　　　　　　　　**确认业务流程与职能部门联系示例**

流程：新产品开发	各职能部门所承担的流程中的角色				
	市场部	销售部	财务部	研究部	开发部
新产品概念选择	市场论证	销售数据收集	——	可行性研究	技术力量评估
	——	——	——	——	——
新产品概念测试	——	市场测试	——	——	技术测试
	——	——	——	——	——
新产品建议开发	——	——	费用预算	组织预研	——
	——	——	——	——	——

（三）部门级 KPI 的提取

在本环节中，根据业务流程与部门职责之间的联系，提取部门级的 KPI，见表6-2。

表6-2　　　　　　　　　　　　**部门级KPI提取示例**

流程：新产品开发		KPI维度			指标
		被考核部门	测量对象	测量结果	
绩效变量维度	时间	开发部	新产品（开发）	上市时间	新产品上市时间
	成本	生产部	生产过程	成本降低	生产成本
	质量	客服部	产品与服务	满足程度	客户满意率
	数量	销售部	销售过程	收入总额	销售收入

四、员工绩效激励策略性方案

在确认对各支持性目标的主要业务流程后，运用九宫图的方式进一步确认KPI在不同维度上的详细分解内容并采取相应的激励措施。

如图 6-4 所示，"员工培训与发展"这一主要业务流程中包括晋升、培训、转岗、降级等指标，可以对这些具体的指标进行限制性标准设定。这些限制性标准可以是数量、可以是百分比，还可以是一些叙述性要求，为了达到这些限制性标准，根据组织过往绩效考核的结果，分别将员工归纳到九宫图之中，对于处于九宫图不同方格中的员工，组织应该采取不同的绩效激励策略性方案。

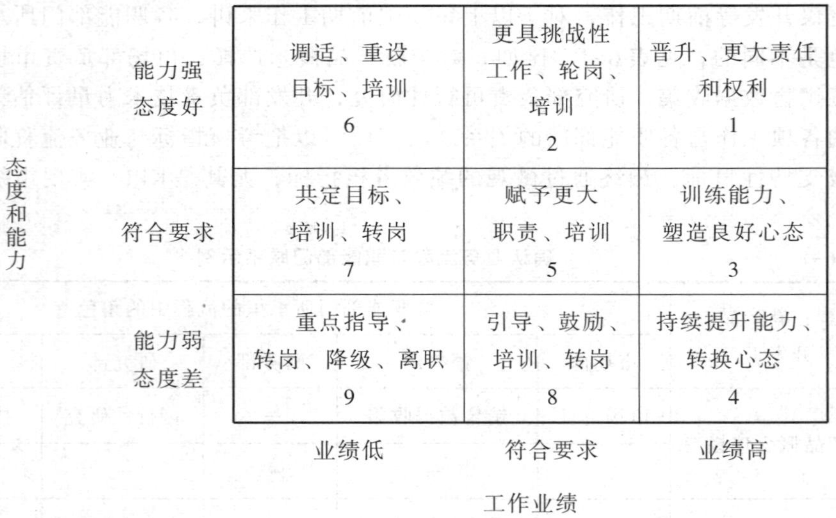

态度和能力	能力强态度好	调适、重设目标、培训 6	更具挑战性工作、轮岗、培训 2	晋升、更大责任和权利 1
	符合要求	共定目标、培训、转岗 7	赋予更大职责、培训 5	训练能力、塑造良好心态 3
	能力弱态度差	重点指导、转岗、降级、离职 9	引导、鼓励、培训、转岗 8	持续提升能力、转换心态 4
		业绩低	符合要求	业绩高
			工作业绩	

图6-4　基于态度、能力、工作业绩的"员工培训与发展"九宫图

（一）工作业绩等级定义

图 6-4 中横向维度是员工的工作业绩。对于员工的工作业绩，各部门经理和人力资源管理者应正确认识，哪些是由于个人能力造成的，哪些是由于环境造成的，考核结束后应采取什么措施。员工的工作业绩等级有 3 个层次：业绩高、符合要求、业绩低，对

于工作业绩等级应该进行明确定义，以便在考核时有参照的标准。对于工作业绩等级的定义，尽可能量化；如果工作业绩难以量化，也可以用文字描述。例如，业绩高的量化定义：年销售收入达50万元，年销售回款率达80%。业绩高的描述性定义：员工能够持续地超越工作上、专业技能上的绩效要求，能够建立和不断优化周边的人际关系，在KPI和工作计划任务方面都能超标。

（二）态度与能力等级定义

图6-4中纵向维度是员工的态度与能力。对员工态度和能力的评估需要员工所在部门的经理与人力资源管理者给予共同的关注，尤其是各部门经理，对员工的态度和能力的评估负有重要的责任。一般地，员工的态度和能力有3个层次：态度好、能力强；符合要求；态度差、能力弱。态度和能力的定义，我们一般采用描述的方式。例如，态度好、能力强的描述性定义：员工能够胜任更高级别的工作，通常具备高水平的工作技能，具备下一个更高级别工作所需要的执行能力和管理能力，具有创新与承担更大责任的意愿，主观上渴望获得机会，迎接挑战；具有全局意识，能对公司的发展大计提出自己的看法和实施方案；不仅本人态度诚恳、工作积极，而且能带动和影响周围的人积极向上，形成强大团队战斗力。

（三）员工发展策略措施

对于处在图6-4中不同方格中的不同员工，我们可以根据企业需要采取不同的培训与职业生涯发展策略，还要采取相应的薪资福利激励政策。

处于方格1的员工，必须尽快将其晋升到更高级的岗位，并赋予其更大的责任和权利；还要对其加薪，提供更具竞争力的薪资福利待遇。处于方格2的员工，符合现任岗位的业绩要求且态度好、能力强，职业发展的重点在于针对其态度好、能力强的优势，给予其更具挑战性的工作，或通过轮岗和培训来安排其工作的多样性；提供具有一定竞争力的薪资福利待遇，以鼓励其展现更好的业绩。处于方格3的员工，现任岗位业绩高，培训和锻炼的重点应放在往上一层级所需的能力与塑造良好心态上；提供具有一定竞争力的薪资福利待遇，以激发其展现更多潜能。建议为方格2和3的员工安排合适的导师或教练，为其提供未来职业生涯发展上的建议与咨询，指导其全面完整地做好自我职业生涯规划，他们下一步职业生涯发展往方格1移动。

处于方格4的员工，现任岗位业绩高，应着重持续提升其能力、转换心态，以应对未来的发展机会。处于方格5的员工，业绩与态度和能力均符合组织要求，职业发展的重点将依据其能力发展趋势而决定是否赋予其更大职责的工作，同时对其加强培训。处于方格4和5的员工，下一步职业生涯发展往方格3移动。处于方格6的员工，态度好、能力强，但面对新岗位更高的业绩要求，仍在调整适应或重新设定目标，最好对其进行有针对性的培训，以尽快提升其业绩，下一步职业生涯发展往方格2移动。针对大多数业绩或态度、能力处于中等的员工来说，企业一般不愿意加薪。由于大部分公司业绩或态度、能力处于中等的员工数量较多，公司通常会根据有限的资源和组织的需要，以及岗位的重要性和贡献度等，来决定是否安排导师或教练进行现有工作的辅导或咨询。

处于方格7的员工，态度和能力基本符合要求，应与其共同制定工作目标，并要求其在既定时间内提升业绩；也可以根据企业需要，对其进行有针对性的培训或者内部转岗。处于方格8的员工，业绩基本符合要求，但态度和能力明显未达要求。业绩不能更好提升的原因主要是其尚未具备此岗位所需的态度和能力，或长期以来未改善或提升其态度和能力。其直接上级应对其适当加以引导和鼓励，提供培训和转岗的机会。处于方格7与8的员工，企业肯定不愿意加薪，提升现有业绩是其目前发展的重点，应为其安排一个导师或教练，帮助其在既定的时间内有效改善或提升其态度、能力和业绩。针对处于方格9的员工而言，未达到现有岗位的业绩要求，若不是因为态度和能力上的问题，应重点指导其改善并提升业绩；如果确实因为态度和能力上的问题，应该及早降级、转调到其他合适的岗位或解除劳动合同。

五、关键绩效指标体系的案例

（一）总经理年度考核绩效指标量表

公司经营利润的评分标准：公司销售净利润增长率达到计划增长率为45分，每增（减）0.1%，增（减）1分。

公司销售额的评分标准：此项评分为15分，每增（减）1%，增（减）1分。

其他定性指标由全体董事根据客观情况评定（最终评分为各董事评分的算术平均分）。

◆◆◆◆➡ **企业文件范例6-1**

总经理年度考核绩效指标量表

考评内容	指标类型	具体指标	考评数据来源	分值	年度考评得分
董事会满意度（10%）	董事会关键指标	董事会决议的执行效果	全体董事	10	
		综合能力			
		战略规划能力			
实际业绩（80%）	财务关键指标（60%）	公司经营利润（与本年度计划比较）	财务总监	45	
		公司销售额		15	
	管理状况关键指标（20%）	公司发展规划及年度经营计划的制订和执行的合理性、及时性	全体董事	5	
		对各职能部门的督导（计划的执行、人员的配备）		5	
		各级部门间的协作		5	
		制度建设和落实情况		5	
其他（10%）	其他指标	发现、培养下属的能力		5	
		各高管的重大成绩/失误		5	

（二）财务总监季度考核绩效指标量表

互评部门：企管办、营销部、生产部、技术部、研发部。

成本管理和税务筹划效果的评分标准：在考虑与上年度同期及本年度计划相比的基

础上，结合客观因素评分。

年度考核评分=（4个季度考核评分之和÷4）×80%+公司绩效评分

◆◆◆◆➡ **企业文件范例6-2**

财务总监季度考核绩效指标量表

考评内容	指标类型	具体指标	考评数据来源	分值	季度考评得分
总经理满意度（20%）	总经理关键指标	见满意度评分表	满意度评分表	20	
实际业绩（55%）	季度目标计划完成情况关键指标	季度目标计划达成率	总经理	25	
	成本管理效果关键指标	各责任中心成本降低率（与上年度同期及本年度计划相比）	计财部	15	
	税务筹划效果关键指标	税负率降低程度和节税效果（与上年度同期及本年度计划相比）	计财部	15	
内部管理（14%）	管理费用控制	实际可控费用/计划费用	计财部	5	
	部门出勤率	实际出勤天数/应出勤天数	人事主管	1	
	下属管理情况	下属工作重大成绩或错误（评分标准见附表）	企管办	5	
		下属培训效果、能力发展效果（评分标准见附表）	总经理	3	
互评（10%）	评议得分	根据每季度部门互评结果	部门互评表	10	
其他（1%）	个人出勤率	实际出勤天数/应出勤天数	人事主管	1	

注：满意度评分表、部门互评表和附表略。

（三）生产部经理月度考核绩效指标量表

互评部门：技术部、研发部、营销部、计财部、采供办、质管办。

实际总工效/计划总工效的比值以100%为满分，每减（增）1%，减（增）1.5分。

根据生产大纲和销售合同按时完成生产和发货任务，每项任务或每笔合同每延误1天扣减5%，以此类推，扣完为止。

产品一次交验合格率和开箱合格率以99%为满分，每降低0.5%，分数降低10%。

执行工艺规程状况视效果分为"好、较好、中、较差、差"5个等级，依次评分为5、4、3、2、1。

设备管理综合评价标准：按设备的维护管理情况分为好、中、差3个等级，分数依次为5、2.5、0。

实际生产成本/计划生产成本的比值以 100% 为满分，每增（减）1%，减（增）1 分。

实际制造费用/计划制造费用的比值以 100% 为满分，每增（减）1%，减（增）1 分。

◆◆◆◆➡ 企业文件范例6-3

生产部经理月度考核绩效指标量表

考评内容	指标类型	具体指标	考评数据来源	分值	月度考评得分
总经理满意度（10%）	总经理关键指标	见满意度评分表	满意度评分表	10	
实际业绩（70%）	生产、储运管理关键指标	实际总工效/计划总工效	计财部	15	
		根据生产大纲和销售合同按时完成生产与发货任务	营销部	10	
	质量管理关键指标	产品一次交验合格率和开箱合格率	质管办	10	
		执行工艺规程状况	质管办	5	
	设备管理关键指标	设备管理综合评价	技术部设备管理员	5	
	成本控制关键指标	实际生产成本/计划生产成本	计财部	10	
		实际制造费用/计划制造费用	计财部	15	
内部管理（8%）	下属管理情况	下属工作重大成绩或错误（评分标准见附表）	企管办	4	
		下属培训效果、能力发展效果（评分标准见附表）	总经理	4	
互评（10%）	评议得分	根据每月部门互评结果	部门互评表	10	
其他（2%）	个人出勤率	实际出勤天数/应出勤天数	人事主管	2	

注：满意度评分表、部门互评表和附表略。

（四）市场部经理月度考核绩效指标量表

互评部门：营销部、计财部、技术部、研发部。

销售额完成率（与本年度计划相比）：按实际达成率换算。

市场策划实施的实效性：由营销副总经理根据实际情况评分，好（10分）、较好（8分）、中（6分）、较差（4分）、差（2分）。

月度信息汇总的及时性与实效性：由营销副总经理根据实际情况评分，好（15

分)、较好（12分）、中（9分）、较差（6分）、差（3分）。

计划工作达成率：实际工作项目数/计划工作项目数，按实际达成率换算。

◆◆◆◆➡ **企业文件范例6-4**

市场部经理月度考核绩效指标量表

考评内容	指标类型	具体指标	考评数据来源	分值	月度考评得分
营销副总经理满意度（25%）	营销副总经理关键指标	见满意度评分表	满意度评分表	25	
业务完成指标（50%）	月度目标计划完成情况关键指标	销售额完成率（与本年度计划相比）	计财部	8	
		市场策划实施的实效性	营销副总经理	10	
		月度信息汇总的及时性与实效性	营销副总经理	15	
		计划工作达成率	营销副总经理	17	
内部管理（14%）	下属管理情况	下属培训效果、能力发展效果（评分标准见附表）	营销副总经理	2	
		下属工作重大成绩或错误（评分标准见附表）	企管办	4	
	部门出勤率	实际出勤天数/应出勤天数	人事主管	1	
	管理费用控制	实际可控费用/计划费用	计财部	7	
互评（10%）	评议得分	根据每月部门互评结果	部门互评表	10	
其他（1%）	个人出勤率	实际出勤天数/应出勤天数	人事主管	1	

注：满意度评分表、部门互评表和附表略。

（五）研发部经理月度考核绩效指标量表

互评部门：技术部、生产部、营销部、技术服务部、计财部。

研发项目完成情况：好（20分）、较好（16分）、中（12分）、较差（10分）、差（6分）。

新产品工艺问题状况：可根据生产部对研发部的投诉次数来考核，质管办负责记录投诉次数。对于何种投诉应该记录在案，由技术部、生产部、质管办3方共同在考核前协商确定并由考核中心存档。投诉1次扣1分，扣完为止。

非常规合同执行情况：好（15分）、一般（10分）、差（5分）。

《同行技术分析报告》《行业相关技术发展报告》每半年提交1次：好（10分）、一般（7分）、差（5分），考核中心存档。

◆◆◆◆➡ 企业文件范例6-5

研发部经理月度考核绩效指标量表

考评内容	指标类型	具体指标	考评数据来源	分值	月度考评得分
技术副总满意度（10%）	技术副总关键指标	见满意度评分表	满意度评分表	10	
实际业绩（60%）	业务完成情况关键指标	研发项目完成情况	研发部内勤	20	
		非常规合同执行情况	技术副总	15	
		新产品工艺问题状况	质管办	5	
		《同行技术分析报告》《行业相关技术发展报告》每半年提交1次	技术副总	10	
	成本管理关键指标	实际研发、技术改造费用/预算费用	计财部	10	
内部管理（18%）	管理费用控制	实际可控费用/计划费用	计财部	5	
	下属管理情况	下属培训效果、能力发展效果（评分标准见附表）	技术副总	6	
		下属工作重大成绩或错误（评分标准见附表）	企管办	6	
	部门出勤率	实际出勤天数/应出勤天数	人事主管	1	
互评（10%）	评议得分	根据每月部门互评结果	部门互评表	10	
其他（2%）	个人出勤率	实际出勤天数/应出勤天数	人事主管	1	
	公共财产完好情况	好（1分）、一般（0.5分）、差（0分）	企管办	1	

注：满意度评分表、部门互评表和附表略。

（六）采购部经理月度考核绩效指标量表

互评部门：计财部、生产部、研发部、技术部。

采购计划达成率：以主要服务客户——生产部的抱怨为主，采购需求经采供办确认后，发生抱怨1次扣1分，扣完为止。

采购品检验合格率：合格率90%及以上为满分，合格率每降低1%，扣该项分值的

10%，扣完为止。

采购成本降低率：降低率8%为满分，8%以上每提高0.5%加1分，反之扣1分。

采购制度和工作指令执行情况：由企管部经理根据实际情况评分，好（8分）、较好（6分）、中（4分）、较差（2分）、差（1分）。

◆◆◆◆➡ **企业文件范例6-6**

采购部经理月度考核绩效指标量表

考评内容	指标类型	具体指标	考评数据来源	分值	月度考评得分
总经理满意度（20%）	总经理关键指标	见满意度评分表	满意度评分表	20	
实际业绩（48%）	采购管理关键指标	采购成本降低率（与核算值相比）	计财部	20	
		采购品检验合格率	质管办	10	
		采购计划达成率（及时性）	生产部经理	10	
		采购制度和工作指令执行情况	企管部经理	8	
内部管理（20%）	人员管理	下属工作重大成绩或错误（评分标准见附表）	企管办	10	
	部门出勤率	实际出勤率（实际出勤天数/应出勤天数）	人事主管	2	
	管理费用控制	实际可控费用/计划费用	计财部	8	
互评（10%）	评议得分	根据每月部门互评结果	部门互评表	10	
其他（2%）	个人出勤率	实际出勤天数/应出勤天数	人事主管	2	

注：满意度评分表、部门互评表和附表略。

资料来源　由广州方圆科技有限公司babyface提供.

六、操练项目一：建立人事助理绩效考核指标体系

（一）操练任务

假定A公司是一家有1 500人的制造型公司，设有生产部、品质部、物流部、设备工程部、销售部、财务部和人力资源部，其中人力资源部设有经理1人、人事助理1人。

请根据公司背景，结合模块二中"××公司人事助理工作说明书"、模块四中"人力资源日常事务管理演练"和本模块中的相关知识，为人力资源部人事助理岗位设立绩效考核指标体系。

（二）操练程序

（1）将全体同学分成4～5组，选出队长和副队长。

（2）队长组织队员进行讨论和分工。

（3）找出人事助理岗位的总目标，作为"鱼骨图"的鱼头。

（4）将人事助理岗位总目标分解为主要的支持性目标，即找出人事助理的主要工作职责。

（5）找出每一项主要工作职责的支持性业务，即每一项主要工作职责中所必须做的具体工作项目。

（6）画出一个完整的人事助理岗位绩效考核指标"鱼骨图"并进行讨论和修改。

（7）根据本队确定的绩效考核指标"鱼骨图"，编制人事助理岗位月度考核绩效指标量表。

（8）区分人事助理岗位月度考核绩效指标量表中的关键绩效指标和一般指标，并设定相应的权重及分值。

（9）针对人事助理岗位月度考核绩效指标量表中的内容，做一些必要的文字说明。

（10）将本队确定的人事助理岗位绩效考核指标"鱼骨图"和月度考核绩效指标量表交老师评分。

（三）评分标准

（1）"鱼骨图"的完整性、正确性、专业性、美观性和实用性，满分20分。

（2）每队精神面貌和队员参与程度也将影响到本队得分，满分10分（随时观察）。

（3）人事助理岗位月度考核绩效指标量表的完整性、正确性、专业性、美观性和实用性，满分50分。

（4）人事助理岗位月度考核绩效指标量表文字说明的完整性、正确性、专业性、美观性和实用性，满分20分。

七、操练项目二：设计和应用本课程不同实训项目的评分表

"人力资源管理综合实训"课程涉及很多实训项目的教学活动，每个实训项目教学活动实际上都按企业人力资源管理工作任务来设计，对其模拟的人力资源管理工作任务实施过程和结果都要进行评分，并以此来评价小组和学生个人的实训成绩。而这种评分过程实际上就是运用绩效考核知识对实训学生进行绩效考核的过程，由于实训学生模拟的是企业人力资源管理工作任务，因此我们可以认为：对本课程不同实训项目的评分，就是对企业人力资源部员工进行绩效考核。本课程不同实训项目的部分评分表如下：

（一）表1-2 组织结构设计和岗位分类操练小组绩效评分表（详见本教材模块一项目二评分标准）

（二）表2-5 工作说明书编写操练小组绩效评分表（详见本教材模块二项目三评分标准）

（三）明阳生化公司现场招聘演练全套评分标准（详见本教材模块三项目二全套评分标准）

（四）表4-14 规章制度编写小组绩效评分表（详见本教材模块四项目二评分标准）

（五）表5-2 未来培训师模拟培训演练小组绩效评分表（详见本教材模块五项目三评分标准）

八、操练项目三：制作本课程期末考试德鲁克队作品集

人力资源管理2班德鲁克队概况

指导老师：鲍立刚老师

队长：韦美美

副队长：陈振源

队员：覃荣华、唐柳娜、黎欣、黄桂容、陈明红、梁燕玲、莫晓君、韦战谋

队名：德鲁克队

口号：发现管理，创新管理

（一）队情诠释

我们的团队：统一的职业装，代表着我们统一的步伐、统一的思想，具有现代管理者的风范，我们脸上灿烂的笑容洋溢着青春的气息。我们团结奋进、共同学习、共同进步，向胜利的方向出发！我们以德鲁克为队名，是因为我们希望以"现代管理学之父"为榜样，发现管理，创新管理，敢于提出管理的新想法、新理念。

（二）团队魅力展示设计

我们团队魅力展示的造型是由"U""V"两个字母演变而成的。"U"是英文"团结"的第一个字母，表明我们队伍的团结一致，努力学习。"V"是英文"胜利"的第一个字母，表明我们追求胜利的决心和信心。队伍由"U"形转变成"V"形，表明我们希望通过团结努力，能掌握更多的管理知识和实践经验，以达到学习目标。

（三）团队设计作品集

"人力资源管理综合实训"课程进行考试改革，以小组内成员合作设计作品集形式代替期末考试，作品集内容为本课程实训过程中设计和编写的所有学习材料。每组作品集内必须注明本队队员在每次实训中和设计作品时的贡献度，并按贡献度大小顺序进行排名。教师根据排名在各组基准得分的基础上进行分数的上下调节，作为每个小组成员的期末成绩。本教材选取德鲁克队作品集作为代表，供各位读者参考。

项目二 企业岗位薪酬体系设计剖析及操练

一般情况下，薪酬体系的设计相当麻烦，因为这中间牵涉相当多的因素，有的是与公司政策相关，有的是与外界同行的比较相关，如果不用心，真的不容易设计出来。不过，薪酬体系设计的过程虽然繁杂，但还是有一定的顺序与步骤可循的，只要按照这些顺序和步骤进行，还是可以整理出头绪的。

在人力资源管理专业的相关课程中，我们学习过以岗位（职位）为基础的薪酬制度，就是通过对岗位进行评价来判断岗位对企业贡献的大小，从而确定其价值。价值越高的岗位，其基本工资就越高；反之则越低。薪酬设计的方式、方法很多，这里我们所介绍的是常见的以岗位评价为基础的薪酬设计。在此我们要特别提醒读者，岗位薪酬的设计，主要是针对基本薪酬的底薪（基本工资）而言的，如果再加上岗位津贴、生活补贴、工龄工资、绩效薪酬、激励薪酬、递延薪酬等的设计就可以形成岗位薪酬体系。图6-5为岗位薪酬的设计程序。

```
┌──────────┐    ┌──────────┐    ┌──────────┐    ┌──────────────┐
│ 薪酬水平  │──▶│ 岗位分类  │──▶│ 岗位评价  │──▶│ 要素计点法的应用│
│ 的界定    │    └──────────┘    └──────────┘    └──────────────┘
└──────────┘
```

薪酬领先政策、滞后政策、持平政策	岗位设置、工作分析、岗位分类	排序、归类、要素比较、要素计点法	评价要素、等级定义、权重和点数、点数之和、计算底薪

调查目的、对象、内容、方法及调查报告的编写	划分职等，划分薪级，确定基本工资	基本工资、工龄工资、浮动工资、考勤奖、补贴、津贴	调整的原因、调整的方法

```
┌──────────┐    ┌──────────────┐    ┌──────────┐    ┌──────────┐
│ 薪酬调查  │◀──│ 底薪（基本工资）│◀──│ 薪酬结构  │◀──│ 薪酬调整  │
└──────────┘    │ 的薪酬等级     │    └──────────┘    └──────────┘
               └──────────────┘
```

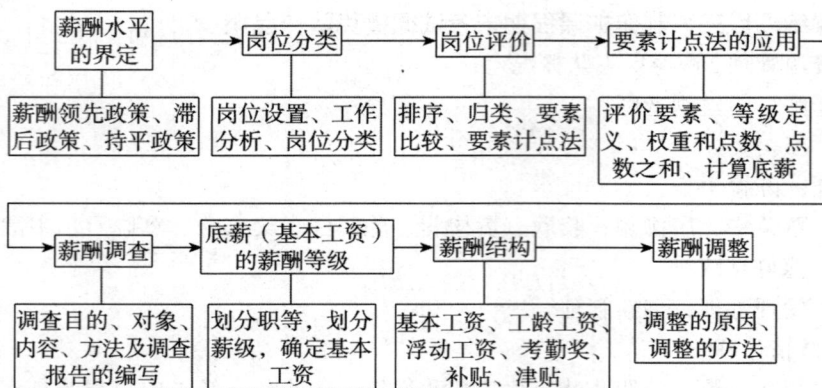

图6-5　岗位薪酬的设计程序

一、岗位薪酬设计程序一：薪酬水平的界定

薪酬水平的界定，主要考虑企业的薪酬政策是领先于同类企业的薪酬水平，还是与其持平或是滞后于同类企业的薪酬水平。当然，如何把握薪酬水平的这个"度"，如何确定薪酬水平的政策，不完全是雇主和雇员在劳动力市场上交易的结果，也不是雇主随心所欲界定的，而是要对影响薪酬水平定位的因素进行分析。

二、岗位薪酬设计程序二：岗位分类

我们要对岗位的薪酬进行设计，就要对岗位进行评价，而要对岗位进行评价，就必须对设置好的企业岗位进行分类。当然，我们只能对同类当中的代表性岗位进行评价，不可能也不必对所有岗位进行评价。

首先，根据组织的规模和实际需要划分组织岗位系列，从而确定岗位评价的对象、层级和类别。一般来讲，组织岗位系列分成2~4类为宜，其中以3类的划分居多。表6-3是某化妆品集团制造型工厂的"岗位系列及员工职等对应表"。我们做岗位评价时，一般针对5等职系及以上的岗位进行，普通员工岗位我们一般不进行岗位评价。

表6-3　　　　　　　　　　　　　　　**岗位系列及员工职等对应表**

职等类型		管理类	职员类	技术类
高层管理者	一等职系	副总、总监	特级职员（总经理助理、监事会主席）	总工程师、总会计师
	二等职系	经理	高级职员（厂办主任、总经理秘书）	高级工程师、注册会计师
中层管理者	三等职系	主管	中级职员（高级专员、会计主办、法律顾问、公司医生）	工程师、工艺师、平面设计师
基层管理者	四等职系	组长保安队队长	普通职员（专员、采购员、会计、高级文秘、计划分析员、能源统计管理员、公司护士）	助理工程师、网络管理员、测试员、实验员、标准员
	五等职系	班长司务长	初级职员（部门助理、出纳、文员、统计员、仓管员、宿舍管理员、保安环保员、品管员、水质检验员）	电工、机修工、锅炉工、焊工、钳工、司机、厨师、乳化工、园艺师
普通员工	六等职系	灌装工、包装工、辅料转运工、洗消工、装卸工、园艺工、厨工、清洁工		

三、岗位薪酬设计程序三：岗位评价

岗位分类完成后，就要选取同类岗位当中具有代表性的岗位进行岗位评价，企业很少评价所有岗位，一般只评价重要岗位和具有代表性的岗位，类似的岗位可以套用。

所谓岗位评价，就是在工作分析和工作说明书的基础上找出相关岗位的评价要素（即付酬要素），根据一定的评价方法，按相关岗位对企业贡献的大小确定其具体的价值。我们要评价岗位的价值，必须了解岗位的职责和任职资格，所以我们一般把岗位评价与工作分析和编写工作说明书工作结合起来，在进行岗位评价的过程中一定会引用工作分析和工作说明书的资料，从这个角度上讲，岗位评价其实也是工作分析的一个结果和应用。

关于岗位评价的方法，较为常用的有如下4种：排序法、归类法、要素比较法、要素计点法。

（一）方法一：排序法

排序法也称简单排序法，是指根据每个岗位的评价要素，对各岗位按其价值、贡献度及重要性从大到小排序。排序结果可以各项内容排列的平均值为最终结果，也可以将排列的顺序乘以权重得出最终结果。

（二）方法二：归类法

归类法也称职级分类法，是指根据工作说明书将工作内容相似的岗位划为同一类，再对这类岗位按事先设定好的标准进行比较、评价并划分相应的等级的方法。

（三）方法三：要素比较法

要素比较法也称因素比较法，是指首先确定薪酬评价要素，选定关键职务进行排序并确定工资，然后将其他职务与关键职务进行比较，得出所有职务的工资的方法。

（四）方法四：要素计点法

要素计点法也称点数法，就是选取若干关键性的评价要素并对每个要素的不同等级进行界定，同时给各个等级赋予一定的分值，这个分值也称"点数"，然后按照这些关键的评价要素对岗位进行评价，得到每个岗位的点数之和，以此决定岗位的薪酬水平。要素计点法能够量化，避免了主观因素对评价工作的影响，而且可以经常调整，是目前运用最广泛的一种科学化程度较高的岗位评价方法。下面我们就用这种方法进行岗位薪酬的设计，从而确定薪酬结构当中的底薪（即基本工资）。

四、岗位薪酬设计程序四：要素计点法的应用

（一）步骤一：选择管理类岗位的评价要素

在程序三里我们谈到了要评价岗位的价值，必定要了解岗位的职责和任职资格，所以我们在进行岗位评价的过程中一定会引用工作分析和工作说明书的资料。根据收集到的岗位信息，筛选出能体现管理类岗位价值的评价要素，不同的岗位和不同的组织有不同的评价要素，通常有如下6种：责任范围、专业技能、任职资格、监督管理、工作强度、环境体能。

（二）步骤二：确定每个评价要素的等级定义

以最通俗、最清楚的文字为管理类岗位每个评价要素下定义并视各要素的复杂程度和重要程度为其划分等级，一般以4～8级为宜，其中以5级的划分居多。

1.责任范围

责任范围包括工作独立性和责任广度。工作独立性是指工作结果的受控程度和等级；责任广度是指工作涉及的范围和工作性质。表6-4的数据在"步骤三：确定评价要素的权重和点数"里介绍，下同。

表6-4　　　　　　　　　　　　　责任范围等级定义和点数表

点数　　　　　　　　　　责任广度 工作独立性	一级 职责清晰明确，持久受控	二级 职责遵循常规的方法和实践，按检查点受控	三级 职责追随组织目标，按结果受控	四级 职责追随集团战略目标，由组织的总经理控制	五级 职责追随董事会目标，由董事会控制
一级　部门同类职能执行工作	29	58	87	116	145
二级　部门不同职能执行工作	58	87	116	145	174
三级　部门不同职能管理工作	87	116	145	174	203
四级　不同部门协调管理工作	116	145	174	*203*	232
五级　所有部门的领导工作	145	174	203	232	261

2.专业技能

专业技能包括开拓能力和专业水平。开拓能力是指对工作的规划和设计能力；专业水平是指对本专业的掌握程度和对员工的培养程度。专业技能等级定义和点数见表6-5。

表6-5　　　　　　　　　　　　　专业技能等级定义和点数表

点数　　　　　　　　　　开拓能力 专业水平	一级 不需要开拓能力	二级 能独立承担本专业中一般项目的规划、设计工作	三级 有一定的开拓能力，能独立承担较复杂的规划、设计工作	四级 具有较强的开拓能力，能独立主持大型项目的规划、设计和管理工作	五级 具有很强的开拓能力，能独立主持大型重点项目的规划、设计和经营工作
一级　了解本专业的基本要求并能独立完成相关工作	24	48	72	96	120
二级　熟练掌握本专业相关技能并能帮助其他岗位	48	72	96	120	144
三级　具有较好的本专业理论和实践基础，能引导其他岗位	72	96	120	144	168
四级　具有良好的本专业的理论和实践水平，能够培训其他岗位	96	120	144	*168*	192
五级　精通本专业，能培养一批专业水平的骨干人员	120	144	168	192	216

3.任职资格

任职资格包括工作经验和学历。工作经验是指为获得并熟练掌握本岗位工作的技巧以达到胜任本岗位工作的要求；学历是指顺利履行工作职责所要求的最低文化水平。表6-6为任职资格等级定义和点数表。

表6-6 **任职资格等级定义和点数表**

点数 学历	工作经验	一级 具有2年以下的相关工作经验	二级 必须有工作范围内所需深度和广度的工作经验2（含）～5年	三级 具有本职业务的丰富经验和一些相关职能的工作经验5（含）～8年	四级 具有本职业务的丰富经验和广泛的相关职能工作经验8（含）～15年	五级 具有极深与极广的业务经验和跨职能管理经验15（含）年以上
一级	高中、中专	19	38	57	76	95
二级	专科	38	57	76	95	114
三级	本科	57	76	95	*114*	133
四级	硕士	76	95	114	133	152
五级	博士	95	114	133	152	171

4.监督管理

监督管理包括监督管理下属种类和下属人数。下属种类是指下属的级别类型；下属人数是指直接下属和间接下属的总人数。表6-7为监督管理等级定义和点数表。

表6-7 **监督管理等级定义和点数表**

点数 下属人数（人）	下属种类	一级 下属为担任同类或重复工作的员工	二级 下属中包括技术人员，但不包括管理人员	三级 下属中既包括技术人员，又包括基层管理人员	四级 下属中包括基层管理人员和中层管理人员	五级 下属中包括中层管理人员和高层管理人员
一级	0～10	14	28	42	56	70
二级	11～100	28	42	56	*70*	84
三级	101～800	42	56	70	84	98
四级	801～1 200	56	70	84	98	112
五级	1 201～2 000	70	84	98	112	126

5.工作强度

工作强度包括心理压力和劳动强度。心理压力是指在完成本岗位所承担的任务过程中，对岗位任职人员所造成的心理紧张程度和心理压力；劳动强度是指完成工作所需要的纯劳动时间占制度工作时间的比率。表6-8为工作强度等级定义和点数表。

表6-8　　　　　　　　　　　　　　　　**工作强度等级定义和点数表**

点数　　　　　　　　心理压力　　　　劳动强度	一级 不需要做出决定，无工作节奏，无心理压力	二级 很少做出决定，有一定工作节奏，较小的心理压力	三级 需要做出一些决定，有较快工作节奏，中等程度的心理压力	四级 经常做出决定，上下班难以正常实现，中上等程度的心理压力	五级 经常迅速地做出决定，业余时间仍要考虑某些深层次的问题，很大的心理压力
一级 负荷率60%以下，纯劳动时间在5（不含）小时以下	10	20	30	40	50
二级 负荷率61%~70%，纯劳动时间5~5.5小时	20	30	40	50	60
三级 负荷率71%~80%，纯劳动时间5.6~6.4小时	30	40	50	60	70
四级 负荷率81%~90%，纯劳动时间6.5~7.2小时	40	50	60	70	80
五级 负荷率91%以上，纯劳动时间在7.3小时以上	50	60	70	_80_	90

6.环境体能

环境体能包括工作环境和体质要求。工作环境是指员工工作区域的环境状况以及工作流动性；体质要求是指身体状况对正常工作的影响程度。表6-9为环境体能等级定义和点数表。

表6-9　　　　　　　　　　　　　　　　**环境体能等级定义和点数表**

点数　　　　　　工作环境　　　体质要求	一级 工作场所固定，工作环境舒适	二级 工作场所相对固定，工作环境一般	三级 工作场所不固定，经常出差	四级 工作场所环境较差，给人某种不适感	五级 工作场所环境很差，发生潜在的危险性较大
一级 能正常出勤	4	8	12	16	20
二级 能适应环境	8	12	16	20	24
三级 能经常出差	_12_	16	20	24	28
四级 能吃苦耐劳	16	20	24	28	32
五级 超负荷工作	20	24	28	32	36

（三）步骤三：确定评价要素的权重和点数

各评价要素比重的确定通常采用如下方法：以本文的评价要素为例，对于管理类岗位来讲，笔者认为"责任范围"最重要，所以首先确定权重最高的要素"责任范围"，赋值为100，然后根据各要素在组织中的重要性依次排定其他要素并赋值：专业技能为85、任职资格为65、监督管理为50、工作强度为35、环境体能为15。接着将各赋值相加得到350，再将以上各要素的赋值分别除以350，最后得出组织各评价要素的权重依次为29%、24%、19%、14%、10%、4%。

组织各评价要素的总点数及其分配遵循的原则，以容易转换为货币工资为宜。组织各评价要素总点数以400～1 000为宜，本文的评价要素总点数采用900。总点数在各评价要素之间的分配方法如下：总点数900分别乘以各评价要素的权重，得出各评价要素点数的最高值分别是261、216、171、126、90、36。

从上文得知，每个评价要素由两个子要素相互组合，可将5级要素拓展为9级（10-1）。我们可以用各评价要素点数的最高值除以9，得出各要素最低的点数分别为29、24、19、14、10、4，也就是各级的级差，最后制成管理类岗位"各评价要素的等级定义和点数表"。

（四）步骤四：确定每一岗位各评价要素的点数之和

我们设计"各评价要素的等级定义和点数表"的目的是希望得出组织中某管理类岗位评价要素的点数之和，以便计算出该岗位在组织中的价值，从而确定该岗位的底薪（基本工资）。

下面我们以A公司人力资源部经理岗位为例，根据表6-4到表6-9的等级定义和点数，由该公司岗位评价小组成员得出该岗位的点数之和，见表6-10。

表6-10　　　　　　　　　**人力资源部经理岗位各评价要素的点数之和**

评价要素	评价子要素	定义等级	点数	评价要素	评价子要素	等级定义	点数
责任范围	工作独立性	四级	_203_	监督管理	下属种类	四级	_70_
	责任广度	四级			下属人数	二级	
专业技能	开拓能力	四级	_168_	工作强度	心理压力	四级	_80_
	专业水平	四级			劳动强度	五级	
任职资格	工作经验	四级	_114_	环境体能	工作环境	一级	_12_
	学历	三级			体质要求	三级	

说明：（1）等级定义详见表6-4到表6-9，点数来源于表6-4到表6-9中斜下划线数字；（2）点数合计647。

（五）步骤五：根据岗位点数计算底薪（基本工资）

根据以上步骤四中的方法，由评价小组得出组织中相关岗位评价要素的点数之和，按企业实际经济效益确定点值并上下浮动，员工的工资用"岗位点数"和"点值"的乘积来确定。

　　工资=岗位点数×点值

　　点值=月度工资总额÷组织中所有岗位的点数之和

　　例如，以上人力资源部经理的岗位点数为647点，公司假定每个点值为4元，那么人力资源部经理的当月底薪（基本工资）为2 588元（647×4）。

五、岗位薪酬设计程序五：薪酬调查

　　我们在程序四得出人力资源部经理的月度底薪（基本工资）为2 588元，是不是据此就可以确定人力资源部经理的月度底薪水平呢？一般来讲，底薪的多少除了根据岗位评价来判断之外，我们还要结合公司薪酬调查以解决薪酬的对外竞争力问题。企业在确定工资水平时，需要参考劳动力市场的工资水平。企业可以委托比较专业的咨询公司进行薪酬调查。外企在选择薪酬调查咨询公司时，往往集中在美国商会、William Mercer（伟世咨询）、Watson Wyatt（华信惠悦）、Hewitt（翰威特）、德勤咨询等几家。目前，一些民营的薪酬调查机构正在兴起，但调查数据的取样和岗位定义都不够完善。如果企业资金比较紧张，没有财力请咨询公司进行薪酬调查，也可以联合其他企业相互之间进行调查，还可以协助咨询公司进行调查以分享最终的调查数据。不管是请咨询公司帮助调查，还是企业自己进行调查，其调查步骤大致相同。

　　（一）步骤一：确定调查目的

　　寻找薪酬设计的参考依据：比较组织现行薪酬结构与市场结构的差异，进而对本组织薪酬结构进行调整，以保持本组织薪酬的竞争力，避免人才流失；显示不同职级之间的薪酬差异，为本组织制定薪酬政策提供必要的依据，为组织确定合理的人工费用提供必要的参考资料。

　　（二）步骤二：选择调查对象

　　薪酬调查对象最好是选择与自己有竞争关系的公司或同行业的类似公司，重点考虑员工的流失去向和招聘来源。薪酬调查的数据要包括上年度的薪资增长状况、不同薪酬结构对比、不同岗位和不同级别的薪酬数据、奖金和福利状况、长期激励措施以及未来薪酬走势分析等。

　　（三）步骤三：确定调查内容

　　被列入调查范围内的有关公司的资料一般包括公司的名称、地址、员工人数、规模、营业额、资产等；有关薪酬的资料包括基本工资、福利、调资措施、薪酬结构、工作时数、假期等；有关岗位与员工类别的资料包括工作类别、员工类别、员工的实际薪酬、总收入，以及最近一次的加薪、奖金及津贴等。

　　（四）步骤四：选择调查方法

　　薪酬调查大部分情况下都会选择问卷调查的方式，但是问卷调查的样本必须具有代表性，而且要达到一定的数量和比例；我们还必须确认对方相关岗位的薪酬数据能基本对应本公司的岗位，并能得到真实有效的薪酬数据，才能保证薪酬调查的准确性。在报纸和网站上，我们经常看到"××岗位薪酬大解密"之类的文章，其数据多含有随机取样的成分，准确性很值得怀疑，即使是人力资源和社会保障部的统计数据，也不能取代薪酬调查。

　　在薪酬调查过程中，我们可以利用招聘面试、人员跳槽的机会了解竞争对手员工的薪酬水平，还可以通过打电话或者发邮件询问熟悉的人，了解他们所在公司的薪酬情况，必要时还可以通过上网查询或者在网上讨论以获取相关信息，但是这些信息的可信度不大，仅可以作为参考。

　　（五）步骤五：编写调查报告

　　调查结果要以调查报告形式提供，报告内容应包括：（1）岗位名称，了解当前薪酬报告岗位条件；（2）岗位描述，描述岗位的工作内容和职责范围；（3）快速索引数据，概述该岗位的平均年薪、预计增幅、离职率等数据；（4）福利分析，提供本岗位各福利情况；（5）公司性质分布，罗列不同性质企业的薪酬情况；（6）薪资组成分析，罗列基本工资、津贴、奖金等薪资组成情况；（7）综合分析，结合个人的学历、工作年限条件的薪酬分析等。

◆◆◆◆➡ **企业文件范例6-7**

薪酬市场调查表

限于人力资源部专用

提示：对于以下4个方面界定完成以后才能使用

■ 全部职能工种和岗位名称的相关性核查，名称换算（根据工作模型大小、责任、报告关系）

■ 行业和业态处于可以竞争的地位

■ 竞争对手处于同一地区（城市）

■ 组织结构相近、专业化程度接近、都具备人力资源管理职能部门

竞业避止条款：（略）

尊敬的人力资源管理同行：

　　为了更加专业地进行人力资源管理，符合中国政府规定的劳动条件，以及防止在我们这一业态的员工无序流动，我们诚恳邀请您参加此次企业之间举行的市场调查活动，让我们共同承担保守机密的责任。同时请您保证，凡是提供的数据尽量接近实际。

　　只适用于中国公民身份的雇员。

薪酬市场调查表

岗位名称 （以本公司为参照系） 调查项目	公司 IT总监	公司营运 总监	公司人力 资源总监	公司 财务总监	公司市场 销售总监	公司最低 级别员工	经营实体 或分公司 总经理	经营实 体或分 公司部 门经理	经营实 体或分 公司中 层主管
年薪（平均月薪×13个月）									
年度奖金									
公司福利年度成本									

岗位名称（以本公司为参照系）调查项目	公司IT总监	公司营运总监	公司人力资源总监	公司财务总监	公司市场销售总监	公司最低级别员工	经营实体或分公司总经理	经营实体或分公司部门经理	经营实体或分公司中层主管
医疗保险									
生育保险									
工伤事故保险									
住房公积金									
福利基金/中方账户									
附加商业保险									
交通补助或提供汽车									
额外住房补助									
医务室									
员工免费工作餐									
员工洗澡设备									
工作服									
带薪年假									
带薪病假									
加班费									
节日发放礼品									
年度调资（%）									
公司股票									

六、岗位薪酬设计程序六：底薪（基本工资）的薪酬等级

我们在程序四得出人力资源部经理的当月底薪（基本工资）为 2 588 元，再结合薪酬调查的数据和公司的承受能力，假设公司人力资源部经理的月度底薪为 2 550 元。同理我们也可以就此确定其他岗位的月度底薪。面对如此多的岗位底薪，我们一般采取薪酬等级的管理方式，将底薪（基本工资）分成若干级别来对应公司岗位的等级，举例见表 6-11。

表6-11　　　　　　　　　　　　**员工职等与薪级对照表**　　　　　　　　　单位：元

职等	一等职系	二等职系	三等职系	四等职系	五等职系	六等职系	七等职系
薪级	级差200	级差150	级差100	级差50	级差40		
一级	2 000	1 500	700	500	300		
二级	2 200	1 650	800	550	340		
三级	2 400	1 800	900	600	380		
四级	2 600	1 950	1 000	650	420		
五级	2 800	2 100	1 100	700	460		
六级	3 000	2 250	1 200	750	500		
七级	3 200	2 400	1 300	800	540		
八级	3 400	2 550	1 400	850	580		
九级	3 600	2 700	1 500	900	620		
十级	3 800	2 850	1 600	950	660		
十一级	4 000	3 000	1 700	1 000	700		
十二级	4 200	3 150	1 800	1 050	740		
十三级	4 400	3 300	1 900	1 100	780		
十四级	4 600	3 450	2 000	1 150	820		
十五级	4 800	3 600	2 100	1 200	860		
备注	基本工资包括个人收入所得税及需由个人缴付的有关社会福利金						

七、岗位薪酬设计程序七：薪酬结构

在程序六中我们确定了人力资源部经理的基本工资是2 550元，此外，还有别的薪酬部分没算出来。也就是说，基本工资只是整个薪酬结构的一部分。薪酬结构是关于薪酬的构成要素以及确定各要素各占多大比例的管理结构。

（一）薪酬结构

以下是广东河源一家中型制造企业A公司的薪酬结构。

（1）基本工资：通过对岗位进行评价来判断各岗位对企业贡献的大小，从而确定其价值；岗位的价值分为七等，每等分为十五级，即一等一级、一等二级……七等十三级、七等十四级、七等十五级。（详见表6-11员工职等与薪级对照表）

（2）工龄工资：对于达到一定工作年限的员工，按规定发放工龄工资。

（3）考勤奖：也称全勤奖，指本月出满勤的主管级（含主管级）以上员工将获得200元奖励，其他员工将获得100元奖励，保持半月内满勤的可获一半的奖励，一个月内迟到、早退、请假、补休合计超过2次扣发当月考勤奖。

（4）绩效工资：按公司绩效考核制度执行。

（5）计件工资：按公司生产员工计件工资管理规定执行。

（6）生活补贴：伙食费用由员工支付，公司给予一定的补贴。

（7）干部津贴：根据部门或单位负责人担负的管理责任给予一定金额的管理津贴。

（8）岗位津贴：根据所在岗位担负工作的责任给予一定金额的津贴。

（9）技术津贴：根据所在岗位对技术要求的重要性和责任大小给予一定金额的津贴。

（10）学历津贴：根据学历的高低给予学历津贴，以提高公司的整体素质。

（11）特殊津贴：在为照顾个别岗位、挽留公司急需的稀有人才和专家顾问、平衡调剂工资结构时使用，由人力资源部提议和考核，由董事长发放。

从上面的薪酬结构内容可以看出，人力资源部经理的薪酬除了第1项基本工资外，还有获得第2~11项薪酬的可能性，可能有其中的几项，也可能全部都有。下面我们就按薪酬结构内容的顺序一项一项地核算人力资源部经理的工资总额。

（二）人力资源部经理的工资总额计算方法

1.基本工资

根据岗位薪酬设计程序六，已经确定了人力资源部经理的月度底薪（基本工资）为2 550元。

2.工龄工资

假定人力资源部经理在A公司工作了3年，根据公司规定，本年内每月为人力资源部经理发放工龄工资80元。表6-12为A公司工龄补贴对照表。

表6-12　　　　　　　　A公司工龄补贴对照表（七等职系的员工除外）　　　　　　单位：元

工龄	半年	一年	二年	三年	四年	五年	六年	七年	八年	以上
补贴	20	40	60	80	100	120	140	160	180	200

3.考勤奖

根据公司规定，本月出满勤的主管级（含主管级）以上员工将获得200元奖励，其他员工将获得100元奖励，保持半月内满勤的可获一半的奖励。假定人力资源部经理本月出满勤，他将获得考勤奖200元。

4.绩效工资

按公司绩效考核制度对人力资源部经理进行绩效考核，根据他在月度的工作表现发放绩效工资，但是绩效工资不是无限度给予的，它有一定的限度。根据A公司规定，每个职系中岗位的最高绩效工资不得超过人均绩效工资的若干倍。从表6-13中我们可以得知，人力资源部经理属于二等职系，那么他最高能得到的绩效工资是上月度人均绩效工资的4倍。假设上月度人均绩效工资是500元，那么人力资源部经理最高可能得到的绩效工资是2 000元。假设本月度人力资源部经理表现良好，则可得1 800元绩效工资。在此要说明的是，一般来讲，公司的薪酬结构里还会有提成工资供销售部的员工计算绩效工资用，由于本公司是生产型公司，销售全部由总公司负责，所以薪酬结构里没有提成工资。

表6-13 员工职等与绩效工资分配表

员工职等	绩效工资范围
一等职系	上月度人均绩效工资的5倍以内
二等职系	上月度人均绩效工资的4倍以内
三等职系	上月度人均绩效工资的2倍以内
四等职系	上月度人均绩效工资的1.5倍以内
五等职系	上月度人均绩效工资的1.3倍以内
六等职系	上月度人均绩效工资的1.0倍以内
七等职系	按定额考核

5.计件工资

计件工资的对象是七等职系的生产部员工，所以此工资项目人力资源部经理没有。

6.生活补贴

生活补贴一般指伙食标准，管理干部（A公司特指一、二、三等职系的员工）的伙食标准为208元/月，其他员工的伙食标准为160元/月。人力资源部经理属于二等职系的员工，所以每月补贴208元。

7.干部津贴

只有管理类的员工才能获得干部津贴，从表6-14中可以看出，只有副总、总监、经理、主管、组长、保安队队长、班长、司务长才能获得干部津贴。由于人力资源部经理良好的绩效表现，他可以获得600元干部津贴。

表6-14 干部津贴表 单位：元

管理等级	副总、总监	经理	主管	组长、保安队队长	班长、司务长
级差	100	80	50	30	20
管理津贴（一至十五级）	600~2 000	500~1 620	300~1 000	200~620	100~380

8.岗位津贴

只有管理类和职员类员工才能获得岗位津贴，从表6-15可以知道，人力资源部经理可以获得岗位津贴。由于人力资源部的绩效良好，人力资源部经理可以获得1 600元岗位津贴。

表6-15 岗位津贴表 单位：元

职员等级	特级职员	高级职员	中级职员	初级职员	普通职员
级差	200	150	100	50	40
岗位津贴（一至十五级）	2 000~4 800	1 500~3 600	800~2 200	500~1 200	400~960

9.技术津贴

只有技术类员工才能获得技术津贴，所以人力资源部经理没有技术津贴。

10.学历津贴

具有一定学历的员工将获得相应的学历津贴，从表6-16中可以知道，人力资源部经理一般要求有本科学历，所以每月可获得300元学历津贴。

表6-16 　　　　　　　　　　　　　　　　　　学历津贴表 　　　　　　　　　　　　　单位：元

学历等级	博士研究生	硕士研究生	本科	专科
学历津贴	1 000	600	300	100

11.特殊津贴

特殊津贴是在为照顾个别岗位、挽留公司急需的稀有人才和专家顾问、平衡调剂工资结构时使用的，所以人力资源部经理没有特殊津贴。

综上所述，人力资源部经理本月应得工资总额（基本工资+工龄工资+考勤奖+绩效工资+生活补贴+干部津贴+岗位津贴+学历津贴）为7 338元（2 550+80+200+1 800+208+600+1 600+300）。

八、岗位薪酬设计程序八：薪酬调整

（一）调整的原因

由于劳动力市场价格、组织结构、竞争对手薪酬等方面的调整，以及新员工的加盟，原薪酬失去了合理性，不被多数员工所认可，因而起不到应有的激励作用，此时必须对薪酬做适当的调整，使之与变化了的情况相适应。

（二）调整的方法

调整方法包括工作导向法、技能导向法和市场导向法。其中，工作导向强调工作方面的特征；技能导向强调员工技能方面的特征；市场导向则是根据市场上竞争对手的薪酬水平来调整本组织的薪酬。

当前，以技能为导向的薪酬调整日益普遍。它又包括两种：一种以知识为基础，即根据员工所掌握的完成工作所需的知识水平来调整薪酬；另一种以多种技能为基础，即根据员工能够胜任的工作种类数目或技能的广度来调整薪酬。

九、操练主要项目：计算人事助理的工资总额

（一）操练任务

假定A公司是家有1 500人的制造型公司，设有生产部、品质部、物流部、设备工程部、销售部、财务部和人力资源部。人力资源部人事助理王媛，专科学历，于20××年8月加盟A公司，20××年8月出满勤。假定公司每个点值为4元，8月人均绩效工资是500元。20××年8月王媛表现一般。

请根据公司背景、人事助理王媛的具体情况，结合本模块中项目二的相关知识和数据，为人力资源部人事助理王媛计算出20××年8月应得工资总额是多少。

（二）操练程序

1.将全体同学分成4~5组，选出队长和副队长。

2.队长组织队员进行讨论和分工。

3.明确人事助理王媛在"表6-3岗位系列及员工职等对应表"中的对应等级。

4.选择要素计点法对人事助理岗位进行岗位评价。

5.选择管理类岗位的评价要素，可参考本模块项目二"岗位薪酬设计程序四步骤一"的内容，但评价要素不强求要与本文一致。

6.针对以上选择的评价要素，确定每个评价要素的等级定义并制成表格，可参考本模块项目二"岗位薪酬设计程序四步骤二"的内容。

7.针对管理类岗位的情况，确定该类岗位各评价要素在组织中的重要性并进行依次排序，得出各评价要素的权重。然后，假设评价要素总点数为900，得出各评价要素点数的最高值和最低值，可参考本模块项目二"岗位薪酬设计程序四步骤三"的内容，最后制成管理类岗位"各评价要素的等级定义和点数表"。

8.根据以上的等级定义和点数表，由各队队长组织本队成员评价出人事助理岗位的点数之和，可参考本模块项目二"岗位薪酬设计程序四步骤四"的内容。

9.根据人事助理岗位点数计算底薪（基本工资），可参考本模块项目二"岗位薪酬设计程序四步骤五"的内容。

10.假设人事助理岗位的基本工资薪酬调查金额高于或低于我们通过点数计算出来的金额，请各队队长组织本队成员做合理调整。

11.根据本模块项目二"岗位薪酬设计程序七"薪酬结构内容，计算出人事助理王媛20××年8月应得的工资总额。

（三）评分标准

人事助理岗位评价要素选择的合理性，满分10分。

人事助理岗位评价要素等级定义表的完整性、正确性、专业性、美观性和实用性，满分25分（随时观察）。

人事助理岗位各评价要素点数最高值的正确性和其他点数在等级定义表中分配的合理性，满分20分。

各组得出的人事助理岗位点数之和的正确性和合理性，满分10分。

人事助理岗位底薪（基本工资）数额的正确性和合理性，满分15分。

人事助理王媛20××年8月应得工资总额的正确性和合理性，满分20分。

模块七　人力资源管理者职业发展拓展演练

项目一　职业技能等级证书和专业技术资格考试剖析

一、在高职院校实施"岗课赛证"综合育人的必要性

（一）岗课赛证综合育人的四者关系和重点

"岗"即岗位群核心工作任务，表现为个体完成具体岗位任务所必备的职业核心素养；"课"指课程体系，即人才培养方案，表现为与特定职业核心素养相对应的专业课程设置与课程结构；"赛"本义是各级各类职业技能大赛；"证"本义是职业资格证书和"X"证书，在高职教育范畴，"赛""证"亦指围绕参赛和考证而实施的育训课程。在四者中，"岗"是本源性的，是"课""赛""证"的逻辑起点；"课""赛""证"是围绕职业核心素养而展开的育训课程的总和，它们皆缘"岗"而设、随"岗"而改，是派生性的。"课"是高职院校人才培养的基本单元，是将"岗"的从业标准和规范系统地转化为学习者职业核心素养的整个过程。可见，课程建设是推进"岗课赛证"综合育人的

核心工作、基本抓手。

（二）启动"学历证书+若干职业技能等级证书"制度试点工作迫在眉睫

随着我国进入新的发展阶段，产业升级和经济结构调整不断加快，各行各业对技术技能人才的需求越来越紧迫，职业教育重要地位和作用越来越凸显。但是，与发达国家相比，与建设现代化经济体系、建设教育强国的要求相比，我国职业教育还存在体系建设不够完善、职业技能实训基地建设有待加强、制度标准不够健全、企业参与办学的动力不足、有利于技术技能人才成长的配套政策尚待完善、办学和人才培养质量水平参差不齐等问题，到了必须下大力气抓好的时候。为落实国务院印发的《国家职业教育改革实施方案》（简称"职教20条"）的要求，教育部会同国家发展改革委、财政部、国家市场监管总局制订了《关于在院校实施"学历证书+若干职业技能等级证书"制度试点方案》（教职成〔2019〕6号），启动"学历证书+若干职业技能等级证书"（简称1+X证书）制度试点工作。

（三）1+X证书制度试点是职业教育教学模式改革和评价模式改革的重要举措

1+X证书制度试点是职业教育教学模式改革和评价模式改革的重要举措，面向学生开展的X证书培训，要与推进教师、教材、教法改革结合起来，由学校统筹用好有关资源和项目，结合教学组织实施。教育部办公厅、国家发展改革委办公厅、财政部办公厅发布《关于推进1+X证书制度试点工作的指导意见》（教职成厅函〔2019〕19号），要求培训评价组织整合优质资源，持续优化职业技能等级证书标准，按有关规定开发、完善职业技能等级证书培训教材，教材应由具备资质的出版单位正式出版，征订工作通过正规渠道开展，保障学生培训用书。要及时提供并适时更新案例库、习题库等线上配套资源，广泛免费共享，满足试点院校工作需要，确需有偿提供的，应本着公益性原则，严格控制成本，不得额外增加学生负担。

二、1+X证书制度试点工作的基本要求

（一）1+X证书制度试点工作的目标任务

自2019年开始，重点围绕服务国家需要、市场需求、学生就业能力提升，从10个左右领域做起，启动1+X证书制度试点工作。落实"放管服"改革要求，以社会化机制招募职业教育培训评价组织，开发若干职业技能等级标准和证书。有关院校将1+X证书制度试点与专业建设、课程建设、教师队伍建设等紧密结合，推进"1"和"X"的有机衔接，提升职业教育质量和学生就业能力。通过试点，深化教师、教材、教法"三教"改革；促进校企合作；建好用好实训基地；探索建设职业教育国家"学分银行"，构建国家资历框架。

（二）院校是1+X证书制度试点的实施主体

中等职业学校、高等职业学校可结合初级、中级、高级职业技能等级开展培训评价工作，本科层次职业教育试点学校、应用型本科高校及国家开放大学可根据专业实际情况选择。试点院校要根据职业技能等级标准和专业教学标准要求，将证书培训内容有机融入专业人才培养方案，优化课程设置和教学内容，统筹教学组织与实施，深化教学方式方法改革，提高人才培养的灵活性、适应性、针对性。试点院校可以通过培训、评价使学生获得职业技能等级证书，也可探索将相关专业课程考试与职业技能等级考核统筹安排，同步考试（评价），获得学历证书相应学分和职业技能等级证书。深化校企合作，坚持工学结合，充分利用院校和企业场所、资源，与评价组织协同实施教学、培训。加强对有关领域校企合作项目与试点工作的统筹。

（三）培训评价组织是职业技能等级证书及标准的建设主体

培训评价组织作为职业技能等级证书及标准的建设主体，对证书质量、声誉负总责，主要职责包括标准开发、教材和学习资源开发、考核站点建设、考核颁证等，并协助试点院校实施证书培训。按照在已成熟的品牌中遴选一批、在成长中的品牌中培育一批、在有关评价证书缺失的领域中规划准备一批的原则，面向实施职业技能水平评价相关工作的社会评价组织，以社会化机制公开招募并择优遴选参与试点。试点本着严格控制数量，扶优、扶大、扶强的原则逐步推开。地方有关部门、行业组织要热心支持培训评价组织建设和发展，不得违规收取或变相收取任何费用。

（四）职业技能等级证书的开发要求

职业技能等级证书以社会需求、企业岗位（群）需求和职业技能等级标准为依据，对学生职业技能进行综合评价，如实反映学生职业技术能力，证书分为初级、中级、高级。培训评价组织按照相关规范，联合行业、企业和院校等，依据国家职业标准，借鉴国际国内先进标准，体现新技术、新工艺、新规范、新要求等，开发有关职业技能等级标准。国务院教育行政部门根据国家标准化工作要求设立有关技术组织，做好职业教育与培训标准化工作的顶层设计，创新标准建设机制，编制标准化工作指南，指导职业技能等级标准开发。试点实践中充分发挥培训评价组织的作用，鼓励其不断开发更科学、更符合社会实际需要的职业技能等级标准和证书。

（五）探索建立职业教育国家"学分银行"

国务院教育行政部门探索建立职业教育"学分银行"制度，研制相关规范，建设信息系统，对学历证书和职业技能等级证书所体现的学习成果进行登记与存储，计入个人学习账号，尝试学习成果的认定、积累与转换。学生和社会成员在按规定程序进入试点院校接受相关专业学历教育时，可按规定兑换学分，免修相应课程或模块，促进学历证书与职业技能等级证书互通。研究探索构建符合国情的国家资历框架。

三、人力资源共享服务职业技能等级证书社会化认定

（一）人力资源共享服务职业技能等级证书简介

人力资源共享服务是一种新的管理模式，是一个独立运作的运营实体。通过引入市场化运作机制，为企业内部全体成员服务。它来源于戴维·尤里奇在1997年提出的HR三支柱模型，包括COE（专家中心）、HRBP（人力资源业务伙伴）和SSC（共享服务中心）三方面的内容。通过对三支柱模型的三个方面进行组织能力再造，使HR更好地为组织创造价值。

人力资源共享服务职业技能等级证书是以企业人力资源转型深化为背景，以HR三支柱模型为基础，以企业HRSSC和HRM业务实践为指引，专门开发的人力资源管理方向的职业技能等级证书，由用人单位和社会培训评价组织来进行等级认定，并由他们发证。SSC是通过对人员、技术和流程的有效整合，实现组织内公共流程标准化、精简化的一种创新管控手段。它能够帮助企业实现降本增效、合规风控、提升体验、辅助

决策。

（二）人力资源共享服务职业技能等级证书等级划分

人力资源共享服务职业技能等级证书分为初级、中级、高级，遵循从简单到复杂，从应会到熟练，从执行到设计和管理的原则，三个级别依次递进，高级别涵盖低级别职业技能要求。上海踏瑞计算机软件有限公司提出的人力资源共享服务职业技能初、中和高等级的技能要求分别如下：

初级职业技能要求是夯实人力资源知识基础，达到标准化操作要求。掌握基本的劳动人事政策法规，能够理解人力资源管理标准作业程序（standard operating procedure，SOP），按照SOP执行日常工作，按标准进行企业相关人力资源管理服务的交付，具备人力资源工作所需的基础技能。

中级职业技能要求是强化人力资源管理技能，能提供人力资源的个性化服务。增加更复杂的人力资源管理业务模块及相关技能，具备较强的沟通能力以及发现、解决人力资源管理问题的技能。

高级职业技能要求是拓展人力资源管理业务领域，设计和创新人力资源管理服务产品。在人力资源专业业务模块的基础上，增加人力资源服务产品及流程的设计、人力资源业务的智能化再造、人力资源数据分析、人力资源运营管理等拓展技能，具备优秀的沟通协调能力及综合解决复杂人力资源管理问题的能力。

◆◆◆◆➡ 企业文件范例7-1

人力资源共享服务职业技能等级证书标准概览
人力资源共享服务职业技能初级证书标准

工作领域	工作任务	职业技能要求	备注
1.人事服务	1.1 入转调离服务	5个技能点	
	1.2 假勤统计	4个技能点	
	1.3 档案管理	5个技能点	
	1.4 劳动合同管理	4个技能点	
	1.5 沟通支持服务	3个技能点	
2.薪税服务	2.1 薪资核算与发放	4个技能点	4个工作领域 14个工作任务 56个技能点
	2.2 个税申报	4个技能点	
	2.3 社保/公积金服务	4个技能点	
3.招聘支持	3.1 职位发布	4个技能点	
	3.2 简历搜寻及筛选	4个技能点	
	3.3 测评与背景调查支持	3个技能点	
4.培训服务	4.1 培训实施支持	5个技能点	
	4.2 培训反馈调研	3个技能点	
	4.3 供应商日常沟通	4个技能点	

资料来源　上海踏瑞计算机软件有限公司.

人力资源共享服务职业技能中级证书标准

工作领域	工作任务	职业技能要求	备注
1.人事服务	1.1 员工关系维护	4个技能点	
	1.2 人才安居服务	4个技能点	
	1.3 涉外服务	4个技能点	
	1.4 员工投诉处理	3个技能点	
2.薪酬福利服务	2.1 薪酬调研支持	4个技能点	
	2.2 薪资发放管理	4个技能点	
	2.3 薪酬常规报表支持	3个技能点	
	2.4 福利管理	4个技能点	
3.招聘服务	3.1 面试邀约	5个技能点	4个工作领域 14个工作任务 53个技能点
	3.2 面试组织	4个技能点	
	3.3 面试后续跟进	4个技能点	
4.人力资源数字化应用	4.1 人力资源数据核查	3个技能点	
	4.2 人力资源数据分析	4个技能点	
	4.3 人力资源数据报表服务	3个技能点	

资料来源　上海踏瑞计算机软件有限公司.

人力资源共享服务职业技能高级证书标准

工作领域	工作任务	职业技能要求	备注
1.HRSSC 运营管理	1.1 下属业务审核与绩效管理	4个技能点	
	1.2 运营风险管理	4个技能点	
	1.3 客户满意度管理	4个技能点	
	1.4 HR 供应商管理	4个技能点	
2.HR 产品设计与运营	2.1 HR 服务产品设计与优化	4个技能点	3个工作领域 10个工作任务 38个技能点
	2.2 HR 业务流程设计与优化	4个技能点	
	2.3 HR 服务产品运营	3个技能点	
3.人力资源数字化应用	3.1 人力资源数字化支持	4个技能点	
	3.2 数据分析与监控	4个技能点	
	3.3 数据报表体系规划	3个技能点	

资料来源　上海踏瑞计算机软件有限公司.

四、企业人力资源管理师由政府认定改为社会化职业技能等级认定

（一）企业人力资源管理师职业资格退出了国家职业资格目录

2019年12月，国务院常务会议决定分步取消水平评价类技能人员职业资格，推行社会化职业技能等级认定。为贯彻落实国务院常务会议精神，2020年7月20日，人力资源和社会保障部办公厅发布了《关于做好水平评价类技能人员职业资格退出目录有关工作的通知》（人社厅发〔2020〕80号），分批将水平评价类技能人员职业资格退出目录，其中人力资源和社会保障部与有关部门组织实施的14项职业资格（包括企业人力资源管理师职业资格）于2020年9月30日前第一批退出了国家职业资格目录。

（二）企业人力资源管理师实行社会化职业技能等级认定的原因

企业人力资源管理师职业资格证书"退出"国家职业资格目录并不是"取消"，当然也不是一些营利性培训公司所宣称的变为更高级的职称证书，而是由"国家职业资格水平评价"改为"社会化职业技能等级认定"。将企业人力资源管理师职业资格水平评价由政府认定改为实行社会化等级认定，接受市场和社会的认可与检验，这是推动政府职能转变、形成以市场为导向的技能人才培养使用机制的一场革命，有利于破除对技能人才成长和弘扬工匠精神的制约，促进产业升级和人力资源管理高质量发展。

（三）2021年起企业人力资源管理师实行社会化职业技能等级认定

人力资源和社会保障部门将推动各类企业等用人单位健全完善技能人才培养、使用、评价和激励制度，全面开展企业自主认定；积极支持院校开展学生（学员）技能水平自主认定，推动其专业设置与职业（工种）对接、课程内容与职业标准对接、教学过程与生产过程对接，结合教学过程和课程考核开展职业技能等级认定，逐步培育院校承载职业技能等级认定主阵地功能；推动社会培训评价组织有序提供社会化评价服务，突出第三方评价的公益性和社会认可度。2021年起，人力资源和社会保障部门将不再组织全国性的企业人力资源管理师的统一考试、鉴定和颁发证书，而是改由用人单位和相关社会组织进行等级认定、颁发等级证书。

（四）各地人力资源和社会保障部门职业技能鉴定的职能转变

各地人力资源和社会保障部门职业技能鉴定（指导）中心要加快职能转变，提高监管服务能力；加强职业技能等级认定工作宣传和指导服务，加快推动已备案评价机构实施具体认定；加强职业技能评价工作质量监管，采取现场督导、远程监控、数据比对等方式进行质量抽查检查，强化督导结果应用；做好技能人员证书查询服务，按要求审核报送证书数据，确保证书数据准确可靠、真实有效、全程可追溯；落实"人社服务快办行动"要求，做好证书遗失补发服务，对国家职业资格目录内的，按规定及时补办相应证书，对国家职业资格目录外的，按要求开具证书信息证明。

五、经济专业技术资格证书和人力资源管理经济师职称国家认定

（一）经济专业技术资格全国统一考试简介

经济专业技术资格初级、中级自1993年起实行考试制度。根据《人力资源和社会保障部关于印发经济专业技术资格规定和经济专业技术资格考试实施办法的通知》（人社部规〔2020〕1号）文件的精神，自2020年1月8日起，经济专业技术资格分为初级、中级、高级3个级别，在全国范围内实行统一考试。3个级别的经济专业技术资格考试

均采用电子化考试方式，应试人员作答试题需要通过计算机操作来完成。

（二）初级、中级和高级经济专业技术资格考试科目

经济专业技术资格考试原则上每年举行1次。初级、中级经济专业技术资格考试设"经济基础知识"和"专业知识和实务"两个科目，题型均为客观题。"经济基础知识"为公共科目，"专业知识和实务"为专业科目，分别按工商管理、农业经济、财政税收、金融、保险、运输经济、人力资源管理、旅游经济、建筑与房地产经济、知识产权等10个专业类别命制试卷。

高级经济专业技术资格考试设"高级经济实务"一个科目，题型为主、客观题结合，分别按工商管理、农业经济、财政税收、金融、保险、运输经济、人力资源管理、旅游经济、建筑与房地产经济、知识产权等10个专业类别命制试卷。

（三）经济专业技术资格考试成绩和证书管理

初级、中级经济专业技术资格考试成绩实行2年为一个周期的滚动管理方法，应试人员须在连续的两个考试年度内通过全部应试科目，方可取得相应级别经济专业技术资格证书。获得初级、中级经济专业技术资格即可认定具备助理经济师（助理人力资源管理师、助理知识产权师）、经济师（人力资源管理师、知识产权师）职称。

高级经济专业技术资格考试达到全国统一合格标准者，取得成绩合格证明，合格证明自考试通过之日起5年内有效。参加高级经济专业技术资格考试合格并通过评审者，可获得高级经济师职称。

考试成绩在全国专业技术人员资格考试服务平台和各省（区、市）人事考试机构网站发布。考试合格，颁发人力资源和社会保障部统一印制的经济专业技术资格证书，在全国范围内有效。

◆◆◆◆➡ 企业文件范例7-2

经济专业技术资格考试人力资源管理专业考试大纲

一、经济专业技术资格考试人力资源管理专业知识与实务（初级）考试大纲

（一）考试目的

测查应试人员是否理解和掌握个体心理与行为、团体心理与行为、工作态度与行为、人力资源管理职能、工作分析、招募与甄选、绩效管理、薪酬福利管理、培训与开发、员工关系管理、劳动法律关系、就业与职业培训、招用人员、劳动标准与劳动保护等相关的原理、方法、技术、规范（规定）等，以及是否具有从事人力资管理专业实务工作的初步能力。

（二）考试内容与要求

第一部分　组织行为学基础

1.个体心理与行为。辨析人格、智力与能力、情绪与情感、态度与行为、价值观，运用人格特质理论、智力结构基本理论、情绪理论、态度形成理论、态度改变理论、自我价值定向理论等分析个体心理与行为。

2.团体心理与行为。理解团体和团体规范，分析团体压力下的个体行为，辨析团体凝聚力的作用和影响因素，诠释团体的社会影响，理解团体内部沟通和沟通的过程与方

式，克服沟通障碍、实施有效沟通，分析团体决策的特点，避免团体极化和团体思维，运用团体决策技术实施有效的团体决策。

3.工作态度与行为。理解工作满意度、工作投入度、组织承诺以及3者之间的关系，分析影响工作满意度和组织承诺的因素，分析工作满意度和组织承诺的影响后果，辨析工作满意度的特点，理解工作满意度的主要理论模型，实施科学、有效的工作满意度调查。

第二部分　人力资源管理

4.人力资源管理概述。理解主要经济理论、管理学、企业资源基础理论对人力资源的分析和论述，辨析人力资源的特性，理解人力资源管理产生与发展的历史，诠释人力资源管理的功能、作用、基本职能，分析中高层管理者的人力资源管理责任。

5.工作分析。理解工作分析的流程和各阶段的主要工作内容，比较各种工作分析方法的优缺点和适用范围，编制工作说明书，理解工作研究的操作流程，提高作业能力、减少劳动疲劳、实施安全目标管理、预防事故，诠释工作设计的目的及内容，运用工作设计方法实施工作设计。

6.招募与甄选。分析影响员工招募的主要因素，理解招募的基本战略，选择招募来源和招募渠道，根据招募程序实施员工招募，理解员工甄选标准，选择甄选方法，根据甄选程序实施人员甄选。

7.绩效管理。理解绩效考核与绩效管理的区别和联系，分析绩效考核在人力资源管理中的作用，设计绩效考核体系，选择恰当的绩效考核方法实施绩效考核。

8.薪酬福利管理。分析薪酬的构成，理解影响薪酬设定的因素，比较各种薪酬体系在设计流程上的差异，分析薪酬水平定位策略，开展薪酬水平和薪酬结构设计，根据各种奖励计划的特点设计奖励计划，理解员工福利的构成和作用，制订福利计划，实施员工福利管理。

9.培训与开发。理解培训与开发的目的，比较不同类型培训与开发的内容和特点，选择培训与开发方法，设计培训与开发体系，开展培训与开发的需求分析，制订培训与开发计划，实施培训与开发，评估培训与开发的效果，对培训与开发进行监督和改进。

10.员工关系管理。实施员工入职、在职及离职管理，制定和执行企业规章制度，开展员工情绪管理和职业安全与健康管理，制订和执行员工援助计划。

第三部分　人力资源与社会保险政策

11.劳动法律关系。理解劳动法和劳动法律关系，分析劳动法的调整对象和我国劳动法的适用范围，辨别劳动法律关系的主体、客体及劳动法律关系主体的权利义务，掌握劳动法的表现形式和主要制度，了解有关国际劳工公约。

12.就业与职业培训。理解就业服务、职业培训、职业资格证书制度，掌握国家有关促进就业、公平就业与就业援助、失业管理与职业培训、职业中介、职业资格证书制度、涉外就业等方面的法律法规规定，处理就业与职业培训相关问题。

13.招用人员。理解法定用工形式、劳动合同、社会保险、事业单位人事管理制度，掌握国家有关招聘、就业登记、录用、职工名册及劳动合同订立、参加社会保险、事业单位人事管理等方面的法律法规规定，运用相关法律法规实施招用人员管理。

14.劳动标准与劳动保护。理解工作时间、工资、职工福利，掌握国家有关工作时间、休息休假、工资及工资支付、最低工资保障制度、职工福利、女职工和未成年工特殊保护、工作场所劳动保护等方面的法律法规规定，运用有关法律法规处理劳动标准与劳动保护相关问题。

二、经济专业技术资格考试人力资源管理专业知识与实务（中级）考试大纲

（一）考试目的

测查应试人员是否理解和掌握组织激励、领导行为、组织设计和组织文化、战略性人力资源管理、人力资源规划、人员甄选、绩效管理、薪酬福利管理、培训与开发、劳动关系、劳动力市场、工资与就业、人力资本投资、劳动合同管理与特殊用工、社会保险法律、社会保险体系、劳动争议调解仲裁、法律责任与行政执法、人力资源开发政策等相关的原理、方法、技术、规范（规定）等，以及是否具有从事人力资源管理专业实务工作的能力。

（二）考试内容与要求

第一部分　组织行为学

1.组织激励。理解需要与动机，分析激励与组织绩效的关系，理解主要的激励理论，应用激励理论实施激励。

2.领导行为。理解领导、领导角色、领导风格对组织管理的意义，理解决策对于领导的意义，分析关于领导、领导风格、领导技能、领导决策的理论和研究，评估领导风格和决策风格，发展领导技能。

3.组织设计与组织文化。理解组织结构和组织设计，根据组织设计的程序和不同类型组织的特点开展组织设计，理解组织文化的功能、内容和结构，分析组织文化的类型，理解组织设计与组织文化的关系，应用组织变革的方法、程序以及组织发展的方法实施组织变革和组织发展。

第二部分　人力资源管理

4.战略性人力资源管理。理解战略性人力资源管理与组织战略管理的关系，分析人力资源管理在组织战略规划和战略执行过程中的作用，采用战略性人力资源管理工具和恰当的管理方法实施战略性人力资源管理，建立高绩效工作系统，实施人才管理。

5.人力资源规划。理解人力资源规划的意义和作用，分析人力资源需求预测、供给预测的影响因素，制定平衡人力资源供求关系的组织对策，选择恰当的人力资源需求预测、供给预测以及供需平衡的方法开展人力资源规划。

6.人员甄选。理解人员甄选对组织的价值，采用常用的信度、效度等指标评估人员甄选方法的可靠性和有效性，选择恰当的人员甄选方法实施有效的人员甄选。

7.绩效管理。理解绩效管理的作用，辨别绩效管理有效实施的影响因素，制订绩效计划，实施绩效监控，选择恰当的绩效评价技术和方法实施绩效考核，监控绩效考核的实施，设计绩效反馈方案，合理使用绩效考核结果，制定绩效改进措施，对特殊群体绩效实施绩效考核。

8.薪酬福利管理。理解不同组织战略下薪酬管理的差异，建立全面薪酬战略，开展薪酬体系设计和薪酬结构设计，诠释职位评价和薪酬调查的原则、流程和步骤，实施职

位评价和薪酬调查，根据各种奖励方式的特点设计和实施奖励计划，设计员工福利计划，实施员工福利管理，根据工作性质和工作环境设计符合特殊群体特点的薪酬模式，选择恰当的方法实施薪酬预算和薪酬成本控制。

9.培训与开发。制定培训与开发决策，组织和管理培训与开发活动，评估培训与开发的效果，运用职业生涯管理的方法实施职业生涯管理，评估职业生涯管理的效果。

10.劳动关系。理解劳动关系的概念、特征、类型，理解我国劳动关系调整体制，发展和谐劳动关系，实施企业解决劳动争议问题的制度和方法。

第三部分 劳动力市场

11.劳动力市场。理解劳动力市场的特征、结构及运行的基本原理；运用劳动力供给理论、劳动力需求理论、劳动力市场均衡及变动原理，分析劳动力市场的现实问题。

12.工资与就业。理解工资水平和工资差别的基本原理，界定和统计就业、失业，分析失业的类型、原因，提出减少失业的对策。

13.人力资本投资。理解人力资本投资的一般原理，掌握人力资本投资收益分析的基本方法，分析高等教育的成本与收益，区分在职培训的基本类型，理解在职培训成本、收益的分摊与分配的基本原则，分析在职培训对企业雇用政策和员工流动行为的影响，理解劳动力流动对企业和员工的影响，分析影响劳动力流动的因素和造成各类劳动力流动的原因。

第四部分 人力资源与社会保险政策

14.劳动合同管理与特殊用工。理解劳动合同履行的原则，依法履行、变更、解除、终止劳动合同，依法制定和实施劳动规章制度，依法管理特殊用工，协调劳动关系。

15.社会保险法律。理解社会保险法律关系的主体、客体以及社会保险法律关系的产生、变更和消灭，掌握我国近年来社会保险制度的改革概况，理解社会保险法律适用的基本原则、要求和规则，理解我国社会保险法的立法原则和基本内容。

16.社会保险体系。理解基本养老保险、基本医疗保险、工伤保险、失业保险、生育保险等社会保险制度以及有关的法律、法规、规章和政策规定，处理社会保险实务。

17.劳动争议调解仲裁。理解劳动争议处理制度及其基本制度，理解劳动争议调解仲裁法律制度及其基本内容，分析劳动争议当事人的权利、义务以及举证责任，理解劳动争议处理和劳动争议诉讼的程序，处理劳动争议。

18.法律责任与行政执法。理解劳动法律责任和社会保险责任，理解劳动监察的属性、形式、机构、程序、处罚方式，理解人力资源和社会保障行政争议的范围以及处理行政争议的有关法律规定，处理行政复议与行政诉讼相关实务。

19.人力资源开发政策。理解人力资源开发中的教育培训、评价发现、激励保障、管理使用、流动配置等方面的政策规定，处理职业培训、继续教育、职业资格、职称、职业技能等级、创新创业激励、绩效工资、人员奖励、岗位管理、聘用管理、干部管理、人员流动等方面的管理实务。

三、经济专业技术资格考试人力资源管理专业经济实务（高级）考试大纲

（一）考试目的和要求

测查应试人员是否具有从事高级人力资源管理实务的综合能力素质。要求应试人员

理解组织行为学和劳动经济学等相关理论，掌握人力资源管理与开发的原理、方法、技术、规范（规定），科学开展人力资源管理工作的组织、督导和研究等。

（二）考试涉及的专业知识与实务

本科目题型设置多样，考核点复合程度较高。应试人员作答试题需要综合、灵活地应用有关专业理论和政策法规，合理、深入进行判断、分析或评价。考试涉及的专业知识与实务范围如下：

1.组织行为学。这包括个体心理与行为，团体心理与行为，工作态度与行为，组织激励，领导行为，组织设计、组织文化、组织变革与发展等。

2.人力资源管理。这包括：战略性人力资源管理及实施过程，战略性人力资源管理的内容；人力资源供给和需求预测，人力资源供需平衡的对策；工作分析的方法，工作说明书的内容，工作研究，工作设计；招募战略、程序和渠道，人员甄选的有效性、程序和方法；战略性绩效管理，绩效计划与绩效监控，绩效管理工具，绩效评价技术，绩效反馈与结果应用，特殊群体的绩效考核；薪酬水平及薪酬结构设计，奖金、员工福利、股权激励，特殊群体的薪酬管理，薪酬成本预算与控制；人员培训与开发决策分析，培训与开发的程序和方法，职业生涯管理；员工入职、在职及离职管理，员工情绪管理，职业安全与健康，员工援助计划；我国劳动关系调整的机制，和谐劳动关系建设，企业解决劳动争议的制度和方法等。

3.劳动经济学。这包括劳动力市场的基本原理，工资与就业的基本原理，人力资本投资的基本原理等。

4.人力资源与社会保险政策。这包括劳动法和劳动法律关系，就业与职业培训方面的法律法规规定，招用人员方面的法律法规规定，劳动标准与劳动保护方面的法律法规规定，劳动合同管理与特殊用工方面的法律法规规定，社会保险法律的立法原则和基本内容，社会保险体系的法律、法规、规章和政策规定，劳动争议调解仲裁法律制度和基本内容，劳动法律责任与行政执法的法律规定，人力资源开发中的教育培训、评价发现、激励保障、管理使用、流动配置等方面的政策规定等。

资料来源　人力资源和社会保障部人事考试中心.

项目二　团队拓展训练

一、认识拓展训练

（一）拓展训练起源

拓展训练（outward bound），意思是一艘小船离开平静的港湾，义无反顾地投向未知的旅程，去迎接一次次挑战，去战胜一个个困难。它起源于第二次世界大战期间。当时，盟军在大西洋的物资供应线屡遭德国纳粹潜艇的袭击，大部分水手在运输船被击沉后葬身鱼腹，只有极少数人得以生还。人们惊奇地发现大多生还的往往不是年轻力壮的水手，而是那些富有经验、心理素质较强的年长者。通过对这一现象的分析与研究，得到的结论是：能在恶劣环境下求得生存，主要靠的不是体能而是良好的心理素质。据此，德国人库尔特·汉恩提出了"拓展训练"理念，并于1941年在英国创办了一所专门训练水兵的学校，后来逐渐延伸为军队士兵生存能力的训练。第二次世界大战结束后，拓展训练也从最早的军事生存训练演变成为社会和经济领域服务的一种人本训练。

今天，拓展训练围绕着领导艺术、团队建设等现代管理的中心问题，结合企业的发展需要与参训者的人格特征，通过全方位的素质培训，一方面，使参训者重新认识自我，重新定位自我，实现自我超越；另一方面，提高参训者对企业的忠诚度，以全新的方式凝聚企业的向心力。

20世纪90年代中期，中国大陆开始出现拓展训练。时至今日，全国已有几百所拓展训练服务机构，拓展训练在中国也逐步走向成熟。拓展训练实际上是一种"体验式学习"。心理学研究表明，听到的信息可以被记住10%，看到的信息可以被记住20%，亲身体验的信息则可以被记住80%。就像学会了游泳、驾驶之后，即便很长时间不接触，仍然不会忘记；而反复背诵的公式或英文单词，只要过了一段时间不用就怎么也想不起来了。因此，通过在模拟环境中的亲身体验与总结，学习到的知识和观念会深深地植入心中，不容易被忘记。这也是拓展训练这类体验式学习的效果。

（二）拓展训练理论依据

拓展训练的理论依据主要是"努力/放弃"（积极/消极）的心理力学模型，以及"体验、了解、控制、超越"的心理适应规律。

1.基本原理

拓展训练的基本原理为：通过户外体验项目活动中的情境设置，使参训者充分体验所经历的各种情绪，尤其是负面情绪，从而深入了解自身（或团队）面临某一外界刺激时的心理反应与后果，进而学会控制，实现超越。

2.组成环节

拓展训练的体验式学习方式，由既独立又密切关联的5个环节组成：

（1）体验。这是拓展训练过程的开端，参训者参与一项活动，并以观察、表达和行动的形式进行。这种初始的体验是整个过程的基础。

（2）分享。有了体验以后，很重要的一点就是，参训者要与其他体验过或观察过相同活动的人分享他们的感受或观察结果。

（3）交流。分享个人的感受只是第一步，循环的关键部分是把这些分享的东西结合起来，与其他参训者探讨、交流以及反映自己的内在生活模式。

（4）整合。按逻辑的程序，下一步是要从经历中总结出原则或归纳、提取出精华，并用某种方式去整合，以帮助参训者进一步定义和认清体验中得出的成果。

（5）应用。最后一步是策划如何将这些体验应用在工作及生活中，而应用本身也成为一种体验；有了新的体验，循环又开始了，因此参训者可以不断进步。

（三）拓展训练形式

拓展训练通常利用崇山峻岭、瀚海大川等自然环境，通过精心设计的活动达到"磨炼意志、陶冶情操、完善人格、熔炼团队"的培训目的。拓展训练主要由场地、野外和水上三类课程组成。场地课程是在专门的训练场地上，利用各种训练设施，如高架绳网等，开展各种团队组合课程及攀岩、跳越等心理训练活动；野外课程包括远足露营、攀岩速降、野外定向、户外生存、伞翼滑翔等；水上课程包括游泳、跳水、扎筏、漂流等。

（四）拓展训练程序

拓展训练通常按以下程序进行：

1.团队热身

在拓展训练开始时，团队热身活动将有助于加深参训者之间的相互了解，消除紧张，以轻松愉悦的心态投入到各项培训活动中去。

2.个人项目

个人项目本着心理挑战最大、体能风险最小的原则设计，对参训者的心理承受力是极大的考验。

3.团队项目

团队项目以改善参训者的合作意识和参训集体的团队精神为目标，通过复杂而艰巨的活动项目，促进参训者之间的相互信任、理解，体验默契配合的效果。

4.回顾总结

每项活动结束后进行回顾总结，能够帮助参训者消化、整理、提升训练中的体验，使参训者能将培训的收获转移到工作中去，以实现整体培训目标。

（五）拓展训练特点

1.挑战心理极限

拓展训练的项目都具有一定的难度，主要表现在心理考验上，需要参训者向自己的能力极限和心理极限发起挑战，力争跨越极限。

2.综合活动性

拓展训练的所有项目都以体能活动为先导，引出认知活动、情感活动、意志活动和交往活动，实现参训者全身心的体验。

3.个性与集体的体验

拓展训练实行分组活动，强调集体协作，要求每位参训者竭尽全力为集体争取荣誉，同时从集体中汲取巨大的力量和信心，在活动中充分展现个人魅力。

4.获得成功体验

通过克服困难，完成训练项目，参训者能够体会到发自内心的胜利感和自豪感，获得成功的体验，增强以后克服困难的信心。

5.实现自我教育

教练只负责把课程的内容、目的、要求以及必要的安全注意事项向参训者讲清楚，活动中一般不进行讲述，也不参与讨论，充分尊重参训者的主体地位和主观能动性。即使在课后的总结中，教练一般也只是简单引导，主要让参训者自己讲述体会，达到自我教育的目的。

（六）拓展训练类别

1.按照企业需求和训练达到的目的分类

（1）团队熔炼拓展训练。通过在野外模拟环境中开展各种新鲜而巧妙的项目，帮助企业员工释放生活、工作压力，调节心理平衡；学会更好地与他人进行沟通与协调，优化人际环境；完善人格，培养毅力、勇气、责任心、荣誉感以及积极的价值观；使团队成员深刻地理解团队的力量，培养其强烈荣誉感与归属感；掌握组建团队、激励团队的方法，使其回到工作岗位后能快速有效地组建起高绩效的团队，创造良好业绩等。

（2）企业文化认同拓展训练。企业文化是企业的灵魂，其作用是让企业精神深入全体员工的心灵深处，大家齐心协力，最大限度地降低企业内耗。企业文化认同拓展训练以全新的训练方式、触及心灵的训练手法，加深员工对企业文化的理解，增强员工对企业的归属感；培养团队合作精神，培养主动沟通、主动配合的工作方式。

（3）高效沟通拓展训练。这对于企业进行有效沟通是非常重要的。交流不畅与沟通困难是非常有害的。如何进行有效的沟通是管理团队面对的一个现实而又紧迫的问题。高效沟通拓展训练通过提供新奇的项目，让所有参与者体验沟通不畅带来的困难，从而增强其沟通意识，不断寻找有效沟通的办法；同时，体会沟通过程中可能出现的误解、错误，增强实际工作中理解、包容他人的心态。

（4）挑战与压力拓展训练。通过在特定的条件下进行各种活动，参训者能够挑战自身极限，感受自我的超强能力，更好地认知生命，珍惜美好生活。通过各种体验，参训者能够充分认识到自身的潜能，培养良好的心理素质和坚强的意志品质。挑战与压力拓展训练可以增强集体协作意识和对意志品质感染的深刻体会。

（5）客户忠诚度提升拓展训练。它是指同客户一起去体验困难、挑战、压力、恐惧等。这样的拓展训练能让企业员工和客户走得更近，增进相互了解和理解，让大家超越平常的业务关系，建立更牢固的友谊，体验风雨同舟、荣辱与共的感觉，真正地树立合作和共同发展的信念。

2.按照训练项目分类

（1）高空项目：天梯、天使之手、合力过桥、空中抓杆、飞越断桥、高空平衡木、高空"V"走、攀岩等。

（2）地面项目：冲出亚马孙、团队梅花桩、穿越"电网"、过河抽板、泰山绳、信任背摔、求生墙、地雷阵、合力轮胎、拆除核弹、孤岛求生、风雨人生路、牵手、有轨电车、管道接力等。

（3）水上项目：抢滩登陆、水上拔河、水车、强渡大渡河、各种水上障碍设施等。

（4）室内项目：领袖风采、七巧板、风雨同舟等。

（5）野战项目：攻坚战、游击战、人质营救、间谍战等。

（6）生存训练项目：各种野外拉练、野外生存训练和定向越野活动等。

（7）集体项目：大风吹、大脚霸、合力运水、呼啦圈、冰岛求生、盲人摸号等。

（8）热身项目：人浪、进化论、解人结、怪兽过河、鸡蛋会飞、塞车、声控机械人、兔子舞、火山爆发前、同心竹、夜行等。

（七）拓展训练作用

1.对参训企业的作用

（1）进一步明确和认同组织目标，增强组织的凝聚力。

（2）增强互相配合、互相支持的团队精神和整体意识。

（3）改善人际关系，形成积极向上的组织氛围。

（4）改进组织内部的沟通与信息交流氛围。

（5）使员工在工作岗位上表现出更佳的领导与管理才能。

（6）使组织面对各种变革与挑战更为从容、有序。

2.对参训员工的作用

（1）认知自身潜能，增强自信心，改善自身形象。

（2）克服惰性心理，磨炼战胜困难的毅力。

（3）启发想象与创造力，提高解决问题的能力。

（4）认知团队的作用，增强集体责任感和参与意识。

（5）改善人际关系，学会关心他人，融洽地与群体合作。

（6）学习欣赏、关注和爱护大自然。

二、拓展训练项目介绍

（一）拓展训练团队项目简介

以破冰游戏贯穿始终，充分展示参训人员的创意与激情。集众人智慧，浓缩创新意识，展示团队风采，迅速形成一支拥有共同使命感的团队。培训将以组为单位，使每个人都积极地参与到培训之中，团队所有成员必须共同面对困难、迎接挑战、攻克难关。破冰游戏将打破人与人之间的隔膜，创造良好的沟通氛围，激发热情与斗志。

破冰游戏兔子舞　　　　　　　　　　　　　　队员唱队歌

（1）活动目标。了解拓展训练的起源和形式；为培训做好心理和身体准备；使队员之间互相认识和了解，鼓励沟通，消除彼此的隔膜，拉近距离；在完成各项任务的过程中，营造团队气氛，形成初步统一的团队。

（2）活动要求。①全体队员分成N个队。②各队推荐或自荐队长和旗手各一名。③起队名。队名要形象、有意义。④编队歌。可自编词曲，也可原曲填词，队歌要简短。⑤要有队训或口号。要求文字简练，朗朗上口，具有震撼力。⑥制作队旗和队徽。共同创意，队徽简单、蕴意深刻。要求全体队员在队旗上签名。⑦各队相互进行魅力展示，解释队名、队歌、队训或口号、队旗和队徽。

（二）团队体验项目

1.天梯

（1）项目介绍。两位学员在高8米、相距1.1～1.5米不等的粗圆木软梯上，通过相互手拉、肩扛等方式，一起到达最顶部的圆木上。

（2）训练目标。在面对困难时，同伴间通过相互扶持、相互帮助达到目标；团队协作，相互激励，经常沟通，共同进步。

（3）安全保障。学员穿戴自锁式专业登山保护装备，培训师检查确认无误后项目方可进行；每位学员有双重保护，整个项目过程中一旦失手，会被吊在空中，慢慢放回地面。

（4）回顾要点。天梯在不断地晃动，两圆木间的高度不断加大，是否担心爬不上去或掉下去，是否想过放弃？两人是如何达到最顶部的？相互之间是否非常默契？是否商量过攀爬方式？

天梯

2.团队梅花桩

（1）项目介绍。在此项目中，一个团队要全部站在大小不一、高低不一、距离不一的梅花桩上，按照一定的规则从一端移动到另一端。

（2）训练目标。这一项目的训练，使学员体会到团队骄人业绩的取得要靠集体的智慧与个人的责任感；用心沟通，善于聆听，服从领导，是成功的关键。

团队梅花桩

3.信任背摔

（1）项目介绍。站在1.4米高的高台上，双手被绑或交叉放在胸前，身体正直地向后倒下，倒落在下面队友的手臂上。

（2）训练目标。此项目看似简单，但纵观整个过程，可以发现很多管理"哲学"，如团队中信任如何建立，学员是否遵守信用等。每个学员都要体验一下，以换位思考的方式体会站在台上的学员的感受、个人的责任感、自我控制能力、勇气等。

信任背摔

4.穿越"电网"

（1）项目介绍。将细绳横竖交织成大小不同的方块，要求每一队队员在其他队员的帮助下，分别从方块中穿越而过，而不能触动被喻为"电网"的细绳。面对"电网"，参加者必须同心协力，尽量避免"伤亡"，"伤亡"小且动作快的队将取得胜利。

（2）训练目标。这包括改变沟通方式，如何理解、倾听他人（的意见）？如何让他人更能接受？如何分配合理的资源？资源浪费与团队目标的关系、个人利益与整个团队利益的关系，将直接决定目标能否达成。此培训项目强调整体协作与配合以及资源的重要性，好胜与莽撞都将遭到淘汰，只有依靠团队的力量才能顺利完成任务。不论多完美的计划，如果在操作过程中不谨慎、不注重细节，一切就都要重新开始。

穿越"电网"

5.求生墙

（1）项目介绍。全体队员要在规定时间内翻越一堵高4米的墙，不得借助任何的物品与工具。

（2）训练目标。不懈追求更快、更好，体会通力合作的成功喜悦；讲求贡献，敢于牺牲；锻炼大家的身体协调能动性和攀越技巧，培养临危不乱、处变不惊的心理素质，以及甘为人梯、团结协作的团队精神。

（3）回顾要点。大家是如何选定最先与最后上去的队友的？中间上去的顺序是如何决定的？谁是底座？谁是最后一位上去的？为什么要做这样的安排？当企业面临危险或危机时，大家各自的角色和贡献是什么？

求生墙

6.有轨电车

（1）项目介绍。所谓有轨电车，就是在地上平行地摆放两条长长的厚木板，每条木板上间隔一只脚的距离拴一根提绳。两脚分跨在两条木板上，手上拽起绳子，齐声喊着口令，全队同时提起一侧的木板向前走。

（2）训练目标。如果做不到步调一致，或者有人偷懒，这辆"车"就会"趴窝"而止步不前。这不仅需要队员之间的默契配合，还需要相互之间的信任，更需要包容、理解、尊重、协作。这就要求大家有放弃小我、顾全大局的精神。

（3）替代项目。把学员排成一排，用绳把相邻两人的脚绑在一起，然后让他们齐步向前走；哪一个队走得快、走得整齐，哪一个队就取胜。可在此基础上增加难度，既要向前走，还要向后走，还要拐弯。

有轨电车

7.管道接力

（1）项目介绍。管道接力又叫珠行万里，团队中每一位队员手持两个空心 pvc 管，管径可大可小。所有人将管连成一条长管，让比管径略小一点的玻璃珠或钢珠，从一头滚到另一头。队头队员先传珠，当球传到下一位队员后，前一位队员跑到队尾继续接管，一直到珠子到达箩筐为止。

（2）训练目标。此项目主要考验团队成员的协作精神，只要其中一位队员的管道"不通"，那么珠子就无法通过，团队目标也就无法实现。

管道接力

8.高空"V"走

（1）项目介绍。搭档之间相互信赖，协调配合。设备总高为15米，脚下的钢丝高度为10米，两钢丝最大距离为3米；两名队员脚踩钢丝，用手掌支撑对方手掌，呈"V"形行走。

（2）训练目标。以娱乐性的游戏活动，让队员在有压力的环境中体会到合作的重要性，培养队员之间的协调配合能力和相互的信任感。

高空"V"走

9.风雨人生路

（1）项目介绍。两人组成一组，一人扮演盲人，一人扮演跛子。盲人在跛子的指挥下走过一段路程。项目目标虽然明确，但由于自身的缺陷，将遭遇交流信息混乱、传递速度缓慢和方向错误的困难。该项目要求同伴相互信任，给对方安全感，并合理利用信息进行团队交流、协作与配合。

（2）训练目标。团队协作，角色分担，提高队员组织、沟通和协作的能力与技巧；取长补短，资源共享。

风雨人生路

（三）个人体验项目

1.飞越断桥

（1）项目介绍。在8米的高空中越过一段不长的距离，这在平地上较容易实现，但在空中需要极大的勇气。项目的设计和安排很简单，只需在两块断开的木板之间做一次简单的跳跃，只不过这两块木板被搁置在8米高的架子上，架子在风中摇晃，弄得每个人心惊肉跳。所有的人在有安全保护的前提下，爬上断桥，做两次跨步跳（跳过去，再跳回来）。

（2）训练目标。此项目训练的意义在于"断桥一小步，人生一大步"，突破个人心理障碍，超越自我。每个人都蕴藏着极大的能量，不尝试就永远不知道自己的能力。勇敢地迈出第一步，成功就离你不远了。在挑战自我的同时，感受经验与环境的改变给个人思维意识上带来的变化。

飞越断桥

2.空中抓杆

（1）项目介绍。离地8米的高空，一根随风摇摆的单杠；同时，固定单杠的高大、粗壮的铁桩和圆盘，在空中有节奏地晃动着，令人双脚发抖，手心出汗。在许多人眼中，面前的这根单杠就是勇气和胆量的试金石。如何调整心态，寻求心理和动作的平衡，将决定活动的成败。

（2）训练目标。突破自我心理障碍，不轻易否定自己；在动荡中把握时机，没有绝对的平稳，调整后果断地跃出；人的能力是无限的，不尝试就永远不知道，重新认识自己。

（3）回顾要点。仔细回想这种高空项目，难免会联想到我们平时工作中的具体事宜。因为它们之间既有着千丝万缕的联系，也有着共同的规律。遇到困难时，真的会感到很疲惫、忧虑和害怕；如果听到团队成员的呐喊和鼓励，就会鼓起勇气，因为团队成员的期待不能辜负。

空中抓杆

3. 攀岩

（1）项目介绍。岩高 15 米，需脚踏岩"凸"部分，向上爬，直到顶峰。需要有挑战自我、战胜困难、勇往直前、永不言败、坚持到底的精神和勇气。

（2）训练目标。在攀岩过程中学会坚强，锻炼大家的身体能动性、攀岩技巧、观察力、忍耐力，增强必胜的信念，培养临危不乱、处变不惊的心理素质，在攀岩成功后，享受胜利的喜悦。

攀岩

三、高校拓展训练实例

（一）高校拓展训练项目的设计

在本项目第二部分"拓展训练项目介绍"中，介绍了 9 种团队体验项目，分别是天梯、团队梅花桩、信任背摔、穿越"电网"、求生墙、有轨电车、管道接力、高空"V"走、风雨人生路。此外，还介绍了 3 种个人体验项目，分别是飞越断桥、空中抓杆、攀岩。其实，拓展训练项目非常丰富，远远不止本文所介绍的 12 种内容，这有待读者在社会中自己去体验。

作为高校来讲，由于自身的定位和条件限制，不可能将拓展训练项目全部应用于教学中，只能因陋就简，根据自身的条件有选择性地进行。一般来讲，拓展训练项目分为地面项目、室内项目、高空项目、水上项目、野战项目、生存训练项目、集体项目、热身项目等。高校教师如果自己做拓展训练项目，一般主要集中在地面项目和室内项目上，因为这两个项目对设施的要求比较低，危险系数比较小，操作比较简便。下面是作者在高校实训教学中经常采用的训练项目，给各位以参考。

（二）人力资源管理专业拓展训练筹备计划

◆◆◆◆➡ **企业文件范例7-3**

拓展训练筹备工作安排

参加人员：人力资源管理专业全体学生

总教练、总筹划：人力资源管理专业鲍立刚教授

时间：星期日全天7：40—12：00　14：30—17：30

地点：文体馆与游泳馆之间的空地

一、分工协作

1.各小组队长准备本组的蒙眼布条，每两人配一条；星期五之前全部交给黄秋露，再由黄秋露统一送到鲍老师处。

2.陈庆芳安排人购买大旗两面，余仁鸿负责找一米长旗杆两根，星期五之前余仁鸿负责将大旗和旗杆统一送到鲍老师处。

3.陈庆芳安排人制作横幅，内容是"人力资源管理专业拓展训练"；字刻成A4纸大小，别在横幅上时注意字与字之间紧密一点，以免横幅过长。横幅用来抓在手上照相用，不用挂在大树上。

4.王现峰安排人借用插线板（线要足够长，因为要移动）和进行音响设备调试，插线板星期五之前送到鲍老师处，音响设备星期五之前搬到接线的辅导员办公室，黄秋露负责开门和关门。

5.王现峰负责邀请思明网记者，请人力资源管理协会的会员来观摩并安排协会会员轮流看管现场物品。

6.各小组队长将手机号报给鲍老师，小组男队长于12月16日早上7：30之前到鲍老师处搬活动用具。小组男副队长在宋传君的带领下到实训502教室搬一张大桌子、8张椅子，人手不够请其他同学帮忙。宋传君星期六之前到鲍老师处拿实训502教室的钥匙。

7.12月16日早上7：30之前，女队长和女副队长协助王现峰、丁云峰、李发军布置现场和调试音响设备。

8.在活动期间，第二大组的陶键、白冰再加上两位同学负责摄像，第一大组选两位同学负责照相，以上几位同学可轮流摄像和照相，也要轮流参与拓展训练。如果可能的话，可请高年级人力资源管理班的同学代为摄像和照相。陈庆芳将摄像和照相同学的名单、电话报给鲍老师。

9.以上未尽事宜请各位小组队长和班干部灵活处理，必要时报告鲍老师和梁老师。

二、拓展训练学员须知

1.全体学员注意安全，并服从小组队长的安全程序指导和指挥。

2.如遇天气变化，可以调整活动时间或在体育馆内进行。

3.请着运动装、运动鞋或方便活动的服装。

4.如有心脏病、高血压等影响户外培训的疾病，不能参加拓展训练。

5.拓展训练前请将长指甲剪去。

6.拓展训练期间不便携带通信工具，请事先通知相关人员。

7.在拓展训练期间，请不要离开你所在的小组单独活动，如有困难向老师求助。

8.在拓展训练中，如遇身体不适，请及时向本组队长和老师通报。

9.在拓展训练中，请爱护各项设施以及自然环境。

10.要求参与者积极开放，愿意接受变化和新挑战。

11.要求参与者具有良好的团队精神，彼此欣赏，诚恳助人。

三、拓展训练流程安排

上午拓展训练：

1.团队激励：听音乐——我真的很不错。所有队员齐声喊口号："我真的很不错，我真的很不错，我酸的、甜的、苦的、辣的人生都不错！我左边很不错，我右边很不错，我左边、右边、前边、后边，大家都不错！"拓展活动全体队员与老师合影，然后两大组举着大旗分别与老师合影。

2.各小组魅力展示：喊本小组口号，摆 pose，唱队歌，提醒各队员记得歌词。每小组轮流与鲍老师、梁老师一起合影（各小组提前准备好牌子，写上本组队名；建议用A4纸打印，贴在纸箱壳上，一个纸箱壳上贴一个字，照相时举在手上）。

3.拓展训练项目：拓展训练一，信任背摔；拓展训练二，穿越"电网"；拓展训练三，风雨人生路。

下午拓展训练：

1.团队激励：所有队员齐声喊口号——我真的很不错。

2.破冰热身：听音乐跳兔子舞。

3.拓展训练项目：拓展训练四，管道接力；拓展训练五，悬空取物；拓展训练六，团队鞋。

4.备用培训游戏：同舟共济、携手站立。

宋传君负责安排人将桌椅搬回实训502教室，丁云峰、郭建功安排人将现场东西搬到辅导员办公室，梁老师负责督导。

（三）人力资源管理专业拓展训练师生风采

学院领导、鲍立刚与火车头队队员合影

破冰游戏双环兔子舞

伯仲队队员唱队歌并进行魅力展示

信任背摔

风雨人生路

团队鞋

穿越"电网"

管道接力

悬空取物

（四）拓展训练心得体会

1.飞越队心得体会

◆◆◆◆➡ **企业文件范例7-4**

拓展训练的体会

12月16日，我们进行了人力资源管理专业拓展训练，全班被分成两个组进行对抗。我们进行了穿越"电网"、信任背摔、风雨人生路、悬空取物、管道接力、团队鞋6个项目的比赛。拓展训练以体验、经验分享为教学形式，打破了传统的教育和培训模式。它并不向你灌输某种知识或训练某种技巧，而是设定一个特殊的情境，让我们参与整个教学过程，在参与的同时，去完成一种体验，进行自我反思，获得某种感悟。

穿越"电网"：让我们体会到了团队合作精神、计划的重要性、策略的灵活运用，以及在关键时刻要有细致、稳定的心态，在遇到困难时一定要冷静，在临近胜利时也要清醒。这从另一个方面体现出了在现实的生活和工作中我们要选择适合自己的"洞"，也许在我们面前机会有很多，但不是每个都适合自己，一旦抓住了适合自己的机会，就要马上"钻"进去。

信任背摔：由勇于尝试到自我肯定而产生自信，增强彼此的信任感。

风雨人生路：讲究的是队员之间的信任，还有两个人之间的默契和配合。

悬空取物：讲究策略的选择和配合的重要性，队员要齐心协力。

管道接力：注意力要集中，反应要迅速，随机应变，学会把握关键点。

团队鞋：配合是关键，要有一个领导者，动作要协调，口号要统一，齐心协力。对于这种团队游戏，人员的参与度越高，凝聚力就越强，成功率也相对比较高。

感谢我们一起在团队活动中体味心灵的感动和成长：我们一起学会了接受自己的缺点；我们一起应对各种压力，懂得了生命中的奋斗和柔韧；我们一起感知人际的融洽、和谐，体会朋友间的呵护和关爱。无论做什么事，首先，要自我肯定，昂起头来。无论是贫穷还是富有，无论是貌若天仙还是相貌平平，只要你昂起头来，就会使你变得可爱——人人都喜欢的那种可爱。其次，要充满希望。人生可以没有很多东西，却唯独不能没有希望，有了希望，生命就生生不息。

虽然这次拓展训练我们一组没有获得最后的成功，但是我们依然心存感激，感谢在鲍老师的组织下，能够参加此次活动。结果并不重要，重要的是过程。

要记住一句话：虽然屡遭挫折，却能够坚强地挺住，这就是成功的秘密！

2.火车头队心得体会

◆◆◆◆➡ **企业文件范例7-5**

拓展训练的体会

12月16日是个值得纪念的日子，我们人力资源管理专业第一次拓展训练在鲍立刚老师的指导下开展了，在活动中我们体会到了很多。由于每个人的体会都不一样，所以我们组的每个成员都写了自己的心得体会。以下是部分成员的心得体会：

一、张令波的心得体会

1. 团队鞋

活动背景：16个人一排，相邻两人间用绳子将双脚绑在一起，肩搭着肩。分成两组对抗，用最短时间到达目的地者为胜。

启示：在活动中，16个人组成的是一个整体，只要有任何一个部分（某个人）出错脚或者倾倒，就会影响整个团队的行进，所以在活动中，要求队员配合默契，听从队长的口号，共同进退。由此得到的启示是：企业是一个整体，员工是企业的一部分，企业的进步需要员工的默契配合，共同进退；在身边的人遇到困难的时候，及时伸出援助之手，将会使企业达到最佳状态。

2. 信任背摔

活动背景：由8个人用手组成人网，活动人员背向人网依次从高台上笔直摔下。

启示：在活动中，很多人都不敢摔，或者中途下意识地采取了自我保护，伤到了别人。这是心理素质不够过硬的表现，不是不相信人网不够结实，而是在自己倒下的那一瞬间，有种突然来临的恐惧感，条件反射般地采取自我保护。在现实生活中，我们也可以看到很多人在授予别人权力的时候却不放心让他放手去做，不是不信任他，而是自己的心里产生了恐慌，杞人忧天，怕他做不好。

3. 穿越"电网"

活动背景：用绳子拉成大小不一的24个格子，把全班分成两个对抗组，各组要把自己的队员从不同的格子送到对面，任何人的任何一部分都不能接触到网。触网次数少且完成速度快的队伍获胜。

启示：把不同的人从不同的格子送到对面，充分体现出了人力资源管理中的适人、适岗原理。每个人都能够找到适合自己的位置。在管理中，人力资源管理者要把合适的人安排到合适的岗位，还要在中途不断地调整（培训）其位置，如果错了，触到"电网"的就不是他一个人了，而是整个团队。

4. 悬空取物

活动背景：画一个直径为5米的圆，作为雷区，在圆的中心放矿泉水瓶，参赛队员可以借助任何工具把瓶子取出来，但是不能有任何物体接触到雷区，瓶子不能倾倒，违规者输。

启示：这是一个考验团队智慧的游戏，拿到瓶子有很多种方法，队长要在最短的时间里确定把瓶子取出来的最好方法。在企业中，会有很多种方法去解决一个问题，这就需要高层领导决定最好、最可靠、最省事、最有可能解决问题的方法。

5. 风雨人生路

活动背景：选出20个人组成10对，分成两组对抗，采用"背媳妇"的方法按固定路线到达目的地，"相公"要把眼睛蒙起来。

启示：在活动中，"相公"失去了视力，"媳妇"没有了行动能力。一个正常人突然失去某种必要能力的时候心里就会很恐慌、着急。"相公"没有了视力，就只能把自己前面的路交给背上的"媳妇"，背上的"媳妇"就是他的第二双眼，只能听从"媳妇"的指挥；"媳妇"虽然看得见，却不能控制整体的前进，就会很急，可能会手足无措。

在日常管理中，领导就好像是"媳妇"，下属就似"相公"，"媳妇"不能瞎指挥，"相公"也不能乱撞，两者要统一行动，共同进退，一点点接近目标。

二、高晓花的心得体会

这次的拓展训练活动玩得很累也很开心，受到不少启发。印象最深刻的是信任背摔和穿越"电网"的活动环节。从战术技巧到方案实施，每一个人都很用心。在这两个游戏中，我战胜了自己内心的恐惧，勇敢地参与到游戏中，尤其是穿越"电网"这个活动，给我的启示很大。我们有高有矮，有胖有瘦，但都有适合自己的位子。我们要做的就是把这些位子与适合的人搭配，做人力资源管理何尝不是这样呢？此次活动的另外一大亮点就是男女生的配合。大多时候，大家都怕绯闻缠身而撇清男女关系。而在活动中，基本上每个游戏都需要男女生的默契配合才能完成，大家都很开心，气氛活跃了，感觉同学间的距离也拉近了。

但是有不足之处，比如，当大家各有想法、意见不一的时候，协调很困难，导致我们的队长嗓子都喊哑了。此外，由于时间等因素的限制，不是每一个同学都可以参与到游戏中；由于是初次开展这样的活动，组织的纪律性不够强，活动的连贯性做得不是很到位。

总之，这次活动得到的启示就是：齐心协力，勇猛无敌；战胜自己，信任第一；统筹安排，每个人都有自己的位子；相互联系，团结协作；众志成城，勇于创造；互帮互助，完美配合。

三、丁云峰的心得体会

12月16日人力资源管理专业拓展训练让我体会颇深。

首先，在这次活动中我学到了如何把大家团结起来，让大家发挥集体的力量。集体的力量是强大的，个人在集体中是渺小的。

其次，在接下来的几个活动中，也让我体会到，信任是相当重要的，不管你对他人有什么意见，在工作中不要掺杂个人的情感恩怨，个人利益一定要服从组织利益。

最后，这次活动让我知道了沟通的重要性。只有沟通才能让我们更亲近，更好地了解对方。

四、唐海春的心得体会

俗话说：不经历风雨，怎么见彩虹。第一次全班性的户外活动圆满结束了，经过我们的努力，我们第二大组取得了最后的胜利，很累，但是很开心。

开心过后，也学到很多道理。在一个团队里面，我们应该听从指挥，贡献自己的智慧，进行有效的沟通，团结协作，为我们的目标努力前进。

给我印象最深的是信任背摔、穿越"电网"、悬空取物。

信任背摔——首先我们要信任下面接我们的人，然后要调整好自己的心理和姿势。我虽然跳下去了，但是我没有足够的信心，面对突发事件就会紧张，缺乏良好的心理素质。

穿越"电网"——我觉得首先要有计划，把人员配置到合适的位置，然后大家齐心协力把他"运"过去。

悬空取物——这个游戏要靠大家的智慧、力气、团结，才能顺利完成。

在以后的生活、工作中，我们会遇到各种困难。当遇到困难的时候，不要吝惜你的嘴和手，你可以请求别人的帮助和帮助别人。我觉得这个社会就像一个团队，需要大家的沟通、相互帮助、团结协作，这样社会才能不断发展。

五、伍进光的心得体会

这次的拓展训练让我深有体会，给了我很多启发。我们大家都积极参与到训练当中，为每个游戏出谋划策、贡献智慧，体现了我们的团队精神。我们的训练都是要靠集体来完成的，只要我们沟通、协调好，相互鼓励，团结一心，就能顺利完成任务。

六、张维怡的心得体会

曾经参加过一些集体活动，但从来没有哪个活动像"拓展训练"这样，让我有如此多的收获。活动过程中有很多的想说、想记录的东西，后悔没有当时把它们记录下来，因为当我现在提笔想写感受的时候，发现我的思路完全被激动的情绪所淹没，不知该如何描述才能把自己真正的心情表达出来。虽然现在思绪杂乱无章，但我依然要尽力去整理、去总结，因为这是我的财富，我要把这些财富记录下来，通过文字把它们尽量展现出来，与大家一块分享。

信任背摔这个训练项目，我一直以为并没有什么困难，可是当我站在上面的时候，恐惧心理就控制不住了。当我们挑战某个目标的时候，不要高估或者低估完成这个目标将要面临的问题，同时，在面对执行过程中的难点时，要抱有足够的责任感和勇气去突破它，这样目标就不再遥远了。在这样的集体活动中，我们都要学会如何利用有限的资源达到价值最大化。

七、张福岩的心得体会

每个人以真诚、平等的态度，营造了一个团队的合作氛围。

同学们非常看重彼此之间的沟通和合作，鼓励团队领导带动队员参与决策，在主要环节上达成一致。这个决策过程给团队成员积极沟通、共同探讨最佳可行性方案留出了足够的空间。在参与决策的过程中，团队成员相互支持，共同进步。

队长的领导风格直接影响团队的合作精神。在民主的领导方式之下，大家更愿意表达自己的意见和参与决策；在专制的领导方式下，大家的参与机会少，满意度相应较低；在放任的领导方式下，大家就像一盘散沙，人心涣散，也谈不上团队合作。

如果大家喜爱和敬佩自己的队长，他们就会表现出更高的满意度；而满意度越高，团队的合作精神越好，凝聚力越强。

团队之所以取得成功，主要是因为团队成员具有合作精神，队长或领导具有组织能力。

八、苏嫒的心得体会

参加这次拓展训练，不但让我乐在其中，从中也明白了很多道理，在长达6个小时的训练中，我一点倦意也没有，有的是满满的欢笑。很感谢老师用实践让我们体会到了团队合作的重要性，让我们互相信任、互相帮助，特别是在穿越"电网"这个训练项目里，我们按各自不同的体形，来安排各自的适合位置，就像在企业管理中一样，要把员工放在最适合的岗位，让其发挥最大效用，这样才能为企业创造更高的效益。

九、凤辉的心得体会

这次的拓展训练使我更加意识到团队协作的重要性，也加强了同学之间以及同学与老师之间的亲切感。

在这次的拓展训练中，每个项目我都积极参与，结果并不重要，过程却很精彩。

给我体会最深的是"悬空取物"这个项目，虽然看起来很简单，但我觉得挑战性是非常大的。就提供两根绳子，在规定的范围内把物取出来，确实有一定的难度。也是在考验我们的能力，如何把所学的知识运用到实际中，把合适的人放在合适的岗位上，以发挥最大的作用。

在这个项目中，单凭个人的能力是不可能完成任务的，个体虽然重要，但需要投入到整体中才能发挥最大的潜力，保持整体的平衡发展。同时，要注意倾听和接纳他人的意见，进行有效的沟通、协调。

项目三　职业生涯规划技能大赛展示

技能竞赛式实训方法指的是实训教师通过组织、辅导和带领本专业学生，应用人力资源管理知识和技能参加各级各类技能竞赛。本方法不仅能展示与应用专业知识和技能，而且能使学生深入理解知识的内涵和快速拓展知识的外延，更能通过竞赛获得足够的学习动力。下面我们就用技能竞赛式实训方法，进行职业生涯规划技能大赛综合实训。

一、技能竞赛实训任务：职业生涯规划技能大赛

（一）广西民族师范学院大学生职业生涯规划大赛辅导方案

◆◆◆◆➡ 企业文件范例7-6

广西壮族自治区20××年大学生职业生涯规划大赛

广西民族师范学院经济与管理学院参赛选手辅导方案

为传播和普及职业生涯规划理念，引导大学生自觉树立正确的成才观、择业观和就业观，提高大学生就业、创业技能与实践能力，自治区教育厅决定举办"广西壮族自治区20××年大学生职业生涯规划大赛"。大赛由广西毕业生就业促进会承办，广西到校外科技有限公司负责具体操作。

一、大赛主题

本次大赛的主题为"大学生励志、成才、就业、创业"，以选拔优秀人才、提升职业能力为宗旨，引入"到校外"平台的大学生职业生涯规划模式服务全自治区大学生就业创业工作。

（一）专业目标

此次大赛的目的是传播和普及职业生涯规划理念，帮助学生学习、掌握职业生涯规划的基本方法，树立正确的成才观和就业观，提升大学生的就业创业能力，通过嘉宾导师多对一指导，帮助大学生认清自我、完善自我、提升自我，从而科学规划未来。

（二）课程思政目标

引导学生树立正确的世界观、人生观、价值观以及相应的职业发展观，坚定道路自信、理论自信、制度自信、文化自信，积极探索适合自己的学业目标和职业目标。

二、参赛对象

经济与管理学院全体在校学生、部分人力资源管理协会外系会员。

三、指导教师安排

目前，人力资源管理专业指导教师已经选拔选手报名参赛，鲍立刚老师共指导34位学生参赛，其中包括23位人力资源管理专业学生、8位行政管理专业学生和3位学生社团人力资源管理协会外系会员。李文靖老师共指导10多位人力资源管理专业学生参赛。

鼓励本学院其他教师以所教班级为对象，选拔并指导学生参加大学生职业生涯规划大赛。时间紧急，请各教研室5月16日之前统计指导教师名单报给鲍立刚老师，然后请指导教师在系QQ群下载相关参赛资料，如有不明可咨询鲍立刚老师。

四、指导教师工作量计算

建议指导教师每指导一位学生工作量计2课时，校内组织学生参加校赛的指导教师工作量每天计10课时，外出带队参加自治区片区赛和全区总决赛的指导教师工作量每天计10课时。

五、大赛时间安排

（一）参赛报名和指导学生编写规划书阶段（3月1日—5月31日）

5月31日之前，指导教师指导各参赛学生登录手机商城下载"到校外"App，点击"到校外"App活动栏目之"广西20××年大学生职业生涯规划大赛"注册报名，通过该软件查询相关信息，完成职业生涯规划设计参赛作品。

经济与管理学院指导教师请马上选拔学生参赛，并指导学生根据附件2和附件3编写职业生涯规划书。指导教师指导参赛学生，在5月31日之前上传职业生涯规划书作品到"到校外"App活动栏目。

（二）广西民族师范学院初赛阶段（6月1日—8月31日）

每所参赛高校均为一个独立的初赛分赛区，建议各高校推荐提交不少于100名参赛选手及作品上传到大赛平台参加大众评审，根据网络投票产生30强（网络投票由本校学生投票，不得跨校，以票数取前30名进入初赛现场评审阶段，网络投票时间为6月1日9：00至6月10日24：00）。组委会根据高校需求将派遣1~2名企业实战导师参与现场评审，现场评审由各高校自行组织，评选标准全区统一，详见附件3。

（三）片区赛阶段（10月底）

片区赛划分南片、北片两个片区，进入片区赛的名额将根据各参赛高校学生的有效报名数（以提交作品到平台为准）来分配。组委会将于9月20日前将参加片区赛的名额通知各高校，片区赛具体事宜另行通知。

（四）全区总决赛阶段（11月底）

组委会在片区赛阶段、全区总决赛阶段将邀请国内500强企业、广西著名企业经理人、高校资深就业指导专家担任评委，为进入决赛的优秀选手提供实践和就业岗位。全区总决赛具体事宜另行通知。

六、奖项设置

全区总决赛将评选出广西大学生十佳职业生涯规划之星10名及优秀奖20名，其中，十佳职业生涯规划之星分为一等奖3名（各5 000元奖金+证书）、二等奖3名（各3 000元奖金+证书）、三等奖4名（各1 000元奖金+证书）。大赛还将设置最佳组织奖6名、最佳创意奖及优秀指导教师奖各6名（各500元奖金+证书）。最佳组织奖和优秀指导教师奖根据各参赛普通高校的组织工作、获奖情况和参赛团队精神面貌等综合情况确定。

　　附件目录：

　　附件1：教育厅20××年大学生职业生涯规划大赛通知（略）

　　附件2：职业生涯规划书作品评分细则（详见下文表1）

表1　　　　　　　　　　　　　**职业生涯规划书作品评分细则**

评分要素	评分要点	具体描述
职业生涯规划书内容（70分）	自我认知	1.自我分析清晰、全面、深入、客观，能清楚认识自己的优劣势
		2.将人才测评量化分析与自我深入分析综合起来客观地评价自我，职业兴趣、职业能力、职业价值观、个性特征分析全面、到位
		3.从个人兴趣爱好、成长经历、社会实践方面分析自我
		4.自我评估理论、模型应用正确、合理
	职业认知	1.了解社会的整体就业趋势，并且了解大学生就业状况
		2.对目标职业所处行业的现状及前景了解清晰，了解行业就业需求
		3.熟悉目标职业的工作内容、工作环境、典型生活方式，了解目标职业的待遇、未来发展
		4.对目标职位的进入途径、胜任标准了解清晰，深入了解目标职业对生活的影响
		5.在探索过程中应用了文献检索、访谈、实习等方法
	职业决策	1.职业目标确定和发展路径设计符合外部环境与个人特质（兴趣、技能、性格、价值观等），符合实际情况，可执行、可实现
		2.对照自我认知和职业认知的结果，分析自己的优势、劣势及面临的机会、挑战，职业目标的选择过程阐述详尽、合乎逻辑
		3.备选目标充分根据个人与环境的评估分析确定，备选目标职业发展路径与首选目标发展路径有一定相关性
		4.能够正确运用评估理论和决策模型做出决策
	计划与路径	1.行动计划对保持个人优势、完善个人不足、全面提升个人竞争力，有针对性、可操作性
		2.近期计划详尽清晰、可操作性强，中期计划清晰并具有灵活性，长期计划具有方向性
		3.职业发展路径充分考虑进入途径、胜任标准等，符合逻辑和现实，具有可操作性和竞争力
	自我监控	1.对行动计划和职业目标设定评估方案，如要达到什么标准，评估的要素是什么
		2.能够对行动计划实施过程和风险做出评估，并制订切实可行的调整方案
		3.调整方案的制订充分根据个人与环境的评估分析，充分考虑首选目标与备选目标之间的联系和差异，具有可操作性
	课程思政	1.树立正确的世界观、人生观、价值观以及相应的职业发展观
		2.坚定道路自信、理论自信、制度自信、文化自信
		3.积极探索适合自己的学业目标和职业目标。
参赛作品设计思路（30分）	作品完整性	内容完整，对自我和外部环境进行全面分析，提出自己的职业目标、发展路径和行动计划
	作品思路和逻辑	职业生涯规划设计思路清晰、逻辑合理，能准确把握职业生涯规划设计的核心与关键
	作品美观性	格式清晰，版面美观大方，创意新颖

　　资料来源　在广西毕业生就业促进会和广西到校外科技有限公司提供资料的基础上进行修改.

附件3：职业生涯规划大赛现场表现评分细则（详见下文表2）

表2　　　　　　　　　　　　职业生涯规划大赛现场表现评分细则

评分要素	评分要点	具体描述
主题陈述（70分）	陈述内容	1.对职业生涯规划的自我探索、职业探索和决策应对等环节的要素及分析过程陈述完整全面
		2.在陈述中能够正确理解、引用、应用职业生涯规划基础理论及各项辅助工具
		3.对各项探索分析过程及规划结果表述准确，与职业生涯规划设计作品内容吻合
		4.PPT设计精巧，重点突出，简明扼要，能够精确提炼职业生涯规划设计作品要点
	陈述过程	1.整体设计合理，环节紧凑，条理清晰，层次分明，结论明确
		2.详略得当，重点突出，人职匹配、职业路径论述充分
		3.思路清晰，逻辑性强
		4.表达自然流畅，无明显停顿，语句通顺，措辞恰当
		5.讲普通话，声音洪亮，口齿清晰，语速语调适中
		6.富于激情，善于引导现场观众，肢体语言恰当、丰富，能够感染他人
	基本素养	1.衣着发型整洁、大方、朴素、得体
		2.仪表端庄稳重，坐立行大方、自然，表情丰富真诚，有良好的个人气质
		3.言之有礼，情操高尚，谈吐文雅，富于思想内涵
		4.精神饱满，有信心，有独立见解，能充分展现大学生朝气蓬勃的精神风貌和职场新人的职业形象
	即时效果	1.按时完成主题陈述
		2.现场观众注意力集中，情绪高亢
	个人特色	1.在职业生涯规划和主题陈述中具有创造性
		2.特长、特点鲜明
	课程思政	1.在陈述职业探索时，可以从我国传统风俗"抓周"和《颜氏家训·勉学》导入，表明求学须早、学习不止的决心等
		2.在陈述计划与路径时，可以从《劝学》（荀子）导入，表达自己"不积小流，无以成江海""锲而不舍，金石可镂"的努力追求和探索不止的决心，还可以谈"青，取之于蓝，而青于蓝"的信心和努力方向等
回答问题（30分）	应答能力	1.能正确理解评委的提问，做出有针对性的回答
		2.在评委提出问题后马上做出反馈，及时作答
		3.答题过程流畅，无明显停顿，语句通顺，措辞恰当，语言精练
		4.应变能力强，能够灵活、创造性地运用职业生涯规划知识作答
	回答内容	1.回答内容契合题意
		2.答题过程条理清晰，层次分明，结论明确
		3.回答内容准确精练，重点突出，能够有针对性地就提问要点归纳阐述
		4.回答内容真实可信，运用事实论据，论述有说服力

资料来源　在广西毕业生就业促进会和广西到校外科技有限公司提供资料的基础上进行修改.

（二）职业生涯规划书的写作要求及培训要点

◆◆◆◆➡ 企业文件范例7-7

职业生涯规划书的写作要求

参赛选手编写本人的职业生涯规划书，写作要求如下：

（1）电子版职业生涯规划书必须为 Microsoft Word 格式（*.doc 文件）。

（2）电子版职业生涯规划书文件大小不超过2MB。

（3）职业生涯规划书的封面包括如下内容（格式、字体、风格自己设计，要求美观得体）。

广西民族师范学院
Guangxi Normal University for Nationalities

职业生涯规划书（比较大号的字体）

学校：

院系：

班级：

参赛选手：

指导教师：

20××年××月

（4）职业生涯规划书必须有扉页，扉页填写参赛者的真实姓名、笔名、性别、学校、院系、班级、学号、联系电话、电子邮件地址（格式、字体、风格自己设计，要求美观得体）。

（5）职业生涯规划书要有自动生成的超链接的目录（格式、字体、风格自己设计，要求美观得体）。

（6）正文必须包括以下内容（格式、字体、风格自己设计，要求美观得体）。

一、引言（略）

二、自我认知

编写内容和要求如下：

（说明1：二级标题根据内容编写，编号是（一）、（二）、（三）……；是否需要三级标题根据内容而定，如果有三级标题，编号是1、2、3……下同）

（说明2：自我认知是对自身的一个审视和评价过程，帮助个体更好地了解自我，从而为做出正确的职业选择打下基础）

（一）兴趣爱好认知

从个人兴趣爱好、成长经历、节假日的社会实践中分析自我（谈这些，主要表明其对你选择自己未来就业的方向有帮助）。

（二）个性能力认知

结合上面的兴趣爱好等，谈自己的个性特征、职业能力、职业兴趣、职业价值观（谈这些，主要表明其对你选择自己未来就业的方向有帮助）。

（说明：如果你曾经进行个性特征、职业能力、职业兴趣、职业价值观等方面的人才测评，有相关的测评结果或报告，可以引用测评结果证明你适合从事未来就业的某个岗位）

（三）就业方向认知

结合上面的分析，点出自己未来就业的方向（比如，未来想从事人力资源管理方向的工作）。

（说明：准确的就业方向认知是对自己未来职业发展方向的一个指引。就业方向认知就是在了解自己的兴趣爱好、个性能力后，选择自己感兴趣的行业以及职业发展方向）

三、职业认知

（说明：在谈下面的内容时，可以说明自己是通过文献检索、访谈、实习等方法中的哪一种了解或体验到的）

结合前面自己谈到的未来就业方向（比如，未来想从事人力资源管理方向的工作），进一步谈以下内容：

（一）外部环境分析

1. 家庭环境

谈谈有利于、支持、帮助你从事自己就业方向的工作。

2. 学校环境

谈谈学校设置了自己就业方向的专业、对这个专业的重视程度，这个专业的高水平、懂实践的教师对你今后就业方向的帮助。

3. 社会环境

谈谈跟自己就业方向相关的社会整体就业趋势以及大学生就业状况。

4. 职业环境

谈谈国家经济、企业政策、劳动力市场对你就业方向的有利条件。

（二）目标职业分析

1. 行业分析

谈谈跟自己就业方向（比如，人力资源管理工作）相关的就业现状及前景、行业就业需求。

2. 目标职业分析

（1）自己就业方向的工作内容与你掌握的情况。

（2）自己就业方向的工作要求和胜任标准与你具备的情况。

（3）自己就业方向的就业和未来发展前景。

（4）自己就业方向的工作场所、工作关系和福利待遇，比如办公场所，接触到的对内部门、对外联系机构、福利待遇。

（5）自己就业方向的生活品质保障，比如自己就业方向对自己生活的影响，是否有利于自己生活和事业的共同发展。

四、职业决策

（一）职业目标定位的SWOT分析

用SWOT分析图表，分析你在自己就业方向方面存在的优势、劣势及面临的机会、挑战，主要分析你的优势和机会，必须紧扣你的就业方向来分析。在讲到优势时，还要结合前面的兴趣爱好认知、个性能力认知、外部环境分析和你的能力（当然还要加别的内容）。机会分析也要结合前面的外部环境分析和行业分析进行（当然还要加别的内容）。其主要目的是证明你的优势和机会符合你的就业方向。

（二）职业目标的选择

（说明：职业决策要符合外部环境和个人特质（兴趣、技能、性格、价值观等），要符合实际、可执行、可实现。备选目标要充分根据个人与环境的评估确定，备选目标与首选目标要有一定的相关性）

简单总结和对照自我认知与职业认知的结果，简单总结和对照自己的优势、劣势与面临的机会、挑战，从你的就业方向中进一步明确和证明你适合的职业目标岗位，要明确和证明你首选的职业目标岗位（比如，目前你职业目标的选择是人事助理，最终的职业目标选择是人力资源总监），还要明确和证明与此相关的一两个备选职业目标岗位（比如，行政助理、销售助理）。

然后，将就业首选目标岗位（比如，人事助理）与两个备选目标岗位（比如，行政助理、销售助理）制作成决策平衡单，决策平衡单得分最高的就是首选目标岗位（要查资料清楚掌握三个岗位的情况）。

五、计划与路径

（说明1：前面谈到，目前你职业目标的选择是人事助理，最终的职业目标选择是人力资源总监。人力资源总监就是总体目标，分解目标就是将一个远大的、长期的总体目标分解成不同的阶段性目标（人力资源部经理、主管、专员、助理），在现实和愿望之间建立可拾级而上的阶梯。目标的分解有多种方法，最常用的是按时间分解：将职业生涯长期的总体目标分解为有时间规定的长、中、短期分阶段目标。在三个阶段，分别制订相应的行动计划来确保每个阶段目标的实现）

（说明2：行动计划对保持个人优势、弥补个人不足、全面提升个人竞争力具有针对性、可操作性；短期计划详尽清晰、可操作性强，中期计划清晰并具有灵活性，长期计划具有方向性）

（一）行动计划

1.短期计划

2.中期计划

3.长期计划

（二）职业发展路径

（说明：职业发展路径充分考虑进入途径、胜任标准等探索结果，符合逻辑和现实，具有可操作性和竞争力。此处的职业发展路径与前面的行动计划内容基本相同，但行动计划内容更详细，同时侧重表达在不同的阶段分别做什么事情，从而最终实现自己的总体目标；职业发展路径比较清晰，同时侧重表达自己如何从现在的学习阶段进入职场，如何从目前的职业目标逐步向总体目标迈进）

综合自己的特质、内外部环境与行业发展方向及地域，确定本人的职业发展路径是：从基层做起，步步为营，在实践中锻炼自己的综合素质和管理能力，直至升任人力资源总监。

    具体路径是：第一步，在校期间努力学习科学文化知识、专业知识、专业技能，参加专业实践活动，节假日到企业进行顶岗实习，培养领导与管理能力。第二步，毕业后从基层做起，找一份适合自己综合能力与自身状况的工作，踏实工作，在实践中磨炼自己，建立关系网，学习作为领导应具备的能力，争取早日成为领导的得力助手。第三步，成为领导的得力助手之后，努力学习并在实践中培养自己的管理能力，与同事处理好关系，学习专业技能，争取在自身条件与外部条件都允许的情况下取代领导的职位，并且不忽视工作与家庭的关系，保持家庭和睦。第四步，担任领导工作之后，继续学习专业理论与技能，并发挥自己的领导才能，关注下属的工作和生活情况，使自己成为一名企业骨干、称职领导，并逐步成为企业的人力资源总监。第五步，尽量发挥自己的轴心作用，为企业制订合理的计划与决策，编制各种分析报告，成为企业不可缺少的顶梁柱。

    六、自我监控与调整

    （说明：要能够对行动计划实施过程和风险做出评估，并制订切实可行的调整方案；调整方案根据个人与环境的评估分析制订，充分考虑首选目标与备选目标间的联系和差异，具有可操作性）

二、技能竞赛实训范例图片展示

（一）老师为参加广西自治区20××年大学生职业生涯规划大赛培训辅导

老师给参赛选手培训

老师给参加大赛总决赛的选手辅导

（二）广西自治区20××年大学生职业生涯规划大赛学校选拔赛

大赛学校选拔赛现场

学校选拔赛上老师对选手表现进行点评

（三）广西自治区20××年大学生职业生涯规划大赛南宁片区赛

南宁片区赛中选手排队抽签

老师带队参加南宁片区赛与四位选手在比赛现场

南宁片区赛二等奖获得者王宇潇同学上台陈述

带队老师与南宁片区赛获二、三等奖和
优秀奖获得者合影

（四）广西自治区20××年大学生职业生涯规划大赛总决赛

大赛总决赛选手王宇潇与主办方合影

大赛总决赛选手王宇潇与指导老师合影

东北师范大学房国忠教授在总决赛上
向王宇潇同学颁奖

指导老师代表学校接受广西教育厅颁发的
优秀组织奖

主要参考文献

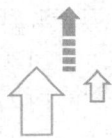

［1］鲍立刚．人力资源管理综合实训演练［M］．4版．大连：东北财经大学出版社，2021．

［2］韦慧民，潘清泉．家庭友好人力资源实践的问题与应对策略［J］．中国人力资源开发，2012（1）．

［3］邢梅，刘东华．高职院校人才培养方案"体验式"实践教学体系探索——以人力资源管理专业为例［J］．中国人才，2011（14）．

［4］鲍立刚，鲍子吟．突发公共卫生事件视域下人力资源管理专业情境教学探讨［J］．高教学刊，2022（27）．

［5］鲍立刚．鱼骨图和九宫图在KPI设计提取上的应用［J］．企业管理，2012（6）．

［6］鲍立刚，鲍子吟．课程思政视域下"三性融合，五方共建"管理类一流本科实训课程的探索［J］．科教导刊，2022（8）．

［7］鲍立刚．高职高专管理类专业实训教学四级评估体系探讨［J］．职业技术教育，2009（20）．

［8］鲍立刚，覃扬彬，覃学强．高职高专人力资源管理综合实训教学模式探讨［J］．职业，2009（15）．

［9］谷洪波，廖和平，张笑秋，等．人力资源管理专业实践教学体系的建构［J］．当代教育理论与实践，2011（3）．

［10］冯乃秋．高职人力资源管理专业教学模式改革探索［J］．中国职业技术教育，2002（10）．

［11］鲍立刚．员工关系管理课程建设思考与教学实践探讨［C］//中国机械工业教育协会．2011无锡职教教师论坛论文集．北京：机械工业出版社，2012．

［12］鲍立刚．人才劳务派遣条款修正的策略探讨［J］．企业经济，2013（1）．

［13］鲍立刚．非全日制劳动用工的风险分析与对策［J］．企业经济，2011（11）．

［14］刘铁明．人力资源管理专业实践教学研究述评［J］．湖南第一师范学院学报，2011（3）．

［15］李又才，周莉．当前领导干部公开选拔与竞争上岗中的问题及对策［J］．武汉科技大学学报（社会科学版），2011（13）．

［16］鲍立刚．人力资源管理专业实训教学方法版本学说探讨［J］．广西教育，2018（23）．

［17］张孝颜，刘元杰，郭建清．公务员考核制度存在的问题及解决对策［J］．人

力资源管理，2010（8）.

［18］鲍立刚. 怎样推动人力资源管理再上新台阶［J］. 人民论坛，2018（10）.

［19］鲍立刚. 行为描述面试的六个关键因素［J］. 企业管理，2010（1）.

［20］鲍立刚. 高职高专人力资源管理实训教学的组织技巧［J］. 商场现代化，2009（6）.

［21］董克用. 人力资源管理概论［M］. 5版. 北京：中国人民大学出版社，2019.

［22］孙波.《招聘管理与面试》培训讲义［Z］. 北京：华夏基石企业管理咨询有限公司，2024.

［23］佚名. 培训师百宝箱——金牌教练的"魔方"［EB/OL］.［2024-02-16］. http：//wenku.baidu.com/view/d0ec78d1d15abe23482f4d70.html.

［24］佚名.《有效招聘面试技巧》培训讲义［Z］. 长春：九思企业管理咨询有限公司，2024.

［25］信和公司人力资源部. 规章制度［S］. 信和公司，2024.

［26］美都实业集团有限公司人力资源部. 规章制度［S］. 美都实业集团有限公司，2024.

［27］上海踏瑞计算机软件有限公司.《人力资源共享服务》教育部1+X职业技能等级证书解读讲义［Z］. 上海：上海踏瑞计算机软件有限公司，2024.

［28］燕鹏飞. 金牌职业培训师的八项修炼［EB/OL］.［2013-04-10］. http：//wenku.baidu.com/view/7bf71f220722192e4536f6e3.html.

［29］广州番禺东泰塑胶有限公司企划室. 规章制度［S］. 广州番禺东泰塑胶有限公司，2024.

［30］广州蒙特利材料科技股份有限公司人力资源部. 规章制度［S］. 广州蒙特利材料科技股份有限公司，2024.

［31］封翔. 电视职场节目发展现状及新动向［J］. 收视中国，2011（11）.

［32］刘星. 培训师核心技能修炼［EB/OL］.［2013-04-10］. http：//wenku.baidu.com/view/63b1e50b763231126edb1187.html.

［33］吴国英. 高校人文社科专业实践教学体系的构建研究［D］. 天津：天津大学管理学院，2011.

［34］广州邦元管理顾问有限公司网站 http：//www.toppem.com.

［35］广州番禺威东流行鞋厂厂部办公室. 规章制度［S］. 广州番禺威东流行鞋厂，2024.

［36］中国台湾高雄市立翠屏中小学. 教学情境与教室布置［EB/OL］.［2024-01-16］. http：//www.tpjh.kh.edu.tw.

［37］广州显明管理顾问有限公司网站 http：//www.omctraining.com.

［38］柏美国际（清远）化妆品制造有限公司人力资源部. 规章制度［S］. 柏美国际（清远）化妆品制造有限公司，2024.

［39］杜邦应用面材（广州）有限公司人力资源部. 规章制度［S］. 杜邦应用面材（广州）有限公司，2024.

［40］赵冠居．卓越讲师技能训练［Z］．中山：广东奥科特新材料科技股份有限公司，2024．

［41］Babyface．绩效考核文件——岗位绩效评量表［Z］．广州：方圆科技有限公司，2024．

［42］佚名．《培训实施与管理》培训讲义［Z］．柳州：五菱汽车有限公司，2024．

［43］鲍立刚．三种情景面试技术的开发与应用［J］．企业管理，2016（5）．

［44］鲍立刚．管理类专业分组应用型教学多重角色交叉式成绩评估探索［J］．广西教育，2017（7）．

［45］鲍立刚．高职"校企行政生"五方共同体实训教学体系探讨——以人力资源管理专业为例［J］．南宁职业技术学院学报，2014（2）．

［46］教育部．教育部等四部门印发《关于在院校实施"学历证书+若干职业技能等级证书"制度试点方案》的通知［EB/OL］．［2019-04-16］．https：//www.chsi.com.cn/jyzx/201904/20190416/1782927048.html．

［47］安徽省人社厅职业技能鉴定中心．转发人力资源和社会保障部办公厅关于做好水平评价类技能人员职业资格退出目录有关工作的通知［EB/OL］．［2020-08-13］．http：//hrss.ah.gov.cn/zxzx/gsgg/8452595.html．

［48］人力资源和社会保障部人事考试中心．经济专业技术资格考试 高级经济实务（人力资源管理）考试大纲［EB/OL］．［2021-01-20］．http：//www.cpta.com.cn/syllabus2021/720.html．